# 한국 신화
## MYTHOLOGY
### 이 야 기  신 화  시 리 즈  0 2

# 한국 신화

## MYTHOLOGY

이 야 기  신 화  시 리 즈  0 2

김정북 지음

청아출판사

# 건국 신화에는
# 역사적 사실이 담겨 있다

건국 신화는 한 나라의 건국 내용이 압축적으로 담겨 있는 신화이다. 5천 년의 역사를 자랑하는 우리 민족에게는 많은 건국 신화가 전해진다. 우리 민족의 역사 무대였던 한반도와 만주 지역에 청동기가 사용되기 시작한 이후 나라를 세우려는 노력들이 있었는데, 최초로 세워진 나라가 바로 고조선이다. 고조선의 건국을 전하는 단군 신화에 의하면 기원전 2,333년에 하늘신의 손자인 단군이 고조선을 세웠다고 한다. 이후 고조선이 쇠퇴할 무렵 동명은 부여를 세웠고, 부여를 떠난 주몽은 남쪽으로 내려와 고구려를 세웠다. 고구려의 왕자 온조는 유리가 부여에서 와 태자가 되자 어머니를 모시고 남쪽으로 내려가 백제를 세웠다.

부여, 고구려, 백제의 건국 신화를 보면 고조선이 쇠퇴한 이후 부여족의 역할이 매우 컸음을 알 수 있다. 주몽 신화는 부여의 건국 신화인 동명 신화의 구조를 차용하여 만들어진 것으로 보이며, 온조가 세운 백제 또한 시조묘인 동명왕묘를 세우고 제사를 지내는 등 동명과의 관련성을 강조하고 있기 때문이다.

 이렇듯 건국 신화는 국가의 탄생에 관한 이야기이자 역사의 출발점이라고 할 수 있다. 그 옛날 나라를 세운 왕들은 자신의 나라와 왕조가 백성들에게 신성하게 받들어지길 원했다. 그래서 나라를 세운 시조를 하늘과 연결시켜 하늘의 자손이나 신성한 하늘의 보호를 받는 것으로 표현하였다. 단군은 하느님의 아들인 환웅과 웅녀 사이에서 태어난 하늘의 후손이었다. 부여의 해모수는 천제의 아들이며, 고구려를 세운 주몽의 아버지로 표현된다. 신라의 혁거세나 가락국의 김수로도 모두 하늘에서 내려온 신성한 인물로 그려지고 있다. 고대 국가의 왕들은 모두 왕조의 혈통을 하늘에 연결시킴으로써 신성한 핏줄임을 강조하였다. 그런 하늘의 자손이 나라를 다스리는 것은 당연하므로 잘 따르고 받들어야 한다고 믿게 하였다.

 건국 신화는 한번에 완성된 것이 아니라 한 나라, 한 왕조가 이어져 내려오는 동안 윤색되고 덧붙여졌다. 따라서 건국 신화에는 한 나라의 건국에 관한 내용뿐만 아니라 풍습이나 도덕적 관념까지 모두 배어 있다. 신화가 단순히 문학적 상상력이 담긴 이야기가 아닌 귀중한 역사 자료가 되는 이유가 바로 여기에 있다. 그렇다 하더라도 건국 신화에 담긴 내용이 모두 역사적 사실은 아니다. 건국 신화에는 아주 오랜 세월을 거쳐 내려오는 동안 통치자의 의도에 따라 덧붙여지고 꾸며진 비합리적인 내용도 많이 들어있기 때문이다. 이러한 비합리적인 내용을 걷어내고 역사적 사실을 찾아내어 우리의 역사를 복원하는 일은 특히 사료가 적은 고대사에 있어서 아주 중요한 일이다.

이 책에는 단군 신화를 비롯하여 동명, 주몽, 온조, 혁거세, 탈해와 알지, 수로, 왕건의 신화가 담겼다. 이들은 모두 한 나라를 세운 건국자로서 영웅이자 위대한 인물로 그려지고 있다. 나라를 세운 영웅들에게는 무언가 특별한 점이 있다. 그랬기에 여러 다른 세력들이 그에게 승복하고 왕으로 섬겨 한 나라를 세울 수 있었을 것이다. 우리 민족의 건국 신화를 읽으면서 신화 속에서 역사성을 발견하고, 건국 시조의 영웅 이야기 속에 공통적으로 담긴 '위대한 인물상'을 찾아보기를 바란다.

이 책이 출판되기까지 힘써 수고한 청아출판사 편집부에게 다시 한번 감사드린다.

2014년 5월

김경복

## 차례

서문 건국 신화에는 역사적 사실이 담겨 있다 … 4

한 나라의 기원을 보여 주는 건국 신화 … 12

제1장

**단군
신화와
고조선**

단군 신화가 최초로 실린《삼국유사》 … 30
단군은 하늘신의 자손 … 33
환웅, 태백산에 신시를 열고 … 36
단군의 어머니는 곰 … 40
단군의 아버지는 어떤 모습이었을까 … 46
단군 신화에 나타난 고조선의 성립 과정 … 51
단군왕검에 담긴 뜻 … 55
유물로 보는 고조선의 모습 … 58
문헌에 나타난 고조선 모습 … 62
고조선은 어떤 사회였을까? … 67

제2장

**동명
신화와
부여**

부여란 어떤 나라인가 … 74
부여의 건국자는 동명 … 77
일광에 감응되어 태어난 동명 … 81
또 다른 부여 시조 해모수 … 85
해부루와 금와 신화 … 88
동명과 해모수 … 93

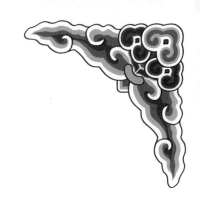

단군 신화와 해모수 신화의 비교 … 98

금와왕은 동부여의 토착 세력 … 101

해모수의 아내 유화, 금와왕과 만나다 … 106

동부여는 과연 동해 바닷가에 있었을까? … 112

부여의 중심지는 송화강 유역 … 116

부여 사람들은 어떻게 살았을까? … 119

제3장
# 주 몽
# 신화와
# 고구려

금석문에 담긴 고구려 사람들의 시조 인식 … 126

이규보는 왜 〈동명왕편〉을 지었을까 … 131

〈동명왕편〉의 고구려 시조 인식 … 135

햇빛에 감응 받아 태어나는 신이한 출생 … 144

비범했던 주몽의 어린 시절 … 147

부여를 탈출하여 나라를 세운 주몽 … 153

주변 세력을 병합하면서 나라를 키운 능력자 … 157

동명 신화를 차용하여 만든 주몽 신화 … 162

왜 고구려는 북부여와의 계승성을 강조하는가 … 165

지모신이자 농업신으로 추앙받은 유화부인 … 170

유리도 신성함을 이어받은 능력자 … 175

국내성 천도는 700년 왕업이 첫걸음 … 179

제4장

온 조
신화와
백 제

백제 건국에 관한 다양한 이야기들 · · · 186
온조 시조설 · · · 188
비류가 백제를 건국했다? · · · 190
온조와 비류 중 누가 백제의 시조인가? · · · 193
온조 시조설은 언제 형성되었을까 · · · 196
구태 시조설 · · · 200
비류와 온조는 모두 동명의 후예 · · · 205
하남 위례성은 어디인가? · · · 210

제5장

혁거세
신화와
신 라

6촌장의 추대를 받아 왕이 된 혁거세 · · · 222
태양의 아들, 혁거세 · · · 225
계룡의 옆구리에서 태어난 알영 · · · 228
신성한 성역, 알천 · · · 232
오릉과 뱀 · · · 235
혁거세와 알영의 어머니는 선도산 성모 · · · 240
나정은 왕실 제사를 지내던 신궁터 · · · 243
신라의 왕호 · · · 248

제6장

탈 해
신화와
알 지
신 화

용성국의 왕자, 탈해 · · · 258
탈해와 수로와의 대결 · · · 262
호공의 집을 빼앗아 차지하다 · · · 266
동악의 산신이 된 탈해 · · · 270
김씨의 시조, 알지의 탄생 · · · 274
월성은 탈해가 터를 잡은 신라의 왕성 · · · 279
대대로 신라의 왕이 된 경주 김씨 · · · 283
수수께끼 인물, 호공 · · · 285

제7장

# 수 로
# 신화와
# 가락국

가야의 건국을 전하는 수로 신화와 정견모주 신화 ··· 292

구지봉에 내려온 하늘의 자손, 수로 ··· 294

구지가와 거북이 ··· 298

하늘이 점지해 준 배필 허황옥 ··· 302

탈해의 도전을 물리친 수로왕 ··· 308

가야는 철의 왕국 ··· 311

수로왕의 어머니는 정견모주 ··· 317

허왕후는 과연 인도에서 온 사람일까? ··· 321

제8장

# 왕 건
# 신화와
# 고 려

여러 신화가 뒤얽힌 고려 건국 신화 ··· 340

왕건의 6대조 호경과 여산신 ··· 343

보육의 선류몽과 진의의 매몽 ··· 346

거타지 설화를 차용하여 만든 작제건 설화 ··· 351

왕건은 용의 자손 ··· 356

용이 되지 못하고 지렁이로 남은 견훤 ··· 362

무역 활동으로 부를 모은 왕건 집안 ··· 367

참고문헌 ··· 370

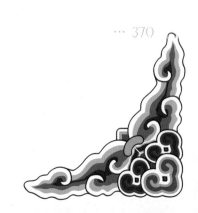

# 한 나라의 기원을 보여 주는
# 건국 신화

## 건국 신화란?

건국 신화는 한 나라의 건국 내용이 압축적으로 담겨 있는 신화를 말한다. 5천 년의 역사를 자랑하는 우리 민족에게는 많은 건국 신화가 전해진다. 단군 신화를 비롯하여 주몽 신화, 온조 신화 등 여러 신화들이 문헌에 전해지고 있다. 일반적으로 건국 신화와 민족 신화를 혼동하기도 하는데, 민족 신화는 한 민족의 탄생 배경을 서술한 신화이다. 즉 민족이 최초로 세운 국가의 신화로서 우리 민족의 경우에는 단군 신화가 민족 신화이자 건국 신화에 속한다. 하지만 주몽이 고구려를 세운 신화나 온조가 백제를 세운 신화는 민족 신화가 아니라 건국 신화라고 한다.

신화에는 건국 신화만 있는 것은 아니다. 우주의 창생과 종말에 관한 우주 신화도 있고 천지나 일월, 성신에 관한 천체 신화도 있다. 건국의 주체 말고도 민족 사이에 전승되는 신적 존재와 그 활동에 관한 이야기를 모두 신화라고 말한다.

신화는 오랜 시간 입으로 전해지다가 문자로 정착되었다. 구전 과정에서 후대 사람들의 필요에 따라 내용이 삭제되기도 하고 덧붙여지기도 하면서 완성되었다. 정치 세력들은 그들만의 독자적인 신화를 가졌지만 정치적으로 도태된 세력의 신화는 전승되지 못하고, 승리한 집단의 신화만이 신성화 작업을 더하면서 전해졌다.

삼국의 건국 신화가 오늘날까지 전해진 것은 역사서의 편찬과 깊은 관련이 있다. 오늘날 남아 있는 자료로서 고구려 건국 신화를 최초로 전하는 기록은 광개토대왕릉비문이다. 414년, 광개토대왕의 업적을 기리기 위해 아들 장수왕이 세운 비문에는 건국 시조 주몽의 이야기가 등장한다. 이로 보아 고구려는 이미 광개토대왕 내지는 장수왕 대에 건국 신화가 체계화되어 전해지고 있었음을 알 수 있다.

그런데 《삼국사기》〈고구려본기〉 '영양왕 11년조'를 보면 "태학박사 이문진에게 명하여 옛 역사책을 요약하여 《신집》 5권을 만들었다. 국초에 처음으로 문자를 사용할 때 어떤 사람이 사실을 100권으로 기록하여 이름을 《유기》라고 하였는데, 이때에 와서 깎고 고친 것이다."라는 내용이 보인다. 이 기록에 의하면 이문진이 참조한 옛 역사책에도 고구려 건국 신화가 담겨 있었을 것이다. 《유기》나 《신집》이 전해지지 않으니 내용이 어땠는지 알 수는 없으나, 고구려 초기부터 건국 신화가 전승되어 온 것만은 추측할 수 있다.

신라의 건국 신화도 신라의 역사책이라고 전해지는 《국사》에 채록되었을 것이다. 《국사》는 진흥왕 6년<sup>(545)</sup> 7월, 이찬 이사부가 왕에게 아뢰어 편찬한 역사책이지만 지금은 전해지지 않는다. 백제의 경우에는 근초고왕 대<sup>(346~375)</sup> 박사 고흥이 처음으로 《서기》를 편찬했다 하므로 이때에 건국 신화가 문자로 정착되었을 것이다.

이렇게 삼국은 자기 나라의 역사를 체계화하는 작업을 하면서 건국 시기 때부터 구전되어 오던 건국 신화를 문자로 정착시켰을 것이다. 그리고 김부식이 《삼국사기》를 쓸 때나 일연이 《삼국유사》를 쓸 때, 이러한 역사책을 비롯한 여러 문헌을 참고하였기 때문에 주몽 신화나 온조 신화, 혁거세 신화가 오늘날 우리에게까지 전해지게 되었다.


우리 민족의 건국 신화에는 어떤 것이 있을까?

우리의 건국 신화들은 《삼국유사》를 비롯하여 《삼국사기》, 《제왕운기》, 《동국이상국집》, 《세종실록지리지》 등에 기록되어 있다. 이러한 문헌 이전에도 이미 《삼국유사》가 《고기<sup>(古記)</sup>》라고 부르는 문헌을 비롯하

여 《신라고기》, 《단군기》, 《가락국기》 등의 우리 문헌이 있었고, 《논형》
이나 《위서》를 비롯한 중국 문헌에도 건국 신화들이 기록되어 있어 우
리 고대 국가의 건국 과정을 알려 준다.

　이들 기록을 보면 우리 민족의 역사 무대였던 한반도와 만주 지역에
청동기가 사용되기 시작한 이후 나라를 세우려는 노력들이 있었는데, 최
초로 세워진 나라가 바로 고조선이었다. 고조선의 건국을 전하는 단군
신화에 의하면 기원전 2,333년에 하늘신의 손자인 단군이 고조선을 세웠
다고 한다. 고조선은 우리 민족이 세운 최초의 국가로서 고조선의 건국
을 전하는 단군 신화는 건국 신화이자 민족 신화라 할 수 있다.

　단군 신화에 의하면 단군은 1,500년 동안 나라를 다스리다가 뒤에 산
신이 되었는데, 나이가 1,908세였다 한다. 단군이 1,500년 동안 나라를
다스렸다는 의미는 단군이라 불린 왕들이 여러 세대 동안 고조선을 다스
렸음을 뜻한다.

　만주와 한반도가 전쟁의 소용돌이에 휩싸인 것은 고조선의 멸망을 전
후한 시기부터였다. 기원전 4세기를 전후하여 이 땅에는 철기 문화가 급
속도로 확산되기 시작하였다. 거기에 기원전 108년, 고조선이 한나라에
의해 멸망당하여 우세한 정치 세력이 사라지면서 만주와 한반도 지역은
전쟁의 시대로 접어들었다. 크고 작은 집단들이 철제 무기를 가지고 영
토를 차지하기 위해 싸웠고, 점차 유력한 정치 집단이 나타나 나라를 세
우고 주변 지역을 통합하기 시작하였다. 이들 나라들은 모두 하나같이
자신의 우두머리를 하늘과 연결시키고 하늘의 자손이나 하늘의 뜻을 받
은 사람이 이 땅에 내려와 나라를 세웠다는 내용의 이야기를 만들었다.

고조선이 쇠퇴할 무렵 탁리국의 시녀가 달걀만 한 크기의 기운을 받고 임신한 후 동명을 낳았다. 활을 잘 쏘는 동명을 탁리국 왕이 두려워하자 동명은 엄표수를 건너 부여 지역에 와서 도읍을 정하고 나라를 세웠다. 이러한 부여의 동명 신화 구조를 그대로 차용한 신화가 바로 주몽 신화이다. 고구려를 세운 주몽은 원래 부여 지역에서 자랐다. 하백의 딸 유화는 해모수에게 버려져 금와왕의 궁전에서 살았는데 어느 날 햇빛이 그녀를 따라다니더니 임신하여 큰 알을 낳았다. 활을 잘 쏘아 주몽이라 불렀는데, 이러한 신이한 재주 때문에 주몽은 부여 왕자들의 시기를 받아 위험에 처하였다. 그러자 주몽은 엄리대수를 건너 졸본 지역으로 와서 고구려를 건국하였다.

주몽에게는 두 왕자가 있었는데, 어느 날 부여에서 유리가 아버지를 찾아왔다. 왕위 계승권이 유리에게 돌아가자 온조와 비류는 어머니를 모시고 남쪽으로 내려왔고, 온조는 한강 유역에 백제를 세웠다.

고조선이 멸망한 이후 만주와 한반도에는 많은 나라들이 세워졌다. 그리고 부여, 고구려, 백제의 건국 신화를 보면 고조선이 쇠퇴한 이후 부여족의 역할이 매우 컸음을 알 수 있다. 주몽 신화는 부여의 건국 신화인 동명 신화의 구조를 차용하여 만들어진 것으로 보이며, 온조가 세운 백제 또한 시조묘인 동명왕묘를 세우고 제사를 지내는 등 동명과의 관련성을 강조하고 있기 때문이다.

신라의 시조 혁거세는 6부의 조상들이 다스리던 진한 땅에 하늘로부터 알의 형태로 내려와 왕이 되었다. 가락국의 시조 또한 9간들이 다스리던 김해 지역에 하늘로부터 천명을 받고 알의 형태로 내려와 가락국의 시조가 되었다.

이렇게 철제 무기가 사용되면서 전쟁이 빈번하던 시기에 부여, 고구려, 백제, 신라, 가락국의 시조들은 주변 세력들을 아우르고 왕이 되었고, 이들은 모두 신성한 인물로 그려지는 건국 신화를 만들어 통치의 수단으로 삼았다.


## 우리 건국 신화의 특징

우리 민족의 건국 신화를 보면, 하늘에서 신령스러운 존재가 내려오는 형태를 띠고 있다. 이를 천강 신화 또는 천손이 강림하는 형태의 신화라 한다. 부여의 동명 신화는 '하늘에서 크기가 달걀만 한 기운이 있어' 그것이 탁리국의 시녀에게 떨어져 임신이 된 후 동명을 낳았다. 북부여의 해모수 신화는 좀 더 직접적으로 '천제가 흘승골성에 내려오니 오룡거를 탔었다. 도읍을 세우고 왕이라 하니, 나라 이름을 북부여라 하고 자신의 이름을 해모수라 했다'라고 하여 해모수가 하늘로부터 직접 내려오고 있다.

동명 신화를 차용한 주몽 신화도 건국의 주체인 주몽이 햇빛을 받은 다음 탄생한 것으로 되어 있다. 이 햇빛은 천제인 해모수로 이야기되어 주몽은 해모수의 아들로 여겨지고 있다.

신라의 혁거세는 하늘로부터 보랏빛 알의 형태로 양산 밑 나정 우물 곁으로 내려왔다. 내려올 때 이상한 기운이 전광처럼 땅에 비치는데 흰 말 한 마리가 꿇어 앉아 절하는 형상을 하고 있었다. 말은 사람을 보자 길게 울음을 울고 하늘로 올라가 버렸다는 것으로 보아, 혁거세가 탄생할 알을 내려 보내려고 온 하늘의 사자임을 알 수 있다. 가락국의 김수로도 자주색 줄이 하늘에서 드리워져 땅에 닿아 있었고 줄 끝에 붉은 보자기로 싸여 있는 금합이 보여 열어 보니 황금알 6개가 있었다 한다. 이 황금알에서 태어난 아이가 바로 수로이다.

이처럼 건국 신화에 등장하는 건국의 주체가 모두 하늘과 관련성을 가지고 탄생하는 이유는 고대 국가를 다스리는 왕들이 신성 왕권을 부여받았음을 강조했기 때문일 것이다. 그 옛날 나라를 세운 왕들은 자신의 나라와 왕조가 백성들에게 신성하게 받들어지길 원했다. 그래서 나라를 세운 시조를 하늘과 연결시켜 하늘의 자손이거나 신성한 하늘의 보호를 받는 것으로 표현하였다. 신성함을 갖춘 하늘의 자손이 나라를 다스리는 것은 당연하므로 잘 따르고 받들어야 한다고 믿게 하였다.

우리 건국 신화의 또 다른 특징은 건국의 주체들이 알에서 태어나는 경우가 많다는 것이다. 부여의 동명 신화에서 동명은 어린아이로 태어나지만 동명 신화를 차용한 주몽 신화에서 주몽은 알의 형태로 태어난다. 이 알은 신비해서 사람을 시켜 마구간에 두었으나 여러 말들이 밟지 않았고, 깊은 산속에 버렸더니 여러 짐승들이 호위하였다. 그리고 구름 끼고 음침한 날에도 알 위에 항상 햇빛이 있었다. 왕이 알을 가져오게 하여 그 어미에게 보내어 기르게 하니, 알이 마침내 갈라지면서 한 사내아이를 얻었는데, 낳은 지 한 달도 안 되어 언어가 모두 정확했다 한다.

신라의 혁거세와 가락국의 김수로도 모두 알에서 태어난다. 신라의 제4대 임금이 되는 탈해도 그의 어머니가 7년간 기도한 끝에 낳은 알에서 태어났다. 주몽과 혁거세, 수로 신화에서 건국의 주인공들은 하늘에서 내려오는 존재이자 알에서 태어나는 존재로, 천손 강림형 신화이자 동시에 난생 신화의 특징을 갖고 있다.

난생 신화는 시조신들이 모두 알에서 태어나지만 그 원천은 하늘에 있다. 알의 탄생이 인간에 의한 것인지 아니면 하늘로부터 스스로 내려온 것인지가 다를 뿐이다. 혁거세 신화와 수로 신화는 하늘에서 내려온 알 속에서 아이가 태어난다. 이와 같이 알이 성스러운 빛과 더불어 하늘에서 내려온다는 것은 이들이 천신의 아들이거나 태양의 아들임을 의미한다.

하지만 고구려의 주몽 신화나 신라의 탈해 신화에서는 주몽이나 탈해가 어머니의 몸에서 알로 탄생되는 특징을 보인다. 주몽은 햇빛을 받은 후, 탈해는 남녀의 결합에 의하여 알로 태어나지만, 두 알 모두 태어난 후 불길하다 하여 버려진다. 그러나 신이한 징후들이 알을 따라다녀 다시 거두어진 후 범상치 않은 인물이 탄생한다. 결국 주몽과 탈해는 왕위에 오르고 죽은 뒤에는 이적을 베푸는 신화적인 인물이 된다.

이와 같은 난생 신화의 주인공들은 신이면서 인간이지만, 인간으로서의 성격이 더욱 두드러지게 나타나고 있다. 그리고 이들이 하늘이나 어떤 절대적 존재의 자손임에도 불구하고 땅으로 내려와 고난을 당하는 과정을 거친 후 최종적으로 승리하는 영웅의 면모를 나타낸다.

## 건국 신화에는 역사성이 담겨 있다

건국 신화는 한번에 완성된 것이 아니라 한 나라, 한 왕조가 이어져 내려오는 동안 윤색되고 덧붙여졌다. 따라서 건국 신화에는 한 나라의 건국에 관한 내용뿐만 아니라 풍습이나 도덕적 관념까지 모두 배어 있다. 신화가 단순히 문학적 상상력이 담긴 이야기가 아닌 귀중한 역사 자료가 되는 이유가 바로 여기에 있다. 그렇다 하더라도 건국 신화에 담긴 내용이 모두 역사적 사실은 아니다. 건국 신화는 아주 오랜 세월을 거쳐 내려오는 동안 통치자의 의도에 따라 덧붙여지고 꾸며진 비합리적인 내용도 많이 들어있기 때문이다. 이러한 비합리적인 내용을 걷어내고 역사적 사실을 찾아내어 우리의 역사를 복원하는 일은 특히 사료가 적은 고대사에 있어서 아주 중요한 일이다.

건국 신화에서 신화적인 성격을 걷어내면 여러 가지 역사적 사실을 알 수 있다. 첫째, 건국 신화는 건국의 주인공이 속한 정치 집단의 이야기가 중심이 되어 윤색되었다. 초기 국가가 세워질 때 고구려는 5부족을 비롯한 여러 부족이, 신라는 6촌장, 가야는 9촌장이라는 세력이 있었지만 이들 사이에서 전승되어 오던 건국 신화는 모두 사라졌다. 오직 고구려 주몽 집단의 건국 신화와 신라 혁거세 집단, 가락국 수로 집단을 중심으로 한 건국 신화만이 윤색되면서 체계화되어 전해졌다. 이로 보면 초기 국가 형성기에는 수많은 이야기들이 있었던 것으로 보인다. 그 많은 이야기들 중 주도적인 정치 세력 중심의 이야기만이 건국 신화라는 형식으로 오늘날까지 전해지고 있다.

단군 신화만 보더라도 환인의 아들 환웅이 살던 하늘은 실제로는 환웅으로 상징되는 집단이 원래 살던 지역이었을 것이다. 하지만 환웅이 태백산 신단수 아래로 내려와 곰과 결혼하여 단군을 낳은 것으로 볼 때 환웅은 원래 살던 곳에서 이주하여 곰을 숭배하는 부족과 연합한 것으로 보인다. 결국 웅녀가 낳은 단군이 고조선을 세우는 것으로 보아 환웅 집단은 고조선의 건국 세력이 아니었을 것이다.

둘째, 건국 신화 속에 등장하는 건국 세력들은 대개 이주민이거나 이주민과 관련이 있는 집단이었다. 탁리국에서 부여 지역으로 와서 나라를 세운 동명은 이주민 집단이었다. 동명은 말을 잘 길렀고 활을 잘 쏘았다고 한다. 이러한 능력은 국가를 세우고 운용할 수 있는 능력과 군사적 실력을 갖추었음을 의미한다. 그런 동명은 탁리국을 나와 송화강 유역으로 와서 나라를 세웠다. 동명이 세운 부여에서 태어나 자란 사람이 바로 주몽이다.

주몽 신화는 부여의 동명 신화와 아주 비슷한 내용이다. 이는 주몽이 부여에서 이주했기 때문에 부여 신화를 가지고 고구려의 건국 신화를 만들었을 것이기 때문이다. 주몽도 동명처럼 하늘의 기운을 받아 태어나 활을 잘 쏘는 등 신이한 능력을 가지고 있었다. 이러한 능력은 결국 부여 왕자들의 시기심을 받았고, 주몽은 오이, 마리, 협보를 거느리고 졸본 지역으로 와서 왕이 된다. 주몽이 혼자가 아닌 정치 세력의 우두머리였던 것처럼 오이, 마리, 협보도 각각 자기 세력을 거느린 집단의 우두머리였을 것이다. 주몽은 또한 재사, 무골, 묵거를 만나 함께 졸본으로 온다. 이들도 개인이 아닌 정치 세력이었을 것이다.

이렇게 많은 수의 정치 세력을 거느리고 온 주몽은 졸본 지역의 토착 세력들을 누르고 고구려를 세울 수 있었다. 주몽이 나라를 세운 이후에도 고구려에는 유이민 세력이 있었다. 이는 부여에서 아들 유리가 아버지를 찾아 고구려로 오는 것으로 추측할 수 있다. 주몽과 유리는 부자 관계로 표현되지만, 단순히 부자 관계는 아니었을 것이다. 아마도 주몽 세력은 1차로 이주한 세력이었기에 아버지로 그려지고, 2차로 이주한 세력인 유리 집단은 아들로 표현되었을 것이다. 유리 세력이 온 이후 고구려는 국내성으로 천도하고 나라의 체제를 더욱 정비하였다.

이밖에 온조 신화에서 온조도 고구려에서 떨어져 나간 유이민으로 그려지며, 하늘에서 알의 형태로 내려온 혁거세 집단이나 수로 집단도 모두 유이민 집단이었을 것으로 추측된다.

고대 동북아시아에는 몇 번의 정치 변동이 있었다. 기원전 4세기 말에서 3세기 초에 이르는 기간 중에 고조선이 연나라 장수 진개의 침략을 받아 서쪽 2천여 리를 빼앗기는 사건이 있었다. 당시 고조선은 요동 지역을 잃고 중심지를 평양으로 옮겼다고 전한다. 고조선의 중심지가 옮겨지는 큰 정치적 파장을 겪었으므로 그 지역에 살던 사람들도 많은 충격을 받았을 것이다. 그리하여 고조선의 주민들은 좀 더 안정된 지역을 찾아 이주하였고, 그곳에 살던 토착 세력과 갈등을 겪었을 것이다. 싸움에서 이긴 세력은 그곳에 정착하였고 그렇지 못한 세력은 살던 곳을 떠나 새로운 지역에 가서 나라를 세웠을 것이다.

또 중국에서 진나라와 한나라가 교체되던 혼란기에 중국 동북 지역의 연, 제, 조나라의 주민들이 고조선이나 사로 지역으로 흘러들어갔을 것이다. 고조선의 왕위를 찬탈한 위만도 이런 이주민 집단 중 하나였다. 기원전 108년, 고조선이 멸망하고 한사군이 설치된 것은 큰 사건이었다. 이때에도 고조선의 유민들은 대거 남쪽으로 이주했을 가능성이 있다.

이렇게 동북아의 정세 변화에 따라 다양한 유이민이 생겨났고 이들이 살던 지역을 떠나 나라를 세우는 내용이 우리 고대 국가인 부여, 고구려, 백제, 신라, 가야의 건국 신화에 반영되어, 건국의 주체들이 모두 유이민으로 표현되었다고 생각된다.

셋째, 혁거세 신화와 수로 신화에는 혁거세와 수로가 하늘에서 알의 형태로 내려오기 이전에 경주와 김해 지역에 각각 6촌장, 9촌장으로 지칭되는 정치 세력이 다스리던 사회 모습이 담겨있다. 혁거세는 오늘날 경주 지역의 나정 우물곁으로 내려오는데, 그 곳에는 이미 6촌장들이 각각 마을을 다스리고 있었다. 6촌장의 추대를 받아 왕이 된다는 내용은 혁거세가 6촌장이 다스리던 지역을 하나로 통합하여 사로국을 세웠음을 알게 한다.

《삼국유사》에 의하면 6촌장도 모두 하늘에서 내려온 사람들이었다. 그런데도 아직 진한 땅에는 임금이 없어서 6부의 조상들은 각기 제자들을 거느리고 알천의 언덕 위에 모여 임금을 맞이할 의논을 하고 있다. "우리들은 위로 백성을 다스릴 임금님이 없으므로 백성들이 모두 방자하여 제 마음대로 하게 되었소, 어찌 덕 있는 사람을 찾아 군주를 삼아 나라를 세우고 도읍을 정하지 않겠소!"라고 하는 것으로 보아 6촌장이 다스리던 지역은 아직 국가 단계로 진입하지 못한 사회였음을 알 수 있다.

이와 같은 모습은 가락국에서도 찾아진다. 수로가 하늘에서 알의 형태로 내려오기 이전 김해 지역은 9간이 있어 백성을 거느리고 있었다.

그러던 어느 날 구지봉에서 이상한 소리가 들려 9간들이 가보니, "황천이 나에게 명하기를, '이곳에 가서 새로이 나라를 세우고 임금이 되라.'"라는 소리가 들려 구지가를 부르자 황금 궤가 하늘로부터 내려온 것이다. 9간들이 백성을 다스리던 사회는 "많은 사람들이 스스로 산야에 도읍을 정하고, 우물을 파서 물을 마시고 밭을 갈아 곡식을 먹었다."라고 한 것으로 보아 아직 국가 단계는 아니었다. 이러한 사회 분위기 속에 혁거세와 수로가 와서 나라를 세웠고 이 내용이 구전되어 건국 신화로 정착된 것이다.

넷째, 건국 신화에는 정치 집단이 이주한 이후 다른 정치 세력의 딸과 결혼하는 내용이 많이 등장하는데, 이러한 이야기는 두 정치 집단 간의 연합을 의미한다. 주몽은 졸본 지역으로 와서 그곳 유력 집단의 딸인 소서노와 결혼한다. 소서노는 물심양면으로 주몽의 대업을 도와준다. 소서노는 졸본 지역 토착 세력의 딸로서 토착 세력의 반발을 무마시키고 주몽이 잘 적응하는 데 도움을 주었을 것이다. 혁거세 신화에서 혁거세의 배필은 알영이란 우물가에 나타난 계룡이 왼쪽 겨드랑이에서 낳은 아이이다. 모습과 얼굴이 고와 남산 서쪽 기슭에 궁실을 짓고, 혁거세와 알영을 받들어 기르다가 왕과 왕비로 삼았다 한다. 혁거세가 정치 세력의 우두머리인 것처럼 알영 또한 정치 세력의 우두머리로서 두 세력은 결혼을 통해 통치 기반을 튼튼히 하며 사로국을 다스렸을 것이다.

수로 신화에는 좀 더 특별한 내용이 담겨 있다. 수로왕은 9촌장의 딸 중에서 왕후를 택하라는 압력을 거절하고 하늘이 점지해 준 왕후감을 기다린다. 마침내 인도의 아유타국으로부터 수로의 배필이 되라는 상제의 명령을 받고 온 허황옥을 만나 결혼에 이른다. 수로 집단과 허왕후 집단은 여러 세대에 걸쳐 결혼을 통하여 든든한 유대감을 형성하면서 가락국을 통치하였다. 이렇게 건국 신화에는 여러 세력들이 등장하고 그들 중 서로 연합하여 나라를 통치하는 과정이 결혼이라는 형태로 나타나고 있다.

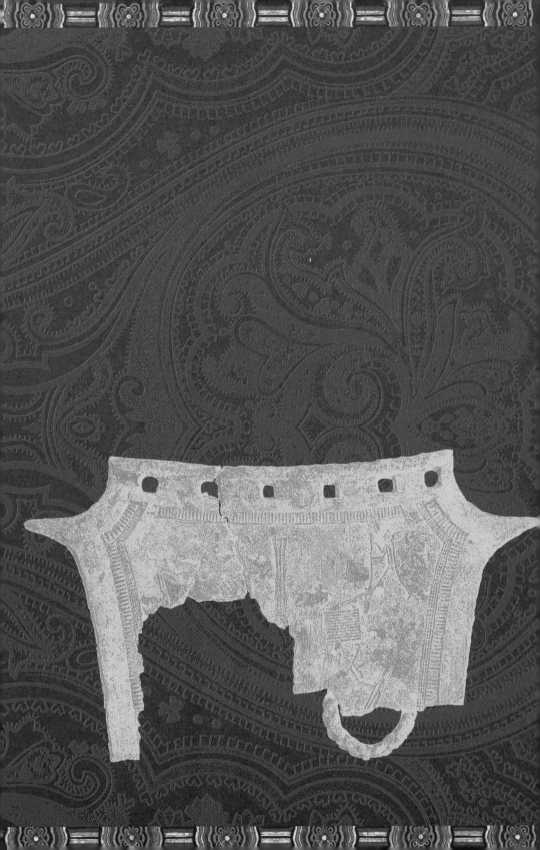

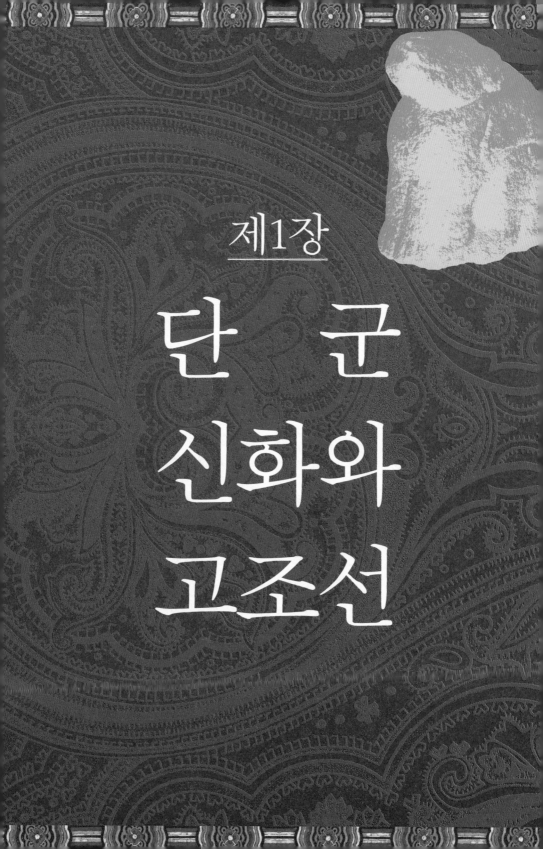

제1장

# 단군
# 신화와
# 고조선

《위서(魏書)》에 이르기를 "지금으로부터 2천 년 전에 단군왕검이 도읍을 아사달에 정하고 새로 나라를 세워 조선이라 하였는데, 이는 [중국의] 요임금과 같은 시대이다."라고 하였다.

《고기(古記)》에는 다음과 같은 글이 있다.

"옛날에 환인(제석을 이른다)의 서자 환웅이 자주 천하에 뜻을 두고 인간 세상을 탐구하였다. 아버지[환인]가 아들의 뜻을 알고 아래로 삼위태백 땅을 내려다보니 널리 인간에게 큰 이익을 줄 만하여, 이에 천부인 3개를 주어 [그곳에] 가서 다스리게 하였다. 환웅은 무리 3천 명을 거느리고 태백산 꼭대기에 있는 신단수 아래로 내려와 이곳을 신시라 하였으니 이분이 바로 환웅천왕이었다. 그는 풍백과 우사, 운사를 거느리고 곡식과 생명과 질병과 형벌과 선악을 맡아서 관장하고, 인간 세상에 관한 360여 가지 일을 주관하면서 세상에 머물러 다스리며 교화하였다.

이때에 곰 한 마리와 호랑이 한 마리가 같은 동굴에서 살고 있었는데, 항상 신령스러운 환웅에게 사람으로 탈바꿈하게 해 달라고 빌었다. 이때에 신[환웅]이 영험 있는 쑥 한 줌과 마늘 20개를 주며 말하기를, '너희들이 이것을 먹고 100일 동안 햇빛을 보지 않으면 곧 사람이 될 것이다'라고 하였다.

곰은 이것을 받아먹고 21일 동안 삼가니 여자의 몸으로 변했으나, 호랑이는 능히 삼가지 못해 사람이 되지 못하였다. 여자가 된 곰은 혼인해서 같이 살 사람이 없으므로 날마다 신단수 아래에서 아기를 갖게 해 달라고 빌었다. 이에 환웅은 잠시 [사람으로] 변한 뒤 혼인하였는데, 이내 잉태해서 아들을 낳았으니, 이름을 단군왕검이라 하였다.

[왕검은] 요 임금이 왕위에 오른 지 50년이 되는 경인년에 평양성에 도읍하고 비로소 조선이라 일컬었다. 또 도읍을 백악산 아사달로 옮겼는데, [그곳을] 궁홀산이라고도 하고 또 금미달이라고도 부르니 [이곳에서] 1,500년 동안 나라를 다스렸다. 주나라 무왕(武王)이 왕위에 오른 기묘년(기원전 1122)에 기자를 조선에 봉하니, 단군은 이에 장당경으로 옮겼다가 후에 아사달에 돌아와 숨어서 산신이 되었는데, 그때 나이가 1,908세였다."

당나라의 《배구전》에는, "고려는 본래 고죽국으로 주나라가 기자를 봉해 조선이라고 하였다. 한나라 때 3군을 두어 현도, 낙랑, 대방이라 하였다."라는 기록이 있다. 《통전》에도 역시 같은 내용이 있다.

_《삼국유사》〈기이〉'고조선조'

# 단군 신화가 최초로 실린
# 《삼국유사》

단군 신화는 우리 민족이 처음으로 세운 국가인 고조선의 건국 내용을 전한다. 단군이 하늘의 자손 환웅과 곰에서 인간이 된 웅녀 사이에서 태어나 고조선을 세우고 왕이 되었다는 내용이다. 이 신화는 고조선 시대의 이야기이지만 훨씬 후대인 고려 시대에 편찬된 《삼국유사》에 처음으로 등장한다. 그 뒤 단군 신화는 《제왕운기》나 《세종실록지리지》, 《응제시주》 등 여러 사서에 기록되어 후대에 전해졌다. 하지만 기록마다 약간의 차이가 있어 어느 기록이 더 원형에 가까운지 연구가 진행되기도 하였다.

전해지는 가장 최고(最古)의 기록이 《삼국유사》이기 때문에 단군 신화는 일제 강점기 일본인 학자들에게 많은 의심을 받았다. 즉 고려 백성이 몽골의 침략에 항쟁하는 과정에서 민족의 자긍심을 높이고 역사의식을 고취시키기 위해 단군 신화를 만들어 냈다는 것이다. 하지만 이 같은 주장은 해방 뒤 우리 학자들의 연구가 폭넓게 진행되면서 설득력을 잃었다.

《삼국유사》는 고려 시대 승려 일연이 충렬왕 때인 1,281년에서 1,289년 사이에 편찬한 책이다. 일연은 《위서》와 《고기》라는 옛 기록을 인용하여 단군 신화를 전하고 있다.

이 책에서 인용하고 있는 《위서》는 분명 위나라의 역사책일 것이다. 그러나 이 위나라가 중국의 역사 중 어느 시대의 나라인지는 분명하지 않다. 우선 삼국 시대 위, 촉, 오 세 나라 가운데 위나라가 있었다. 이 위나라는 조조가 죽은 9개월 뒤인 220년, 아들 조비가 후한의 헌제로부터 제위를 물려받아 황제에 오르면서 성립되었다. 이후 5대 46년간 명맥을 유지하다가 265년에 사마염에게 나라를 빼앗기면서 멸망하였다. 이 밖에도 중국 역사에는 선비족 탁발부가 386년에 화북 지역에 세운 북위가 있다. 북위는 5호 16국의 난을 종식시켰으며, 439년에 강북 지역을 통일하고 강력한 왕국을 세웠다. 북위의 역사서로는 북제 선문제(재위 551~554) 때 위수가 황제의 명령을 받아 편찬한 《위서》가 있다.

일연이 인용한 《위서》가 둘 중 어느 책인지 알 수는 없다. 그러나 북위의 역사책이라 하더라도 적어도 6세기에는 단군과 고조선에 관한 이야기가 중국에 전해져 있었고, 이를 중국 사람들이 기록으로 남겼음을 알 수 있다.

일연이 인용하고 있는 또 다른 기록은 《고기》이다. 《고기》에는 고조선의 건국에 관해 우리나라에 전승되는 이야기가 비교적 상세하게 실려 있다. 단군의 가계와 건국 이야기, 산신이 된 단군 이야기 등 풍부한 이야깃거리로 볼 때,《고기》는 우리나라에서 예로부터 전해 오는 신화나 전설 같은 초인적인 이야기들이 많이 담겨 있었을 것이다.

《제왕운기》는《삼국유사》와 비슷한 시기에 쓰였다. 이승휴가 충렬왕 13년(1287)에 관직에서 쫓겨난 뒤 저술한 것으로 추측되기 때문이다.《제왕운기》는 〈본기(本紀)〉를 토대로, "손녀로 하여금 약을 먹고 사람의 몸이 되게 하여 단수신과 혼인하여 아들을 낳았으니 이름이 단군이었다."라고 하여 손녀가 단수신과 혼인하여 아들을 낳았다는 내용을 전하고 있다. 또 "시라(尸羅), 고례(高禮), 남북 옥저, 동북 부여, 예와 맥이 모두 단군의 후손이었다."라고 하여 단군의 후손이 신라와 고구려를 비롯한 여러 국가들을 세웠음을 전하고 있다.

이 밖에도 단종 2년(1452)에 편찬된《세종실록지리지》중 평안도 평양부와 권근의 손자인 권람이 〈응제시〉에 자신의 주석을 붙여 놓은《응제시주》에도 단군 신화가 실려 있다.《응제시주》의 단군 신화는《삼국유사》와 비슷한 유형을 하고 있으며《세종실록지리지》의 단군 신화는《제왕운기》와 비슷하다.

이렇게 단군 신화에는 여러 전승이 전해지지만 곰에서 변한 웅녀에게서 단군이 태어난다는 내용이 손녀에게서 태어난다는 내용보다는 더 고졸한 모습으로 보인다. 그러므로《삼국유사》의 단군 신화를 중심으로 이야기를 시작해 보자.

# 단군은
# 하늘신의 자손

《삼국유사》에 의하면, 단군의 계보는 환인에서 시작된다. 신화의 첫째 대목을 보면, 환인의 아들 환웅이 천하에 뜻을 두고 자주 인간 세상을 탐했다 한다. 일연은 환인 옆에 '제석을 이른다'라고 친절히 주석을 달아 놓았다. 제석은 불교에서 천신을 말한다. 불교적 세계관에 의하면 천상계에 수미산이 있는데 맨 꼭대기에 있는 도리천 한가운데 제석천이 있다고 한다. 제석천을 다스리며 불법을 수호하는 신이 바로 제석이다. 그러므로 제석은 하늘신이며, 환인도 하늘신이다.

환인은 하늘신이면서 한국 고대 종교에 있어 지고신이기도 하다. 지고신은 어떤 종교 체계에 있어서 최고의 위치에 있는 신이다. 그는 일반적으로 모든 것을 창조하고 생명을 부여한 창조주이며, 모든 것을 보고 들을 수 있을 뿐만 아니라 모든 것을 할 수 있는 전지전능한 존재로 여겨진다. 또 우주의 질서를 수호하고 인간 행위의 선악에 대해 상벌을 내린

다고 한다.✛서영대, 〈신화속의 단군〉,《한국사시민강좌》 27, 일조각, 2000, 285~290쪽

최고신인 환인에게는 여러 아들이 있었는데, 그중 하나가 환웅이다. 환웅은 자주 아래를 내려다보면서 인간 세상에 살기를 소원하였다. 이런 아들의 마음을 헤아린 환인은 아들에게 세상에 내려가 인간을 다스리게 하였다. 이에 환웅은 태백산 꼭대기 신단수(神檀樹) 아래로 내려와 신시를 건설하고 환웅천왕으로 불렸다.

환웅은 하늘신의 아들이기 때문에 그도 역시 천신이다. 하지만 그는 제석이 아닌 천왕으로 불리는데, 환인과는 달리 최고의 신이 아니기 때문이다. 천왕은 사천왕천을 다스리는 신이다. 하늘 세계에서 사천왕천은 제석천과 달리 인간 세상과 경계에 있는 가장 낮은 단계의 하늘이다. 그는 인간 세상과 가까운 사천왕천을 담당하고 있었으므로 하늘 세계나 신들의 세상보다 인간 세상을 자주 굽어보며 동경할 수 있었다.

《삼국유사》에서 환인을 '환인 천제'라고 표현하고 있음에 비해,《제왕운기》에서는 '상제 환인'이라고 불렀다. 상제(上帝)는 중국에서 쓰이는 말로, 지고천신을 가리킨다. 같은 지고신이긴 하지만 환인 천제와 중국의 상제와는 성격상 차이가 있다. 천제는 자신의 자손을 통치자로 삼지만, 중국의 상제는 통치자와 혈연적으로 얽혀 있지 않다.✛서영대, 〈한국고대 신관념의 사회적 의미〉,《고구려사연구총서》 33, 열린문화사, 2004, 147쪽 중국에서 상제가 하는 일이란 비를 내리게 하고 지상을 감시하여 잘한 일에는 복을 주고 잘못한 일에는 벌을 내린다. 또 상제는 덕이 있는 사람에게 천명을 내려 천자가 되게 한다. 천은 군주를 무조건 두둔하는 것이 아니라 덕이 있는 자에게 은총을 내려 인간 세상을 지배할 수 있게 하고, 왕의 행위가 올바르지 못하

면 벌을 주고 천명을 다른 사람에게 옮기기도 한다. 이 논리를 따르면 군주는 천명을 받아 이 세상을 지배하는 셈이며, 그의 권위는 천이 뒷받침하여 혁명에 의해 왕조가 바뀌는 사건을 합리화시켜 준다. 결국 폭군 주(紂)가 다스리던 은나라를 멸망시키고 주나라의 토대를 닦은 주 문공의 업적도 천명의 논리에 의해 정당성을 인정받을 수 있었다.

하지만 우리의 경우 정치권력은 천신의 직계임을 내세움으로써 정당성을 보장받는다. 예를 들어 천신 환인과 단군은 할아버지와 손자의 관계이다. 단군의 아버지인 환웅은 지고신 환인의 아들이다. 환웅이 환인의 서자라고 하는데, 서자란 맏아들 이외의 여러 아들 중 하나라는 의미이다.

건국의 시조를 천신에서 찾는 예는 그 밖의 건국 신화에서 많이 찾아볼 수 있다. 부여의 건국을 전하는 동명 신화에서도 동명은 천신의 아들로 여겨진다. 동명의 어머니는 탁리국의 시녀였는데, 어느 날 달걀만 한 크기의 기운이 하늘에서 몸으로 들어온 뒤 아이를 갖게 되었다. 자신 몰래 아이를 가진 것에 화가 난 국왕은 아이를 버렸으나 돼지와 말이 아이를 잘 돌보아 주자, 깜짝 놀라 아이가 하늘의 자식일지도 모른다고 생각하여 노비로 삼았다.

이 밖에도 최치원이 지은 《석이정전》에 의하면, 대가야의 시조 뇌질주일과 금관국의 시조 뇌질청예가 천신 이비가지의 아들이었다 한다. 그런가 하면 광개토대왕릉비문에는 고구려의 시조 주몽이 천제지자(天帝之子)로 표현되는 등 우리의 건국 신화에서 통치자를 천손의 자손으로 표현하는 내용을 많이 볼 수 있다.

# 환웅,
# 태백산에 신시를 열고

　　항상 인간 세상을 동경하던 천신의 아들 환웅은 아버지에게 천부인 세 개를 받아 인간 세상으로 내려온다. 보통 부나 인은 관리의 신분을 증명하는 신분증 같은 것인데, 특히 부는 제왕의 명령을 수행하는 관리임을 나타내는 징표이다. 그러므로 환웅이 천부인을 가지고 내려온 것은 인간 세상을 지배할 수 있는 자격을 부여받았다는 의미이다.

　　환웅이 도착한 곳은 태백산 정상의 신단수 부근이다. 따라서 태백산 신단수는 하늘과 땅을 연결하는 교통로이다. 이 나무를 보통 우주나무라 한다. 중앙아시아와 북아시아의 샤머니즘 사회에서는 세상의 한가운데에 우주나무가 있는데, 이 나무는 태초에 세상과 하늘 그리고 땅 밑의 세계를 연결하는 길목이라고 믿었다. 우주나무는 하늘을 떠받치고 있다고 하여 세계의 기둥 또는 세계나무라고 불리며 신성한 나무로 삼아 제의를 드리고 섬긴다.

한반도에 살던 옛날 사람들도 이와 비슷한 믿음을 가지고 있었던 것 같다. 나무가 천신이 오르내리는 신성한 장소이자, 하늘과 땅을 잇는 우주나무라는 믿음이다. 단군 신화에 나오는 신단수가 바로 이 우주나무일 것이다. 그리고 우주나무가 있는 곳은 우주산이 된다.

환웅은 바로 우주산과 우주나무가 있는 신성한 지역에 신시를 건설하였다. 시(市)는 오늘날 시장 또는 도시란 의미로 사용되지만, 고대에는 다른 의미로 쓰였다. 고대 중국에서 시는 태양신의 강림 장소이자 태양신의 권위를 바탕으로 하는 제정일치적 집회 장소였다. 우리 고대 역사를 볼 때에도 시는 원래 통치의 중심이면서 국가적 제의가 행해지는 신성한 지역을 가리켰다.

신시에서 환웅은 곡식, 생명, 질병, 형벌, 선악 등 인간 세상의 360여 가지 문제를 지혜롭게 다스렸다. 환웅이 형벌과 선악을 주관했다는 것은 그가 정치를 베풀고 있었음을 뜻한다. 그러나 곡식, 생명, 질병과 같은 문제는 아무리 힘센 정치권력자라도 뜻대로 할 수 있는 것이 아니다. 따라서 환웅은 아버지인 하늘신에게 제의를 드리며 하늘의 뜻에 의지해 이러한 문제를 해결하였다. 환웅이 정치권력자이자 하늘신과 영적으로 통할 수 있는 종교적 권능을 갖춘 권력자임을 알 수 있는 대목이다.

환웅의 종교적인 권능은 기후를 관장하는 신인 바람의 신, 비의 신, 구름의 신을 거느린 내용으로도 파악된다. 환웅과 같이 중국 고대의 신들도 수신을 거느리는 존재로 나타난다. 중국의 전설적인 인물인 황제 역시 물을 관장하는 북두칠성의 혈통을 받고 태어났다. 《태평어람》에 황제의 탄생과 관련된 이야기가 실려 있다. 신농씨 말년에 소호씨가 부보를 아내로 맞이하였다. 얼마 후 새색시 부보는 커다란 번갯불이 북두칠성을 에워싸더니 북두칠성의 첫 번째 별인 추성(樞星)이 교외를 비추는 것을 보고 불현듯 태기를 느껴 임신한 지 20개월 만에 황제를 낳았다. 황제는 누런 용의 모습을 하고 구름과 비바람을 일으키는 벼락의 신으로서 모든 기상 현상을 주관하였다. 이러한 비범한 힘을 가진 존재였기에 황제는 여러 신들을 감독하고 통치할 수 있었다.

황제와 치열한 대결을 벌인 치우 역시 물의 신들을 총지휘하는 특별한 존재였다. 황제와 치우 모두 기상과 관련된 특별한 능력을 갖고 있었던 것이다. 《산해경》〈대황북경〉을 보면 황제와 치우의 싸움에는 우사와 풍백이 등장한다.

예전에 치우가 군사를 일으켜 황제를 토벌하려고 하자, 황제는 응룡에게 기주의 들에서 치우의 군대를 공격하라고 명했다. 응룡에게는 물을 가둘 수 있는 능력이 있었다. 응룡이 물을 가두어 가뭄으로 무기를 삼자 치우가 풍백과 우사에게 청하여 광풍과 폭우를 뿌리게 했다. 응룡이 더 이상 물을 가두지 못하도록 한 것이다. 그러자 황제는 자신의 딸인 발(魃)이라는 천녀를 보내 치우와 싸우게 했다. 가뭄의 신인 발이 도착하자마자 비가 그쳐 치우의 군대는 대패하였으며 치우는 죽음을 맞이하였다. ✚예태일 · 전발평 편저, 서경호 · 김지영 역, 〈대황북경〉, 《산해경》, 안티쿠스, 2008, 381쪽

황제와 치우의 싸움에는 공통으로 물의 신이 등장한다. 치우가 거느리고 다니는 풍백과 우사는 당연히 수신이며 황제의 부하 응룡도 수신의 일종인 구름과 비의 신이다. 이처럼 황제와 치우는 모두 물을 다스리는 수신이자 하위의 수신을 거느리는 존재였던 것이다. 이러한 사실은

당시 백성이 물을 관장할 줄 아는 지도자를 얼마나 원했는지를 짐작하게 한다.

중국 고대 사회의 대표적 성군으로 꼽히는 우 임금도 물과 인연이 깊었다. 태어날 때부터 외뿔 달린 용의 모습이었던 우는 얼마 후 사람의 모습으로 거듭났다. 우의 아버지 곤은 요 임금으로부터 황하의 물길을 다스리라는 명을 받고 7년 동안 노력했으나 실패한 적이 있었다. 우는 이런 아버지를 대신해서 치수를 성공적으로 끝내야 할 운명이었다. 우는 태어날 때부터 용에서 변신한 몸이었기 때문에 날개 달린 응룡을 비롯한 여러 용의 도움을 받을 수 있었다. 응룡은 강한 꼬리로 땅에 금을 그어서 장강과 황하의 물이 바다로 흐르게 해 주었다. 우는 이처럼 둑을 쌓고 물길을 터 주는 등 홍수를 다스리는 일에 13년을 매달린 끝에 치수에 성공하였다.

이와 같이 중국 신화에 등장하는 황제, 치우, 우 임금과 같이 단군 신화의 주인공 환웅도 수신인 풍백과 우사, 운사를 거느리는 권능을 지닌 존재였다. 그러나 훗날 나오는 고구려나 신라의 신화에서는 이들처럼 한 나라의 시조가 수신들을 거느리는 지위에는 오르지 못하였다. 고구려 건국 신화에서 주몽의 어머니는 물의 신 하백의 딸일 뿐이다. 주몽은 부여에서 도망을 치다가 큰 강에 가로막히자 외할아버지인 하백에게 도움을 청하였다. 이에 물고기와 자라가 다리를 만들어 주자 부여군의 추격을 물리칠 수 있었다. 이렇게 단군 신화에 등장하는 환웅이 황제나 치우와 같이 수신을 거느리고 부리는 존재로 그려지는 것은 단군 신화가 매우 이른 시기에 형성된 것임을 말해 준다.

# 단군의 어머니는 곰

환웅이 다스리던 신시 근처의 동굴에는 곰과 호랑이가 함께 어울려 살고 있었다. 곰과 호랑이에게는 소원이 하나 있었는데, 바로 사람이 되는 일이었다. 곰과 호랑이는 매일 눈을 뜨면 소원이 이루어지게 해 달라고 기도하였다. 이들의 간절한 기도를 가상하게 여긴 환웅은 영험 있는 쑥 한 줌과 마늘 20개를 주었다. 곰과 호랑이는 곧바로 동굴에 들어가 마늘과 쑥을 먹으면서 햇빛을 보지 않고 살았다. 며칠이 지나자 성질 급한 호랑이는 그만 참지 못하고 뛰쳐나갔다. 하지만 곰은 21일 동안 참고 견디어 여자의 몸이 되었다.

곰에서 변한 여자, 웅녀가 바로 단군의 어머니이다. 곰은 여자가 되었지만 결혼할 상대를 찾을 수 없었다. 외로웠던 웅녀는 매일 신단수 아래에서 환웅에게 정성스럽게 기도를 드렸다. 기도에 감동한 한웅은 잠시 사람으로 변하여 웅녀와 혼인하였다. 웅녀는 얼마 후 태기가 있어 아이를 낳았는데, 그 아이가 바로 단군이었다.

왜 하필 단군의 어머니는 곰이었을까? 곰은 유라시아 북방이나 북아메리카 여러 민족 사이에서 널리 신성시되던 동물이었다. 즉 곰은 산신이나 대지의 신령, 수신, 인간의 생활을 관찰하고자 신령이 보낸 사자, 샤먼의 수호령, 인간의 조상 내지 친족, 토템, 신이 특별히 보호하는 동물 등으로 숭배되었다. 곰을 신성시 여겼기에 이들 지역에서는 곰의 영혼을 달래고 수렵의 성공을 보장하기 위해 웅제를 성대히 거행하였으며, 그 뼈를 정중히 장사 지내기도 하였다.[+]서영대, 〈단군 신화의 의미와 기능〉, 《산운사학》8, 고려학술문화재단, 1998; 노태돈 편, 《단군과 고조선》 사계절, 2000, 130~131쪽 이러한 측면으로 미루어 보면 곰은 고조선에서도 신성한 동물이었을 것이다.

곰이 인간의 조상이었던 것은 고조선뿐만이 아니었다. 중국에서도 곰은 인간의 조상이었다는 설화가 존재한다. 하나라의 조상인 곤(鯀)은 죽어서 누런 곰으로 변하여 우연이라는 연못 속에서 살았다고 전해진다. 춘추전국 시대 진(晉)나라의 상경이었던 범씨와 중행씨의 조상도 곰이었다는 이야기가 있다. 이렇게 곰은 지상을 대표하는 신성한 존재로서 인간의 조상으로 여겨졌다.

곰이 신성한 동물로 거듭나려면 고행의 과정을 거쳐야 한다. 그리하여 단군의 어머니는 인간이 되기 위해 21일 동안 쓰디쓴 쑥과 마늘을 먹으며 햇빛을 보지 않고 동굴에서 살았다. 이는 마치 오늘날 원시 부족 사이에서 행해지는 성숙의 제의와 비슷하다. 프레이저의 《황금의 가지》를 보면, 남미에서는 처녀를 자루 속에 넣어 천장에 매단다고 한다. 또 뉴아일랜드에서는 처녀를 어둡고 비좁은 우리 속에 유폐하여 땅 위에 매달았

곰 석상 충남 공주시 곰사당 자리에서 발견된 것으로, 출토지를 보아 사당에
안치하고 제사를 지내며 신앙의 대상으로 삼았음을 알 수 있다. (국립공주박물
관 소장)

다. 나이가 찬 처녀들에게 땅과 접촉하지 못하게 하고, 태양을 보지 못하게 하려고 하늘과 땅 사이에 머물게 하는 것은 재앙을 가져오는 통로를 차단하기 위해서라고 한다.<sub>프레이저 지음 · 김상일 역, 《황금의 가지》, 을유문화사, 1975, 722~740쪽</sub> 이런 시련을 딛고 성인식을 통과하면 혼인하여 자식을 낳을 수 있는 자격을 얻는다. 이는 마치 곰이 환웅과의 혼인 및 단군의 출생을 정당화하고자 마늘과 쑥을 먹으며 변신하는 것과 비슷하다.

우리 역사에서 곰 숭배 사상은 고조선을 뒤이어 등장하는 고구려에서도 엿볼 수 있다. 고구려 사람들은 죽어서도 영화로웠던 삶을 계속하기를 바라는 마음에서 무덤 방안에 살았을 때의 모습을 벽화로 그려 놓았다. 지금도 집안이나 평양 등 고구려 지역에 가면 수많은 벽화고분을 볼 수 있다. 귀족들의 호화로운 실내 생활 모습, 수많은 사람들을 거느리고 위풍당당하게 나들이에 나서는 행렬도, 활 쏘고 말 달리며 사냥에 열중하는 무사들의 역동적인 모습 등 고구려 사람들의 생활을 실감나게 전해 주고 있다.

그중 집안의 각저총 벽화에는 고구려 역사와 부리부리한 큰 눈에 매부리코를 한 서역인인 듯한 사람이 한바탕 씨름을 벌이는 씨름도가 그려져 있다. 이 씨름도를 자세히 보면, 씨름하는 사람들 왼쪽에 커다란 나무가 그려져 있고, 그 나무 아래에 곰과 호랑이가 있다. 또 장천 1호분 벽화에도 커다란 나무 둥치 밑에 동굴이 하나 있고, 동굴 안에 곰이 웅크리고 있다. 두 벽화에는 모두 나무가 등장하는데, 가지가 좌우로 울창하게 뻗어 있는 모습은 마치 환웅이 내려왔다고 하는 태백산 꼭대기의 신단수를 연상시킨다.

각저총 씨름도 씨름하는 사람 왼쪽에 커다란 나무가 그려져 있고, 그 나무 아래 곰과 호랑이가 있다.

장천 1호분 벽화 왼쪽 큰 나무 밑의 굴 안에 검은 곰 한 마리가 웅크리고 있는 모습이다.

이렇게 신단수와 곰, 호랑이가 고분벽화에 그려진 이유는 고구려가 고조선의 맥을 이어 세워진 나라이기 때문일 것이다. 《삼국유사》에 고구려를 건국한 주몽이 단군의 아들이라는 기록이 보이는 것도 역시 고구려와 고조선의 연관성을 알 수 있는 내용이다. 이는 고조선 유민들이 고구려 정치 세력의 형성과 발전에 영향을 주었기 때문에 생겨난 현상일 것이다.

# 단군의 아버지는
# 어떤 모습이었을까

변신은 곰만 한 것이 아니었다. 환웅도 웅녀와 혼인하고자 잠시 인간이 되었다. 따라서 환웅도 원래는 인간이 아니었을 것이다. 어머니는 곰이라고 명확하게 나와 있는데 비해 환웅의 모습은 그려진 바가 없어 궁금증을 더한다. 이와 관련해 환웅이 원래 새였을 것이라는 재미있는 견해가 있다. 일반적으로 새는 하늘과 연결되며, 하늘을 왕래하는 탈 것, 또는 신령내지 조령(祖靈)으로 신앙된다. 이런 점에서 환웅의 원래 모습은 신령스런 새였을지도 모르겠다.

우리 역사에는 예로부터 신령한 새를 믿는 신앙이 있었다. 옛날 사람들은 마을 입구에 장승이나 솟대를 세워 마을로 들어오는 액을 물리치고자 하였다. 이러한 전통이 오늘날까지 남아, 지금도 시골 마을 어귀에는 장대 위에 한 마리에서 많게는 세 마리에 이르는 새를 앉힌 솟대를 볼 수 있다.

농경문 청동기 풍년을 기원하며 제사를 지낼 때 쓰이던 의례용 도구로, 앞면
(의)과 뒷면(이래)에 농사짓는 모습이 담겨 있다. 1, 1절 ☓청색들린 그날)

새에 대한 신앙이 언제부터 시작되었는지 거슬러 올라가 보면 청동기 시대부터 확인된다. 1970년대 초반, 충남 대전의 한 고물상에서 손바닥만 한 청동기 한 점이 발견되었다. 청동판의 앞뒷면에 농사짓는 그림이 새겨져 있어 농경문 청동기라 불렸다. 청동기의 앞면 오른쪽에는 남성 두 명이 따비와 괭이를 가지고 일하는 그림이, 왼쪽에는 여성 한 명이 수확한 곡식을 그릇에 담는 듯한 그림이 새겨져 있다. 그리고 뒷면의 왼쪽과 오른쪽에는 각각 Y자 모양으로 뻗은 나뭇가지에 새가 서로 마주보고 앉아 있다. 이것으로 보아 농경문 청동기는 수확이 풍성하기를 기원하며 제사를 지낼 때 쓰이던 의례용 도구로 보인다.

우리 조상은 옛날부터 봄에 씨앗을 뿌릴 때는 풍년을 기원하고, 추수기에는 수확한 곡식을 감사히 받겠다는 마음으로 하늘에 제례를 드렸다. 이러한 제례 의식은 제사장이 주관하였는데, 이때 제사장은 청동기를 옷에 매달거나 목에 걸고 의식을 거행하였을 것이다. 새는 천상과 지상을 오르내리며 신과 인간을 연결해 주는 신령스런 존재였다. 그래서 곡식과 농사를 관장하는 곡령신을 불러와 풍요를 가져다 줄 것으로 믿었기 때문에 청동기에 새겨졌을 것이다.

신령한 새는 조령간두식에도 등장한다. 이 유물은 경주 지역에서 출토된 것으로, 높이 8.5미터의 Y자 모양 나뭇가지 위에 두 마리의 새가 앉아 있다. 이 밖에도 신령스런 새는 고인돌무덤이나 청동 단검의 칼자루 꼭지에도 새겨져 있어, 청동기 시대 사람들이 새를 신령하게 여겨 숭배했음을 알 수 있다.

신령한 새가 하늘과 관계있다는 믿음은 시베리아나 중앙아시아의 종교적 전승이나 신화 속에서도 찾아볼 수 있다. 이들 지역에서 새는 카리스마적인 샤먼의 상징이어서 샤먼이 새처럼 날 수 있다고 믿거나 샤먼이 새 모양의 옷을 입는다. 특히 몽골 북쪽 바이칼 호 지역에 살고 있는 부리아트족을 보면 태초에 하늘에 있는 신들은 인간이 병이나 죽음과 싸울 수 있도록 이 세상에 독수리를 보냈다고 믿었다. 그러나 사람들이 독수리의 말을 알아듣지 못하자, 독수리는 신들에게 돌아가 말을 할 수 있게 해 달라고 하였다. 신들은 독수리가 처음 만난 사람을 샤먼으로 만들 수 있는 힘을 주어 돌려보냈다고 한다. 땅 위로 돌아온 독수리는 한 여자가 나무 밑에서 잠들어 있는 것을 보고 사랑을 나누었다. 여자는 나중에 아들을 낳았는데, 이 아들은 세상에서 첫 샤먼이 되었다.

부리아트족에게 전승되어 온 인류 최초의 샤먼 탄생 신화는 단군 신화와 기본 구조가 비슷하다. 하늘에서 천신의 대리인이 병과 죽음에 시달리는 인간을 구제하고자 내려온 것이나 하늘에서 인간을 널리 잘 살도록 하고자 천신의 아들이 내려온 것이 그렇다. 그리고 천신이 나무 밑에서 잠자고 있는 여인과 사랑을 맺어 인류 최초의 샤먼을 낳았다는 것과 천신의 아들이 신단수 아래에서 여인과 혼인하여 단군을 낳았다는 구조도 매우 유사하다. 다만 단군의 아버지는 환웅이라는 인격신의 모습을 띠는 데 반해, 부리아트족의 샤먼의 아버지는 새다. 또한 단군의 어머니는 곰의 모습에서 변신한 여자인데, 부리아트족의 어머니는 여인이었다. **✛**정경희, 〈단군사회와 청동기문화〉, 《한국고대사회문화연구》, 일지사, 1990, 23~24쪽

이렇게 두 지역의 신화가 비슷한 점이 많음에도 약간의 차이점이 보이는 이유는 지역적인 특성이 반영되고 시간적으로도 차이가 나기 때문

일 것이다. 아마도 부리아트족의 신화는 단군 신화보다 더 오래전에 형성되었을 가능성이 크다. 샤먼의 아버지가 새였던 신화가 시간이 지나면서 점차 인격신의 모습을 갖추어 인간의 모습으로 변했을 것이다.

# 단군 신화에 나타난
# 고조선의 성립 과정

《삼국유사》에서는 요 임금 50년에 단군이 고조선을 세웠다고 전한다. 그리고 주를 달아 요 임금이 왕위에 오른 원년은 무진년(기원전 2333)이므로 50년은 정사이지 경인이 아니니, 아마도 사실이 아닌 것 같다고 하였다. 《제왕운기》는 단군의 즉위년에 대해 '요 원년 무진년'이라고 다르게 기록하면서 논란을 촉발시켰다. 이러한 논란은 조선 초에 와서야 마무리되었다. 성종 15년(1484)에 편찬된 《동국통감》은 단군의 즉위년을 《제왕운기》 이래 통설에 따라 무진으로 보고 있으며, 이 연대가 요 임금 25년에 해당한다고 하였다. 오늘날 단기 원년을 기원전 2,333년이라 하는 것은 결국 《동국통감》의 설에 따른 것이다.

하지만 기원전 2,333년경 한반도와 만주 지역의 고고학 유물을 보면 신석기 시대였음을 알 수 있다. 이 연대를 그대로 따른다면 고조선이 신석기 시대에 이미 출현했다는 의미가 되는데, 이는 불가능한 일이다. 인류 사회의 발전을 연구한 학자들에 따르면, 신석기 시대는 혈연관계로 뭉친 씨족이 공동생활을 하던 사회였다고 한다. 지도자는 있지만 사회 구성원이 모두 평등하고, 잉여 생산물이 많지 않아 생산물을 공유하던 사회였다. 그러므로 정치권력은 아직 등장하지 않았다. 보통 정치권력은 청동기 시대에야 비로소 등장하는 것으로 여겨진다.

신석기 시대 말기에는 농경이 발달하면서 잉여 생산물이 생겨나기 시작하였다. 여기에 청동기가 발명되어 칼이나 창 등의 무기나 거울, 방울을 만들어 쓰면서 집단 간의 격차가 더욱 벌어졌다. 청동 기술을 가진 집단이 무기를 만들어 다른 집단의 잉여 생산물을 빼앗고 주민들을 다스리기 시작하였기 때문이다. 잉여 생산물을 많이 빼앗은 사람은 점점 부유해지고 빼앗긴 집단은 점점 가난해져 집단 간의 예속 관계가 발생하였다. 그리하여 힘 있는 집단의 지도자가 여러 집단을 거느리면서 정치권력이 등장하였다. 정치권력이 한 사람에게 집중되는 현상이 가속화되면서 국가도 성립했을 것으로 추측되므로, 고조선이 성립된 사회는 청동기를 사용하던 시대였을 것이다.

고조선이 청동기 시대에 세워졌다는 믿음을 근거로 단군 신화를 살펴보면 몇 가지 사실을 유추할 수 있다. 우선 단군 신화 속에는 고조선 사회의 성립 과정이 담겨 있다. 신화에는 일정한 역사적 사실이 반영되어 있기 때문이다.

신화에서 개인은 집단을 의미하는 경우가 많으며, 하늘로부터 내려온 것은 일반적으로 종족의 이동을 의미한다. 그러므로 환웅이 하늘에서 내려온 일은 보다 앞선 문화를 가진 종족이 이동했음을 의미한다. 또한 단군 신화로 볼 때 고조선 건국에 관련된 세력은 크게 세 집단이었다. 첫째는 제석 또는 상제라고 하는 환인과 그의 아들인 환웅천왕 집단이다. 둘째는 환웅이 하늘로부터 내려오기 이전부터 고조선 지역에 살던 곰과 호랑이로 상징되는 집단이다. 마지막으로 고조선을 세운 단군 집단*이종욱, 《한국사의 1막1장 건국 신화》, 휴머니스트, 2004, 102쪽이 있다. 이 가운데 환인과 환웅이 속한 집단은 천상, 즉 하늘이라고 지칭되는 지역에 거주하고 있었다. 그러다가 환웅이 무리를 이끌고 태백산 꼭대기의 신단수 아래에 내려와 신시를 열었다고 했으므로 그와 그의 무리는 고조선을 건국한 중심 세력이 될 수 없다.

환웅이 내려왔을 때 그곳에는 곰과 호랑이로 대표되는 집단이 이미 거주하고 있었다. 여기서 이들 집단이 곰과 호랑이로 상징된 것은 아마도 곰이나 호랑이 등을 토템으로 삼고 있었기 때문이다. 이들 집단은 토템을 유지하고 있다는 점에서 후진적 사회였음을 짐작할 수 있다. 곰과 호랑이로 지칭되는 이들 집단도 역시 고조선을 건국한 중심 세력은 아니었을 것이다. 고조선을 세운 중심 세력은 하늘에서 내려온 환웅과 곰이 혼인하여 탄생한 단군 집단이었다.

이와 같이 고조선 사회는 여러 사회가 통합되면서 성립된 사회였다. 때문에 고조선의 시조가 천신의 후예라는 관념이 생겨나게 되었다. 고조선에 통합되기 전 각 집단들은 각기 나름대로 집단을 표상하는 신을 가지고 있었는데, 이 신에 대한 믿음을 통해 사회질서를 유지하고 집단 내부의 결속을 강화해 나갔다. 단군 신화에 나오는 호랑이 집단이나 곰 집단, 동예의 호신이 바로 좋은 예가 될 것이다. 그러나 이 중에는 천신의 후예라고 지칭하는 집단은 아직 없었을 것이다.

하지만 여러 작은 집단들을 통합하여 나라를 세운 고조선의 지배 세력은 권력의 정당성을 인정받아 통치를 수월하게 하고자 이들보다 좀 더 높은 차원의 신이 필요했다. 그리하여 고조선의 지배 세력은 자신들을 하늘과 결부시켜 하늘의 자손임을 내세움으로써 곰이나 호랑이 집단 위에 군림할 수 있었다.

# 단군왕검에 담긴 뜻

천신의 아들 환웅과 웅녀 사이에서 태어난 단군은 단군왕검이라 불렸다. 하늘신의 아들로 태어난 아이를 단군이라고 부른 것으로 볼 때 이름에는 신성한 뜻이 담겨 있을 것이다. 최남선에 의하면, 단군은 호남 지역의 말 중에 무당을 가리키는 '당굴'이나, 몽골어에서 하늘을 뜻하는 'tengri'와 비슷하게 발음된다고 한다. 몽골어에서 'tengri'는 하늘을 의미하는 동시에 무당을 뜻한다. 그러므로 단군은 《삼국지》〈위서〉 '동이전'에 전하는 한(韓)의 국읍에서 하늘신에게 제사 지내는 일을 주관하던 천군(天君)과 비슷한 일을 했다. 즉 단군이 하늘신에게 제사 지내는 제사장적인 성격을 지닌 존재였다는 것이다. 그리고 '왕검'은 임금을 연상시키며, 정치적 군장이란 의미가 내포되어 있다. 따라서 단군왕검은 정치적 지도자이자 제사장적인 성격도 동시에 갖는 존재라고 할 수 있다.

단군은 1,500년 동안이나 고조선을 다스렸다고 한다. 한 사람의 수명이 100년을 살기도 힘든데 1,500년이나 나라를 다스렸다니, 황당하다고 여기는 사람도 있을 것이다. 그러나 신화에는 일정한 역사적 사실이 담겨 있음을 다시금 상기해 보자. 이와 관련해서 《동국통감》을 편찬한 찬자는 임금이 나라를 다스려 오래되었다고 하더라도 50~60년에 지나지 않는데 어찌 단군만이 홀로 천 년 이상 살면서 나라를 다스렸겠느냐고 하면서, 대대로 왕업을 이은 햇수라고 주장하였다. 즉 단군왕검은 고조선에서 왕을 뜻하는 일반명사로, 고조선에서 왕을 역임한 군주는 모두 단군왕검이라 칭했을 것이다.

단군왕검이 즉위한 해는 요 임금이 왕위에 오른 지 50년이 되는 경인년이었다고 한다. 그러면 단군의 건국 기준이 되는 요 임금은 누구인가? 요(堯)는 중국의 삼황오제 전설에 등장하는 오제 중 한 명이다. 출생이나 성장 과정에 대해 알려진 바가 거의 없으나 성군으로서 태평성대를 구가한 임금으로 유명하다. 요는 훌륭한 자질을 갖춘 임금으로, 극진한 덕치로 나라를 잘 다스려 성군으로 이름을 빛내었다. 즉위한 지 수십 년 동안 백성을 돌보느라 하루도 편히 쉬지 못했던 요는 왕위를 다른 사람에게 물려주기를 원하였다.

그런데 아들 단주는 아버지와 달리 성품이 거칠고 모가 나 있었다. 요는 천하를 다스릴 만한 인재를 두루 찾았다. 요 임금의 뜻을 안 신하들은 전욱 고양의 후손으로 효성이 지극하다고 알려진 순(舜)을 추천하였다. 요는 순에게 두 딸을 시집보낸 뒤 여러 가지 일을 맡겨 사람 됨됨이를 시험해 보았다. 순이 나무랄 데 없는 인격의 소유자임을 알게 된 요는 3년 후 순을 등용하였고, 20년이 지나자 섭정으로 삼아 나라를 맡기고 은둔

하였다. 사람들은 요와 순이 다스리던 이때가 가장 평화롭고 안정된 시기였다고 생각하였다. 그리하여 사람들은 세상이 어지러울 때마다 요와 순 임금을 떠올리며 그때를 그리워하였다.

하지만 요 임금이 역사적으로 실재하는 인물이었는지는 현재까지 정확히 밝혀지지 않았다. 일부 학자들만이 요 시대쯤에 황하 유역에 중앙 집권적인 정치 세력이 형성되었을 것으로 추측할 뿐이다. 이렇게 역사적 실체가 분명하지 않은 요 임금의 즉위 원년을 중국 사람들은 기원전 2,357년으로 본다. 단군의 즉위년이 기원전 2,333년이라거나 요 임금 즉위년이 기원전 2,357년이란 것은 모두 상징적인 의미가 강할 뿐 역사적 사실이라고 보기는 어렵다.

그런데도 일연은 왜 《삼국유사》에서 단군과 요 임금을 동시대인으로 보았을까? 아마도 요 임금이 중국에서 가장 이상적인 군주로 추앙받았기 때문일 것이다. 성군 요 임금과 같은 시기에 단군이 조선을 건국했다고 인식함으로써 우리나라가 중국과 대등한 시기에 건국된 유구한 역사를 지닌 나라임을 강조하였다.

고조선이 언제 세워진 나라인지는 확실하지 않다. 하지만 요 임금과 같은 시기인 기원전 2,333년은 아닐지라도 기원전 10세기 정도에는 고조선이 이미 세워졌을 것이다. 한반도와 만주 지역에서 발견되는 청동기를 보면 기원전 10세기에는 비파형 동검이나 여러 청동기들이 상당히 정교하게 만들어지고 그 수량도 풍부하기 때문이다.

# 유물로 보는
# 고조선의 모습

　청동기는 고조선의 문화 수준을 가늠할 수 있는 대표적인 유물이다. 고조선 영역으로 추정되는 중국 요녕성 지방과 한반도에서는 기원전 1천년 전부터 사용한 것으로 보이는 청동기들이 많이 출토되었다. 청동검과 청동거울, 청동방울 등인데, 이들 지역에서 출토되는 청동검은 칼날 모양이 비파라는 악기를 닮아서 비파형 동검이라고 부른다. 비파형 동검은 기원전 4세기 무렵부터 칼날 모양이 길고 가느다란 모양으로 바뀌는 경향을 보이는데, 그래서 이를 세형 동검이라 부른다.

　칼의 생김새는 지역에 따라 다른 특징을 보인다. 중국의 칼은 날이 판판하고 길쭉하며 홈이 없는 특징이 있다. 또 산융족과 동호족이 살던 요녕성 서쪽에서 출토되는 청동검에는 자루나 자루 끝 부분에 말, 개구리, 가오리 등의 짐승 장식이 많이 조각되어 있다. 그러나 요녕성 동쪽과 한반도에서 출토되는 비파형 동검과 세형 동검에는 끝에서 손잡이 부분까지 긴 홈이 패여 있어 손잡이를 끼워 사용할 수 있게끔 된 것이 특징이다.

청동검은 귀하고 또 만들기도 어려워 지배계급에서만 소유했을 것으로 추정된다. 또 청동기는 무기나 농기구로 사용하기에는 강도가 약하다는 단점이 있다. 그런 만큼 청동기는 지배계급의 권위를 상징하였으며, 특별한 의미가 있는 곳에 사용되었을 것이다. 고조선 왕도 비파형 동검을 허리에 차고 다니며 백성의 경외감을 자아내게 하는 권위의 상징물로 사용했다.

전쟁이 있을 때는 청동검을 높이 쳐들고 싸움을 독려하여 승리로 이끌기도 하였다. 그리고 하늘에 제사를 지낼 때는 제물로 바칠 짐승을 찌르거나 높이 쳐들고 하늘과 소통하는 도구로 썼다. 이때는 목에 청동거울을 걸고 한 손으로는 청동방울을 쥔 채 흔들며 하늘의 뜻을 묻고 이를 백성에게 전달했다. 청동거울의 매끈한 면에 햇빛이 비쳐 반사되면 위엄이 더해져 의식은 더욱 엄숙해졌고 백성은 경외감에 저절로 머리를 숙였다.

고조선의 지배자들은 죽어서도 살아 있을 때와 같은 권위를 누리고 싶어 했다. 그리하여 많은 사람들을 부려서 엄청나게 큰 돌로 무덤을 만들고, 그 안에 청동검과 청동방울, 청동거울 같이 평소에 사용하던 물건을 시신과 함께 묻었다. 이들 지배자들이 만든 무덤이 바로 우리나라 여러 지역에서 볼 수 있는 고인돌이다. 고인돌은 지역에 따라 차이가 나는데, 고조선 지역에는 거대한 탁자처럼 생긴 고인돌이 많다. 큰 돌을 바닥에 세워 다리로 삼고 그 위에 넓적한 덮개돌을 올려 탁자 모양으로 만들

청동기 시대 유물 제사를 지낼 때 하늘과 소통하는 도구였던 청동검(맨 왼쪽), 청동방울(위), 청동거울(아래). (국립중앙박물관 소장)

고인돌 청동기 시대의 대표적인 무덤 양식이다. 고조선 영역으로 추정되는 한반도 서북부와 요녕성 지역에서는 탁자식 고인돌이 많다.

었다. 이런 탁자 모양 고인돌은 다른 사람들이 아래에서 올려다보아야 하는 높은 언덕에 홀로 세웠다.

고인돌은 대개 수십 명에서 수백 명이 동원되어야 만들 수 있었다. 그러므로 고인돌을 만들 때는 마을 사람 모두가 나와서 함께 참여하였다. 고인돌의 덮개돌은 자연 암석을 그대로 이용하거나 큰 바위에서 떼어내 사용하였다. 강화도 부근리에 있는 고인돌의 덮개돌은 무게가 80톤이나 된다고 한다. 이는 오늘날 대형 화물 트럭 10대 정도가 있어야 움직일 수 있는 무게라고 하니 거중기도 없었던 고조선에서 어떻게 무거운 돌을 움직였을지 자못 궁금해진다. 이와 같이 큰 돌은 장정 500명이 있어야 움직일 수 있었다니 지배자의 위세가 얼마나 대단했을지 짐작이 간다.

고인돌은 한강을 경계로 남쪽으로 가면 바둑판 모양으로 변한다. 덮개돌 밑에 짧고 굵은 다릿돌을 받쳐 마치 바둑판같은 모양이라서 바둑판식 고인돌이라고도 부른다. 한반도 내에서도 한강을 중심으로 위쪽에는 탁자식 고인돌이, 남쪽에는 바둑판식 고인돌이 분포하는 것을 보면 두 지역의 문화권이 달랐음을 알 수 있다.

비파형 동검과 탁자식 고인돌의 출토 지역이 대체로 요녕성 강 이동에서 한반도 서북부임을 볼 때, 이들 지역이 고조선의 중심지였을 것으로 추측된다. 그리고 단군 신화는 청동기 시대에 이들 지역에 세워졌던 고조선 세력의 건국을 전해 주는 신화라고 보아도 무리가 없을 것이다. 고조선의 영역을 알 수 있는 유물로는 비파형 동검, 미송리식 토기, 탁자식 고인돌이 있다. 이 세 가지 유물이 나타나는 곳을 고조선의 영토로 추측한다.

# 문헌에 나타난
# 고조선 모습

　평양성에 도읍하고 나라를 세운 단군은 1,500년 동안 다스렸는데, 주나라 무왕이 왕위에 오른 뒤 기자를 조선에 봉하자 장당경으로 옮겼다. 단군은 뒤에 아사달에 돌아와 숨어서 산신이 되었는데, 그때 나이가 1,908세였다. 이 내용은 지나치게 신화적이라서 고조선의 실체에 다가가기 더욱 힘들게 한다. 그리고 불행히도 우리 역사서 중 고조선에 관한 가장 이른 기록은 《삼국유사》이다. 그러나 중국 측의 역사서에는 이웃 나라 고조선에 대해 단편적이나마 기록하고 있어 고조선의 역사적인 추이를 살펴볼 수 있다.

　지금까지 알려진 바에 의하면, 고조선이 등장하는 가장 이른 시기의 기록은 중국의 역사책인 《관자》이다. 《관자》〈규도편〉에는 "조선에는 좋은 무늬 있는 짐승 가죽이 나오는데, 8천 리 밖에 있다."라고 하였다. 《관자》는 춘추 시대에 지금의 산동 반도에 위치해 있던 제(齊)나라의 재상 관중(管仲)이 편찬했다고 전해지므로, 이 책에는 기원전 7세기경의 사실들이 담겨 있다. 당시 제나라 재상이던 관중은 산융과 고죽 등을 정벌하고자 연의 북방을 지나 난하 유역에까지 진출하였으므로, 당시의 조선은 연나라나 제나라와 가까운 지역에 있지는 않았던 것 같다.

《전국책》에는 조선의 활동과 위치에 관해 좀 더 구체적으로 그려져 있다. 《전국책》〈연책편〉에는 소진이 연나라 문후(재위 기원전 361~기원전 333)에게 당시 연의 주변 상황을 말하면서 "연의 동쪽에는 조선, 요동이 있고, 북쪽에는 임호, 누번이 있다."라고 했다고 기록되어 있다. 이로 볼 때 조선은 연의 동쪽에 요동과 접해 있으며, 연나라의 국세나 대외 관계 등을 논할 때 주의해야 할 세력이었음을 알 수 있다.

그러나 두 기록은 모호한 부분이 많아 조선에 대해 잘 알기 쉽지 않다. 한대 이후 문헌인 《사기》, 《위략》 등에 이르면 비로소 조선에 대해 구체적으로 기술한 기록이 등장한다. 《위략》에는 고조선이 연나라와 각축을 벌이다 연나라 소왕(재위 기원전 331~기원전 270) 때 진개의 침공을 받아 서쪽 2천여 리의 땅을 잃고 그 중심지를 동쪽으로 옮겼다고 한다. 이로 볼 때 기원전 4세기경의 고조선은 그 세력을 서쪽으로 뻗쳐 요동 지역까지 차지하는 강한 나라였음을 알 수 있다. 그렇기 때문에 연나라가 제후라는 명칭 대신에 더 높은 왕이라는 칭호를 쓰자, 고조선의 우두머리도 왕이란 칭호를 썼다고 《위략》에 기록할 수 있었다. 당시 연과 세력을 다투던 고조선 왕은 자신의 힘을 믿고 연나라와 전쟁을 벌이려고까지 하였다. 그러나 옆에 있던 신하 예가 승리할 가능성이 적다며 간곡하게 말려서 그만두었다.

기원전 4세기 경 고조선이 연나라와 다툴 만큼 국력을 기른 데는 무엇보다도 쇠로 된 도구, 곧 철기의 도움이 컸다. 중국이 전국 시대라는 혼란기에 접어들면서 많은 백성들이 조용한 조선 땅으로 이주하였는데, 이때 이들은 철을 제련하는 기술도 함께 가져왔다. 그리하여 고조선 땅에도 철기 문화가 꽃피웠다. 돌보다 단단하고 청동보다 훨씬 날카로운 쇠로 만든 농기구는 힘을 잘 받고, 쇠로 만든 검은 큰 위력을 발휘했다. 고조선은 철로 다양한 농기구와 전쟁 무기를 만들어 쓰면서 농업이 크게 발달하였고 국력도 날로 신장되어 갔다. 그리하여 고조선은 중국의 연, 진나라와 어깨를 겨룰 정도로 부강한 나라가 되었다. 그런 조선에 큰일이 생겼던 사실을 《사기》〈조선열전〉은 전한다.

조선왕 만은 옛날 연나라 사람이다. …… 연왕 노관이 흉노로 도망 갈 때에 만도 망명하였는데, 동쪽으로 요새를 나와 패수를 건너 진의 옛 공지에 있는 상하장에 살면서 점차 진번과 조선 오랑캐 및 연, 제의 망명자들을 복속시켜 거느리고 [고조선의 준왕을 쳐서] 왕이 되었으며, 왕험에 도읍을 정하였다.

_《사기》〈조선열전〉

연나라 왕 노관은 본래 한나라를 세운 고조 유방의 죽마고우였다. 그는 한나라를 세우는 데 큰 공을 세웠으나, 유방이 안정을 찾은 뒤 일등 공신인 한신마저 제거하자 위협을 느꼈다. 한신은 죽으면서 "토끼를 모두 잡고 나면 사냥개가 쓸모없어져 삶아 먹게 된다."라는 말로 자신의 처지를 비유적으로 표현하였다. 즉 한나라 유방이 나라를 세우고 나니 이제 옛 공신이 쓸모가 없어져 죽인다고 한탄한 것이다. 이 사건을 보고 느낀 바가 많던 노관은 당시 한나라가 가장 두려워하던 흉노로 망명하고 말았다.

위만은 노관 밑에 있던 신하였다. 그는 자신이 모시던 왕이 하루아침에 흉노로 도망을 가자 결국 연나라 동쪽에 있던 조선의 변방에 와서 준왕의 신하가 되었다. 조선 왕 준은 위만이 지혜롭고 사람들을 잘 통솔하므로 서쪽 땅 100리를 주고 다스리게 하였다. 하지만 위만은 준왕의 신임을 왕위를 빼앗는 데 이용하였다. 그는 한나라 군대가 열 군데로 쳐들어온다는 거짓 보고를 한 뒤 군사를 이끌고 왕검성으로 달려가 준왕을 내쫓고 왕이 되었다. 그는 중국에서 발달된 철기 문화를 가져와 군사력을 키웠으며, 한강 이남의 여러 작은 나라들과 한나라 사이에서 중계무역을 하여 부강한 나라를 만들었다.

국력이 강성해진 고조선은 외교 관계를 넓혀 북방에 사는 흉노와 손을 잡고 중국과의 관계를 저울질하였다. 그렇지 않아도 흉노 때문에 불안했던 한나라는 고조선과 흉노가 손을 잡은 사실을 알고 무력으로 정벌하기로 결정하였다. 한 무제는 기원전 109년에 정벌군을 보내 육지와 바다 양쪽에서 고조선을 공격하였다. 그러나 고조선은 험한 곳에 군사를 배치하여 잘 막아내었다. 고조선의 저항이 완강하여 시간을 소비하자 한나라는 새로운 작전을 세웠다. 고조선의 지배층을 매수하여 왕검성 내부를 분열시켜 전투력을 약화시킨 것이다. 오래 전쟁으로 지친 고조선의 지배층은 한나라의 계략에 휘말려 서로 싸우다가 기원전 108년에 왕검성이 함락당하면서 나라를 잃었다.

《삼국유사》에서 고조선은 단군이 세운 고조선과 기자조선, 위만조선으로 구분된다. 그러나 단군조선과 위만조선은 인정하지만, 기자조선은 전설일 뿐 실제로 존재하지 않았다고 보는 학자들이 많다. 중국 고대의 문헌을 보면, 기자는 은나라 끝 무렵에 살았던 실존 인물이다. 그는 은나라 황제 밑에서 일하다가 주나라 무왕이 은나라를 치고 일어서자 무왕 밑에서 일했으며 중국 땅에서 죽었는데, 그의 무덤은 중국 양국의 몽현에 있다고 한다. 이 때문에 기자가 조선 땅에 와서 왕이 되었다는 내용을 믿지 않는 것이다.

그렇다면 《삼국유사》의 기록은 어떻게 이해해야 할까? 이기백은 이기문의 설을 인용하여 기자가 우리 역사에서 왕을 부르는 칭호라고 보았다. 신라에서 거서간, 차차웅, 이사금, 마립간, 왕 등으로 왕호가 바뀌어 간 것처럼, 고조선에서도 단군왕검, 기자, 왕으로 왕호가 바뀌어 갔다는 것이다. 그런데 기자의 발음이 기자(箕子)와 같아서 훗날 사람들이 기자동래설과 연결시키기에 이르렀다. ✛이기백, 〈고조선의 국가형성〉《한국사시민강좌》2, 일조각, 1988, 17쪽 그러나 기자란 광주간본 《천자문》에서 왕을 '기즈왕'이라 하고, 또 대동급기념문고본 《천자문》에서는 '기츠왕'이라고 한 데서 알 수 있듯이, 본래 왕을 말하는 우리 고유의 칭호였다. 《주서》〈이역열전〉 '백제조'에 의하면, 백제에서는 왕을 건길지(鞬吉支)라고 불렀는데, 건길지의 길지가 기자와 같은 말이다. 이러한 사실들에 근거해 기자는 우리나라의 고유한 왕호일 것 ✛이기문, 〈백제어 연구와 관련된 몇 문제〉《백제연구》, 지식산업사, 1982, 260~265쪽으로 해석된다.

# 고조선은
# 어떤 사회였을까?

    단군 신화에 나타난 고조선은 어떤 사회였을까? 환웅은 신단수로 내려올 때 혼자 온 게 아니라 풍백, 우사, 운사를 거느렸다. 이렇게 신하들을 거느렸다는 것은 고조선이 계급 사회였음을 말해 준다. 고조선에는 〈범금 8조〉가 전해지는데, 이는 고조선의 지배층이 일반 백성의 일상생활을 통제하고자 만든 국법이었다. 범금이란 범하는 것, 곧 어기는 것을 금한다는 뜻이다. 원래는 8개 조항이었으나 지금은 3개 조항만이 남아 있다.

첫째, 사람을 죽인 자는 사형에 처한다.
둘째, 남에게 상해를 입힌 자는 곡식으로 갚는다.
셋째, 도둑질 한 자는 노비로 삼되 노비를 면하고자 한 때는 50만 전을 내야 한다.

〈범금 8조〉를 보면 도둑질한 자는 노비로 삼았다. 노비란 고조선 사회에서 가장 낮은 신분으로, 주로 전쟁에서 포로로 끌려온 사람이나 죄를 지은 사람들이었다. 노비는 주로 주인을 위해 힘든 일을 하며 주인에게 얽매이는 존재로 사회의 제일 하층을 담당하였다. 고조선을 구성하는 대다수의 사람들은 평민이었다. 이들은 농사를 짓거나 수공업 같은 기본적인 생산 활동을 담당하는 사람들로, 자유로운 신분이었다. 최상위 계층은 귀족이었는데, 이들은 마을을 지배하는 우두머리였으며 노비와 토지, 많은 재산을 소유하였다. 이렇게 고조선에 여러 계급이 존재했던 사실이 단군 신화 속에 투영되어 오늘날까지 그 모습을 그려볼 수 있게 한다.

환웅이 거느리고 온 신은 풍백, 우사, 운사 등 기후와 관련된 신들이었다. 환웅이 이들과 함께 곡식의 문제를 주관했다는 점에서 고조선은 농경 사회였을 것이다. 고조선 지역에서는 일찍부터 농사가 시작되었는데, 이를 뒷받침하듯 평양 남경의 청동기 시대 지층에서는 벼, 조, 기장, 수수의 낟알과 콩 등의 화석이 발견되었다.

고조선 시대에는 밭농사가 중심이었지만, 쌀을 얻으려고 벼농사도 지었다. 사람들은 경사가 심하지 않은 비탈이나 언덕을 중심으로 주거지를 삼고, 마을 가까운 곳에는 밭을, 아래쪽 골짜기 물이 많은 곳에는 논을 만들어 농사를 지었다. 평안북도 영변군 세죽리 마을 터에서는 쇠로 만든 도끼, 낫, 괭이, 호미 같은 농기구들이 많이 출토되어 고조선 사람들이 쇠 연장으로 농사를 지었음을 알 수 있다.

농사일은 계절의 변화와 기후에 민감하였기 때문에 고조선 백성들은 항상 하늘을 주시하였다. 그리고 봄에는 한 해 농사가 잘 되게 해 달라며, 가을에는 풍성하게 주신 수확물에 감사드리며 하늘에 제사를 지냈다. 뿐만 아니라 이들은 해마다 조상신인 하늘신에게도 제사를 지냈고, 이때 단군 신화를 무대에 올렸다.

먼저 하늘에서 하늘신의 아들 환웅이 신단수 아래로 내려오는 것으로 의식이 시작된다. 뒤이어 환웅이 신단수에서 신시를 세워 인간 세상을 다스리는 장면이 재현된다. 풍백과 우사와 운사가 비, 바람을 다스리며 농사일이 잘되도록 힘쓴다. 얼마 뒤 곰과 호랑이가 나와서 인간이 되기를 기도하고 동굴 속에 들어가 마늘과 쑥으로 인고의 시간을 보낸다. 결국 곰은 웅녀가 되어 환웅을 만나 단군을 낳고, 고조선의 지배자인 단군이 등장하면 온 백성이 기쁨에 찬 춤을 추는 것으로 제의가 마무리된다.

고조선 왕이 제천 의례를 행하는 신성한 축제의 장에서 단군 신화를 재현한 이유는 권력을 더욱 공고히 하기 위해서였다. 즉 고조선 왕은 하늘의 자손으로서, 신성한 혈통이 고조선을 다스리는 것은 당연한 일임을 온 백성에게 확실하게 인식시키기 위함이었다. 이러한 천손의식은 고조선이 멸망한 뒤에도 부여와 고구려를 비롯한 여러 국가에 전해졌다. 또한 대대로 전해지던 전승들은 고려 시대 일연에 의해《삼국유사》에까지 실렸다.

제2장

동 명

신화와

부 여

옛날 북이 탁리국(索離國) 왕의 시녀가 임신을 하였다. 왕이 그녀를 죽이려 하자, 시녀는 "달걀만 한 크기의 기운이 나에게 떨어졌기 때문에 임신을 하였습니다."라고 하였다. 그 뒤에 [그녀는] 아들을 낳았다. 왕이 그 아이를 돼지우리 안에다 버렸더니 [돼지가] 입김을 불어 죽지 않았다. 다시 마구간 안으로 옮겨 놓았으나 말 또한 입김을 불어주어 죽지 않았다. 왕은 천제(天帝)의 아들일 것이라고 생각하여 그 어머니에게 거두어 기르게 하였다. 그리고 이름을 동명(東明)이라 하고 항상 말을 기르게 하였다.

동명이 활을 잘 쏘자, 왕은 자기 나라를 빼앗길까 두려워하여 [그를] 죽이려 하였다. 이에 동명이 도망하다가 남쪽의 엄표수(掩淲水)에 이르러 활로 물을 치니, 물고기와 자라가 떠올라서 다리를 만들었다. 동명이 물을 건너가자 물고기와 자라가 흩어져 추격하던 병사들은 건너지 못했다. 그리하여 동명은 부여 지역에 도읍을 정하고 왕이 되었다. 이런 까닭에 북이에 부여국이 있게 된 것이다.

동명의 어머니가 처음 임신하였을 때 기(氣)가 하늘로부터 내려오는 것을 보았고 동명이 태어나자 버렸는데, 돼지와 말이 입김을 불어서 살았다고 한다. 또한 동명이 장성하자 왕이 죽이려 하였을 때 활로 물을 쳐 물고기와 자라가 다리를 만들었다고 한다. 죽지 않을 천명을 타고 났기에 돼지와 말이 목숨을 구해 주었고, 부여에 도읍하여 왕이 된 것도 물고기와 자라가 다리를 만든 도움이 있었던 까닭이다.

_《논형》〈길험편〉

# 부여란 어떤 나라인가

　부여는 고조선에 이어 우리 민족이 세운 두 번째 국가이다. 고조선이 멸망하기 전인 기원전 3~2세기부터 송화강 유역을 중심으로 성장하여 고조선이 멸망한 기원전 108년부터는 우리 민족사의 핵심적 역할을 담당하였다. 고구려가 힘을 자랑하기 전까지 한국의 역사는 부여를 중심으로 돌아갔다 해도 과언이 아닐 정도였다. 그러나 고구려의 영토 확장 정책에 밀려 고전하다가 494년, 고구려에게 멸망당하여 비로소 역사에서 자취를 감추었다.

　우리가 부여사에 주목하는 이유는 한국 고대사의 뿌리가 되는 나라이기 때문이다. 서기 5세기 고구려인들은 광개토대왕릉비문을 새기면서 그 앞머리에 시조 추모왕이 북부여에서 태어났음을 밝혀 부여와의 연관성을 크게 강조하였다. 백제도 부여에서 나왔다고 하는데 이러한 내용은 백제의 개로왕이 472년 북위에 보낸 외교 문서에 잘 나타나 있다. 개로왕은 '신의 나라는 고구려와 더불어 근원이 부여에서 나왔다'라고 명확하게 밝히고 있다.

이러한 관계는 두 나라의 건국 신화에 잘 드러난다. 고구려 건국 신화에는 주몽의 출자를 동부여라고 하였다. 주몽은 동부여에서 태어나 금와왕 아래에서 성장하였는데, 금와왕의 일곱 왕자들은 주몽이 왕의 자리를 빼앗지나 않을까 염려하여 죽이고자 하였다. 이에 주몽은 남쪽으로 도망쳐 졸본 지역으로 와서 압록강 주변 주민들을 끌어 모아 고구려를 세웠다. 이와 같은 이유에서 고구려는 졸본 부여로도 불렸다. 이후 주몽이 부여에서 찾아 온 아들 유리를 왕업의 계승자로 삼자, 이에 불만을 품은 온조와 비류는 자기 세력들을 이끌고 남쪽으로 내려갔다. 온조는 한강 유역에 터를 잡아 백제를 세웠고, 비류도 미추홀에 터를 잡아 나라를 세웠다. 온조도 역시 부여족의 일파였기 때문에 백제는 왕족의 성씨를 '부여'라고 하였다.

이 밖에도 고구려는 주몽이 죽은 후에 부여 시조인 동명의 이름을 따 시호를 '동명성왕'이라 하였다. 그리고 주몽을 추모하는 사당을 세운 후 동명묘라 하고, 해마다 이곳에서 제사를 지냈다. 백제는 6세기 중반 나라를 다시 중흥시키겠다는 큰 뜻을 품고 국호를 남부여로 고치기도 했다. 고구려가 멸망한 후 유민들을 끌어 모아 발해를 세운 대조영도 '부여 땅을 되찾았다'라고 스스로를 평가했다고 한다.

한국 고대의 여러 국가들이 모두 부여족에서 근원을 찾는 현상을 어떻게 이해해야 할까? 이에 대해 김철준은 북부여, 졸본부여, 동부여, 남부여(백제)가 분열하기 이전 단계에 북중국 어느 지역 원주지에 전 부여족의 생활권이 있었는데, 이것이 어떤 이유로 와해되고 부족별로 동으로 이동하면서 이때 동명 신화가 생겨났다고 보았다. 그는 부여족이 분열 되기 이전 원주지에 있었을 때에도 모양은 알 수 없지만 다른 형태의 신 화가 따로 있었는데, 제1차 분열이 있었을 때에는 이 신화가 원형이 되 어 북부여족의 동명 신화로 나타났다고 보았다. 그리고 제2차 분열 때 생겨난 것이 고구려계의 동명 신화인데, 이것은 북부여의 고리국 설화와 고구려 태조왕계 이후의 고구려 왕계 신화를 연결시킨 것이라 하였다. 그다음 제3차는 고구려 방계로서 백제의 온조 신화가 성립되었다*김철준, 〈백제사회와 그 문화〉《한국고대사회연구》, 서울대학교출판부, 1973, 92쪽 한다.

북부여 신화에서 동명이 북이의 탁리국에서 태어났음에 비추어 볼 때 동명 신화의 원형은 아마도 북이 탁리국의 신화일 것이다. 그러나 이 신 화가 김철준이 얘기하는 부여족의 원거주지에 있었던 부여족 신화의 원 형이었는지는 알 수 없다. 아무튼 만주와 한반도에 세워졌던 고대 국가 들이 북부여의 동명 신화를 차용하여 건국 신화를 만들었다는 사실은 이들 나라들이 모두 부여족과 혈연적으로 관련이 있었음을 말해 주고 있다.

# 부여의 건국자는 동명

　부여를 세운 사람은 동명이라고 전해지는데, 동명이 나라를 세우는 신화적인 이야기는 중국 후한 때의 사람 왕충이 쓴 《논형》에 실려 있다. 왕충은 1세기 중엽에 살았던 사람으로 《논형》은 부여가 존재할 당시에 기록되었다는 점에서 신뢰받고 있다.

　《논형》에 실린 신화에 따르면, 부여의 시조 동명은 북이의 탁리국에서 태어났다. 북이 탁리국 왕의 시녀가 달걀만 한 크기의 기운을 받고 임신한 후 아들을 낳았는데, 이 사람이 바로 동명이다. 그가 성장하는 동안 신이한 일들이 많이 일어났으며 재주도 뛰어났는데, 특히 활을 잘 쏘았다. 이에 탁리국의 왕은 행여나 왕의 자리를 빼앗길까 두려움에 사로잡혀 그를 죽이려 하였다. 결국 동명은 더 이상 탁리국에 있지 못하고 남쪽으로 달아나 엄표수를 건너와서 부여라는 나라를 세우고 왕이 되었다고 한다.

동명이 부여를 건국했다는 신화는 중국의 다른 기록에도 보인다.《삼국지》〈위서〉'동이전 부여조'에 인용된《위략》과《후한서》〈동이열전〉'부여조'에도 이와 유사한 이야기가 전한다. 탁리국이《위략》에는 고리국(臺離國)으로,《후한서》에는 색리국(索離國)으로 표현된 것이 다를 뿐이다.

동명의 건국 신화를 보면, 동명은 앞선 정치 세력을 구축하고 있던 북이의 탁리국에서 태어났으나 그곳 왕실 세력과 갈등을 겪다가 자기 세력을 이끌고 남쪽으로 내려와 부여를 세웠다. 이와 같은 부족이 이주하여 나라를 건설했다는 신화는 보통 자신들의 시조를 천제의 아들이나 일월의 아들이라고 믿기 때문에, 자기 부족을 천신족 또는 신성족이라 여긴다. 탁리국 왕이 동명을 돼지우리와 마구간에 버렸으나 돼지와 말이 입김을 불어 죽지 않자 천제의 아들이라 여긴 것은 부여족들이 동명을 신성한 혈족으로 생각했음을 뜻한다. 동명은 태어날 때에도 달걀만 한 하늘의 기가 떨어져 임신이 되었다 하여 신이한 출생임을 강조하고 있다.

이와 같이 건국의 시조가 천신족이나 신성족임을 나타내는 건국 신화는 우리 고대 국가의 건국 신화에서 일반적으로 나타나는 유형이다. 고조선의 건국 신화에서 단군의 아버지 환웅은 천제의 아들이며, 신라의 석탈해는 용성국 사람으로 그의 어머니가 기도한 지 7년 후에 알을 낳았고 그 알에서 태어났다. 또 신라의 시조 혁거세는 하늘로부터 양산 밑 나정 우물가로 내려온 알에서 태어났다. 가락국의 수로왕도 역시 하늘로부터 구지봉으로 내려온 알에서 탄생하였다.

하늘로부터 내려온다는 설정은 외부에서 이주해 온 사람들이란 뜻인데, 이들은 이주민의 정복족장으로서 토착 세력과 연합하여 나라를 세운

다는 공통적인 특징이 있다. 환웅은 토착 세력인 웅녀와 결합하여 단군을 낳았고, 단군은 고조선을 세우고 왕이 되었다. 또 혁거세는 알영정에서 계룡의 왼쪽 옆구리에서 태어난 알영과 결합하여 나라를 세웠다. 이렇게 우리 고대 국가들의 건국 신화에 이주민과 토착 세력과의 결합으로 나라를 세우는 과정이 반영되어 있는 것은 당시 만주와 한반도의 정치적 상황과 무관하지 않다.

중국과 고조선의 역사를 볼 때, 만주 및 한반도 지역에는 여러 차례 정치적 혼란이 발생했다. 중국이 전국 시대(기원전 475~기원전 221)에 접어들어 제후국 가운데 일곱 나라, 즉 진, 초, 연, 제, 한, 위, 조가 서로 각축을 벌이며 주변 나라를 정복해 나갔다. 전쟁이 빈번해지면서 중국 백성은 혼란이 없는 땅을 찾아 떠돌아 다녔고 요동 지방 일대까지 흘러들기도 하였다.

기원전 4세기 말에서 기원전 3세기 초 사이에 고조선은 중국 연나라 장수 진개의 침입을 받아 서쪽 지방 땅 1천여 리를 잃고 만번한을 경계로 삼았다. 이로써 연나라가 왕을 칭하자 고조선도 칭왕을 하며 대등한 세력으로 위세를 다투던 고조선은 세력이 약화되었다. 한편 전쟁 중에 많은 유민이 발생했는데, 이들은 좀 더 정치적으로 안정된 곳을 찾아 떠났을 것이다.

또한 중국의 진나라와 한나라의 교체기인 기원전 3세기 후반에도 이주민이 있었을 것이다. 실제로 준왕의 왕위를 찬탈한 위만의 경우도 이런 유이민이었다. 위만은 원래 한나라를 세운 유방과 죽마고우였던 노관의 부관이었다. 그런데 유방이 나라를 세운 뒤 함께 공을 세운 신하들을 한 명씩 제거해나가자 자신의 차례가 될까 봐 걱정하던 노관은 흉노로 망명했다. 하지만 노관의 부관이었던 위만은 흉노로 가는 길을 택하지 않고 조선 변방에 와서 준왕의 신하가 되었다가 준왕을 몰아내고 고조선을 차지했다. 준왕은 하는 수 없이 따르는 신하들을 데리고 한강 이남으로 내려가 그곳에 한나라를 세웠다고 전해진다.

여러 차례 발생한 정치적 혼란으로 거주지를 떠나 동쪽으로 이동한 부여족들은 만주와 한반도 일대에 정착하여 토착 세력을 정복하기도 하고 때로는 연합하기도 하면서 나라의 기틀을 갖추어 나갔다. 그리고 나라를 세운 이주민의 족장은 자신이 하늘의 아들, 또는 일월의 아들이라는 신화를 만들었다. 그리하여 이 신화를 정치적 이념으로 삼아 토착 세력들의 불만을 무마하고 정치적 안정을 추구하였다.

# 일광에 감응되어
# 태어난 동명

동명의 아버지는 구체적으로 기록되어 있지 않고 '달걀만 한 크기의 기운'으로 표현된다. 그녀의 어머니는 달걀만 한 크기의 기운이 하늘로부터 내려와서 아이를 가진 후 동명을 낳았다. 이렇게 일광에 쪼여서 아이를 갖는 신화는 감생(感生) 신화의 한 형태이다.

감생은 인간 여성이 인류 이외의 이류(異類)나 사물에 감응하는 교혼에 의해 아이를 낳는 것을 이른다. 신화와 전설에서 교혼의 대상은 천제나 태양, 별, 무지개부터 알, 동물, 식물, 정기, 사자(死者)의 혼백, 무생물에 이르기까지 다양하게 나타난다. 감생 신화는 세계적으로 공통된 특징으로, 특히 고대 동양에서는 제왕이나 시조 및 영웅의 탄생이 이에 속한다. 출생은 대부분 비범하거나 신비한 것으로 그려지며, 그들의 혈통을 고귀한 것으로 여기고 싶어 했던 옛날 사람들의 공통된 심리에 의해 만들어진 것이다. 고대인들은 자신의 시조나 왕 또는 영웅과 위인들의 탄생에 특별한 기적의 요소가 없으면 그들의 위대함을 표현하기에 부족하다고 생각했던 것 같다.[+]윤순, 〈고대 중국과 삼국유사의 감생 신화 연구〉, 《청대학술논집》 1, 청주대학교 학술연구소, 2003, 206쪽

　이와 같이 어느 나라든지 건국의 시조들은 대부분 기이한 탄생 이야기를 가지는데, 이에 대해 《삼국유사》의 저자 일연은 〈기이편〉의 '해제'에서 다음과 같이 의견을 피력하고 있다.

　제왕이 일어남에는 하늘이 내려 주는 상서로운 조짐과 신이 주는 징조를 받으심이니, 반드시 보통 사람과 다름이 있은 연후에, 능히 큰 변화를 타고 대기(왕업, 대통)를 장악하여 대업을 이루는 것이다. 고로 황하에서 하도가 나오고 낙수에서 낙서가 나오고서 성인들이 나타나신 것이다. 이로써 무지개가 신모를 휘감아 복희씨가 탄생하였고, 용이 여등을 감촉하여 염제를 낳았으며, 황아가 궁상의 들에서 백제의 아들이라 자칭하는 신동과 사귀다가 정을 통하고서 소호를 낳았으며, 간적이 알을 삼키고 설을 낳았고 강원은 [거인의] 발자국을 밟고 기(후직)를 낳았으며, [요의 어머니는] 잉태한 지 14개월 만에 요 임금을 낳았고, [패공의 어머니는] 용과 큰 연못에서 교감하여 패공을 낳기에 이르렀다. 이로부터 [뒤로] 이 같은 일을 어찌 다 기록할 수 있겠는가. 그렇다면 삼국의 시조가 모두 신이로운 데서 나왔다고 해서 무엇이 괴이하겠는가. 이것이 〈기이편〉을 이 책의 처음에 실은 까닭이며 나의 뜻이 여기에 있다.

_《삼국유사》 〈기이편〉 '해제'

즉 일연은 먼저 중국의 기이한 탄생을 언급한 뒤 삼국 시조의 기이한 탄생 이야기도 건국의 시조인 한 영웅에 관한 이야기이므로 기록하고자 한다고 밝히고 있다.

중국이 감생 신화 중 여러 유형과 교통하는 모습을 보이는 데 비해 우리나라의 건국 신화는 햇빛에 감응하는 형태가 뚜렷하여 중국과 차별화된 문화적 계통성을 보여 준다. 동명과 같이 햇빛을 받고 잉태한 이야기는 고구려와 가야의 건국 신화에서도 찾아볼 수 있다. 고구려의 건국자 주몽의 어머니 유화도 햇빛을 받아 잉태하였다. 또 가야 건국 신화를 보면 여신인 정견모주의 목욕 장면을 훔쳐본 하늘의 남신 이비가지가 정견모주의 몸에 햇빛을 비추어 그녀로 하여금 뇌질주일(대가야의 시조)과 뇌질청예(금관가야의 시조, 곧 수로왕)를 낳게 하였다는 이야기가 전해진다.

이러한 구조는 그리스 신화에서도 찾아볼 수 있다. 페르세우스의 어머니 다나에는 방 안에서 햇빛을 받고 그를 잉태했다고 하는데, 이는 주몽 신화와 아주 비슷하다. 또 원나라의 역사를 기록한《원조비사》에 의하면, 도븐 메르겐의 미망인인 아란공주는 침실의 창으로 들어온 황색 빛으로 임신하여 3명의 아이를 낳았는데, 그 막내인 보돈 촬의 12세의 자손이 칭기즈 칸이라 한다.

일광에 감정(感精)된다는 전승 중에는 주몽 신화처럼 성장한 뒤 부친을 찾아가는 형태가 나타나기도 한다. 예를 들어 일광이 소녀에게 비추어 아들을 낳았는데, 성장하자 다른 아이들에게 아버지 없는 아이라고 놀림을 받았다. 아이가 왜 자신은 아버지가 없냐고 묻자 어머니는 그때 비로소 아이의 아버지가 태양이라고 털어 놓았고 아이는 아버지를 만나러 간다는 내용이다. 이러한 형식은 우리나라뿐만 아니라 북아메리카 북서해안과 남서부, 피지, 톤가, 사모아 제도 등 태평양을 둘러싼 지역에 분포되어 있어, 이들 지역과 신화상의 공통점을 찾을 수 있다.

일광에 감정되어 출생한 동명은 자랄수록 신이한 능력을 가졌음이 밝혀지고 이는 탁리국 왕의 두려움을 유발하여 더 이상 탁리국에 머물 수 없었다. 동명은 결국 남쪽으로 내려오는데 이때 큰 강이라는 장애물이 기다리고 있었으나 물고기와 자라 떼가 다리를 놓아 주어 무사히 강을 건넌다. 물고기가 다리를 만들어 준다는 신화 상의 모티브는 북방의 풍토에서 생겨날 수 있는 구상이라 한다. 물고기의 등을 다리로 해서 바다나 강을 건넜다는 이야기는 특히 북아시아에서 어로와 수렵을 생업으로 하는 여러 민족 사이에서 많이 전해진다. 북아시아와 같이 날씨가 추운 지역에서는 얼음이 어는 겨울이 가장 교통이 편리한 때인데, 봄이 되면 얼음이 녹아 왕래가 자유롭지 못한 풍토 속에서 이런 신화가 생겨났을 것으로 추측된다. ✦조법종, 〈신화가 들려주는 부여 건국 이야기〉, 《고조선 · 단군 · 부여》, 고구려연구재단, 2005, 129쪽 결국 동명 신화는 부여인들이 북아시아의 풍토적 현상을 배경으로 하여 그것으로부터 서서히 발전되었다 할 것이다.

# 또 다른 부여 시조 해모수

부여의 건국 신화는 국내 사서에도 보인다. 하지만 국내 사서에서는
부여를 세운 사람이 동명이 아니라 해모수이다. 《삼국유사》〈기이〉 '북
부여조'에는 해모수가 나라를 세운 이야기가 실려 있다.

《고기(古記)》에는 "전한 선제 신작 3년 임술(기원전 58) 4월 8일에 천제가
흘승골성에 오룡거를 타고 내려와서 도읍을 정하여 왕이라 일컫고,
국호를 북부여라고 하고 스스로 이름을 해모수라고 하였다. 아들을
낳아 이름을 부루라 하고 해로써 씨를 삼았다. [부루]왕은 후에 상제
의 명령으로 동부여로 도읍을 옮기고, 동명제가 북부여를 이어 일
어나, 졸본 주에 도읍을 정하고 졸본부여가 되었으니, 곧 고구려의
시조이다."라고 하였다.

_《삼국유사》〈기이〉 '북부여조'

즉 전한 선제 신작 3년인 기원전 58년, 천제인 해모수가 흘승골성에 내려와 나라를 세우고 국호를 북부여라 했다는 것이다. 이 기록을 끝까지 읽어 보면 북부여에 대한 내용을 기술하려 했다기보다 고구려의 시조에 대한 이야기를 하기 위한 도입부에 가까운 느낌을 준다. 여기에서 북부여를 건국한 이는 해모수이고 동명은 고구려를 세운 시조라고 한다. 동명이 부여를 세웠다는 중국의 기록과 상이함을 알 수 있다.

《논형》이나 《삼국지》에 인용된 《위략》 등 동명이 부여를 세웠다는 기록과 동명이 고구려의 시조라는 《삼국유사》 기록의 차이 때문에 한국 고대사를 연구하는 학자들은 많은 혼란을 겪었다. 그리하여 동명은 부여의 시조가 아닌 고구려의 시조이고, 중국 측의 부여 건국 신화는 고구려 건국 신화를 잘못 기록한 것이라는 결론에까지 이르기도 하였다.

이러한 연구 결과는 부여의 건국 신화인 동명 신화와 《삼국사기》 등에 실려 있는 고구려의 건국 신화가 유사한 구조를 가지고 있는 데서 생겨난 것이기도 하였다. 《삼국사기》 〈고구려본기〉에는 고구려의 건국자 주몽의 시호가 동명성왕으로 나와 주몽이 동명과 동일 인물인 것처럼 오해하게 만든다. 또 동명처럼 주몽도 부여 왕자들의 박해를 피해 엄리대수를 건너 남쪽으로 와서 고구려를 건설하는 구조이다.

하지만 부여의 건국 신화가 실려 있는 중국 측 기록인 《논형》은 1세기의 기록으로, 부여가 존재할 당시에 쓰였다. 《논형》은 후한 때의 사람 왕충이 88~89년 사이에 완성했다고 전해진다. 사마천이 서술한 《사기》 〈화식열전〉에 보면 실제로 부여는 기원전 2세기경에 정치 세력화하고 있었음이 보인다. 이 기록에는 '연나라가 북으로 오환, 부여와 인접해 있다'라는 내용이 보이기 때문이다. 따라서 부여의 건국 신화는《논형》이 문자로 정착시키기 이전부터 이미 형성되어 부여족 사이에서 전해지고 있었는데, 이것이 중국에까지 전해져《논형》에 채록되었다고 생각된다.《삼국지》와《후한서》도 모두《삼국유사》나《삼국사기》보다 선행하는 기록이라는 데 의미가 있다.

# 해부루와 금와 신화

《삼국유사》는 '북부여조'에 이어 '동부여조'를 싣고 있는데 기록을 보면 다음과 같다.

북부여 왕 해부루의 재상 아란불의 꿈에 천제가 내려와서 이르기를, "장차 내 자손을 시켜 이곳에 나라를 세우려 하니, 너는 이곳을 피해 가거라. (이는 동명왕 주몽이 장차 나타날 조짐을 말하는 것이다) 동해의 물가에 가섭원이란 곳이 있는데 땅이 기름지니 왕도를 세울 만하다."라고 하였다. 아란불은 왕에게 권하여 그곳으로 도읍을 옮기고, 국호를 동부여라고 하였다.

부루가 늙고 아들이 없어서 하루는 산천에 제사 지내 후사를 구하였다. [이때] 탔던 말이 곤연에 이르러 큰 돌을 보고 마주 대하여 눈물을 흘렸다. 왕은 이것을 이상히 여겨 사람을 시켜 그 돌을 굴리게 하니 금빛 개구리 모양의 어린아이가 있었다. 왕은 기뻐하며 말하기를, "이는 곧 하늘이 나에게 아들을 주심이로다,"라고 하고, 이에 거두어 기르고 이름을 금와라고 하였다. 그가 자라자 태자로 삼고, 부루가 세상을 떠나자 금와는 자리를 이어 왕이 되었다. 다음 왕위를 태자 대소에게 전하였다. 지황 3년 임오에 고구려 왕 무휼이 이 [동부여를 쳐서 왕 대소를 죽이니 나라가 없어졌다.

_《삼국유사》〈기이〉'동부여조'

이 기록은 '북부여조'의 기록에 연이은 동부여의 건국을 전하는 기록으로, 두 기록을 이어서 보아도 큰 무리가 없다. 실제로 이규보의《동국이상국집》에 실린 〈동명왕편〉을 보면 두 기록이 이어져 서술되고 있다. 그런데 선후 관계는 해모수가 낳은 부루가 왕이 된 뒤 가섭원으로 천도를 한 것이 아니라, 부루가 천도를 한 뒤 해모수가 부여의 옛 고도에 와서 도읍을 한 것으로 되어 있다. 그리고 해모수와 해부루의 혈연관계에 대해서는 언급이 없다. 그 선후 관계를 알아보기 위해 〈동명왕편〉의 기록을 살펴보자.

〈본기(本紀)〉에는 다음과 같이 적혀 있다.
부여 왕 해부루(解夫婁)는 늙도록 아들이 없어 산천에 제사하여 후사를 구하였는데, 타고 있던 말이 곤연에 이르러서 큰 돌을 보고 눈물을 흘렸다. 왕이 이상히 여겨 사람을 시켜 그 돌을 굴리게 하였더니 어린아이가 있었는데 금빛 개구리 모양이었다. 왕은 "이는 하늘이 나에게 훌륭한 아들을 내림이로다."라고 하고 이를 거두어 길렀다. 이름을 금와(金蛙)라 하고 태자로 삼았다.

왕의 정승 아란불이 "요사이 하늘이 저에게 이르시기를 장차 나의 자손으로 하여금 이곳에 나라를 세우고자 하니, 너희들은 여기를 피하라. 동해 가에 땅이 있는데, 가섭원이라 이르는 곳이다. 토지는 오곡에 알맞으니 도읍할 만하다고 했습니다."라고 말하였다. 아란불은 왕에게 권하여 도읍을 옮기고 동부여라고 하였다. 구도(舊都)에는 해모수가 천제의 아들로서 와 도읍하였다.

한(漢) 신작(神雀) 3년 임술년(기원전 58)에 천제가 태자를 보내 부여 왕의 옛 도읍에 내려가 놀게 하였는데, 해모수라 이름 하였다. 하늘에서 내려오는데, 오룡거(五龍車)를 탔으며, 따르는 사람 100여 명은 모두 흰 고니를 탔다. 채색 구름이 그들 위에 떴고 음악 소리는 구름 속에서 울려 퍼졌다. 웅심산에 머물렀다가 10여 일이 지나서야 비로소 내려오는데, 머리에는 오우관(烏羽冠)을 쓰고 허리에는 용광검(龍光劍)을 찼다. 아침에는 정사를 돌보고 저녁에는 하늘로 올라가니, 세상에서는 그를 천왕랑(天王郎)이라 불렀다.

_《동국이상국집》〈동명왕편〉


〈동명왕편〉은 이규보가 《구삼국사》를 얻어 읽고 난 뒤 쓴 글이다. 실제로 이규보는 〈동명왕편〉의 '병서'에서 "지난 계축년 4월에 《구삼국사》를 얻어 〈동명왕본기〉를 보니 그 신이한 사적이 세상에서 이야기하는 것보다 더 했다. 그러나 역시 처음에는 이를 믿지 못하고 귀(鬼)나 환(幻)으로만 생각하였다. 그러다가 세 번 반복하여 읽고 그 뜻을 탐색하여 점점 그 근원에 들어가니 환이 아니고 성(聖)이요, 귀가 아니고 신(神)이었다."라고 하면서 "동명왕의 일은 변화의 신이한 것으로써 여러 사람의 눈을 현혹한 것이 아니고 실로 나라를 창업한 신비한 사적이니, 이것을 기술하지 않으면 후대인들이 장차 무엇을 보고 알 것인가? 그러므로 시를 지어 기록하니, 이는 천하로 하여금 우리나라가 본래 성인의 나라임을 알게 하고자 할 따름이다."라고 찬술 의도를 밝히고 있다.

이규보가 《구삼국사》의 기록을 토대로 〈동명왕편〉을 서술한 만큼 그 자료적 가치는 《삼국사기》나 《삼국유사》보다 높다고 할 수 있다. 이규보는 김부식이 《삼국사기》를 찬술할 당시 《구삼국사》의 〈동명왕본기〉를 보았지만 국사를 씀에 있어 크게 이상한 일은 후세에 보여서는 안 된다는 생각에 생략했을 것이라고 추측하였다.

따라서 〈동명왕편〉에 서술된 시간 순서에 따라 부여 신화를 살펴보면, 원래 북부여 지역은 부루왕이 왕 노릇을 하던 지역이었다. 그런데 재상 아란불의 꿈에 천제가 나타나 나의 자손으로 하여금 이곳에 나라를 세우고자 한다는 뜻을 전하므로 해부루는 동해 가의 가섭원으로 도읍을 옮기고 동부여라 하였다. 구도(舊都)에는 해모수가 천제의 아들로서 와 나라를 세웠다. 이는 《삼국유사》에서 해모수가 부여의 옛 도읍에 나라를 세운 연대가 기원전 58년이라고 기록된 내용에 대해 이해할 수 있는 여지를 제공한다.

하지만 이규보가 《구삼국사》 〈동명왕본기〉를 이용하여 쓴 〈동명왕편〉은 부여의 건국보다는 고구려 주몽의 건국에 초점이 맞춰져 있다. 이 기록을 가만히 살펴보면 두 단락으로 나눌 수 있다. 첫째 단락은 해모수의 하강과 유화와의 결혼, 갑작스러운 승천이고, 둘째 단락은 유화의 일광 임신, 주몽의 출생, 이주와 건국으로 구분된다. 즉 주몽은 해모수가 하강 하여 유화와 결합했을 때 탄생한 것이 아니라 해모수가 승천한 뒤에 유 화가 일광에 감응하여 임신한 뒤 비로소 탄생한 것이다. 이와 같이 동명 신화가 뚜렷하게 두 단락으로 나누어진다는 사실은 이것이 각기 별개의 신화였는데, 후세에 건국 신화의 신성한 혈통을 강조하고자 한데 연결시 킨 것이 아닐까 하는 의문을 갖게 한다.

실제로 후반부만 독립하여 전하는 동명 신화는 중국 측 사서에 따로 전하는 탁리국 신화이다. 탁리국 신화에서 모계는 하백의 딸 유화가 아 니라 탁리국 왕의 시비로 되어 있다. 또한 일광 임신의 모티프가 하늘로 부터 달걀만 한 크기의 기운이 내려와 감응하였다고 약간 달라졌을 뿐 동명이 태어난 뒤 이주하여 건국하는 과정은 같다. 그런데 유화도 실상 은 금와왕의 후실이거나 시녀로 추측되므로 탁리국 신화와 주몽 신화는 구조상 거의 동일하다. 이 중에서 탁리국의 신화가 원형에 더 가까우며 고구려 건국 신화는 주몽의 혈통을 더욱 신성시하고자 해모수 신화를 덧 붙인 것으로 볼 수 있다.

# 동명과 해모수

그러면 부여를 건국했다고 하는 동명과 해모수는 동일 인물일까, 아니면 다른 인물일까? 두 사람은 기록에 나타나는 연대가 다르다. 동명이 부여를 건국한 것은 기록에 의하면 늦어도 왕충이 《논형》을 쓰기 이전의 어느 시기이다. 반면 해모수가 북부여를 세운 것은 기원전 58년이라고 한다. 해모수가 나라를 세우기 전 이미 그곳에는 해부루왕이 부여 왕으로서 왕 노릇을 하고 있었다. 해부루왕이 다스리던 부여가 《논형》에 나타난 동명이 세운 부여인지 아닌지는 알 수 없으나 이미 부여는 해모수가 북부여를 세우기 이전에 존재하고 있었다. 그리고 해부루왕은 어떤 정치적인 이유인지는 알 수 없지만 당대에 동해의 물가 가섭원으로 도읍을 옮기고 동부여라 이름하고 있다. 이러한 사실이 《삼국유사》에서는 천제가 해부루왕의 신하인 재상 아란불의 꿈에 나타나 동해의 물가로 도읍을 옮기라고 명령하는 것으로 나타나고 있다.

《삼국유사》 '북부여조'에서는 천제가 스스로를 해모수라고 부르는데, 해모수는 곧 해의 모습을 뜻하는 말이다. [+]임재해, 《민족신화와 건국영웅들》, 민속원, 2007, 82쪽에서 재인용 해모수는 태양신을 뜻하는 말로 '해 모습'이라는 우리말 소릿값 그대로 한자를 빌어서 표기한 것이다. 이는 단군 신화에서 환인이나 환웅이 한결같이 하늘님 또는 하늘을 뜻하는 말로 쓰이는 것과 같은 내용이다. 단군은 무(巫)를 뜻하는 '단굴, 당골, 당굴(몽골어 Tengri)'의 음차일 가능성이 있다고 육당 최남선이나 단재 신채호에 의해 일찍부터 제기되었다. 서거정도 《동국통감》에서 단군을 한 사람이 아니라 조선 왕을 통칭하는 일반명사로 봄으로써 1천 년이 넘는 단군의 나이를 합리적으로 해석한 바 있다.

해모수는 천제로서 성을 해로 삼고 있는데, 이 해는 태양을 나타내는 순우리말이다. 그리고 동명(東明)은 한자의 뜻을 풀이해 보면 '동쪽의 밝은 빛'이라고 할 수 있다. 해의 모습을 음차한 말이 해모수이며 이를 훈차한 말이 동명일 것이다. 이는 모두 태양신을 지칭하는 말로서 부여의 건국 시조가 천제 혹은 천제의 아들로서 해와 관계된 태양신임을 나타낸다. 동명이나 해모수는 단군이 왕을 나타내는 일반명사였던 것과 마찬가지로 부여에서 시조나 왕을 의미하는 일반명사였을 가능성이 높다.

《삼국유사》에는 해모수가 부루를 낳았다는 기록과 함께 단군이 부루와 주몽을 낳았다는 기록도 전한다. 《삼국유사》 〈왕력편〉에서 "고려 제1대 동명왕은 갑신(기원전 37)에 즉위하여 18년을 다스렸으며 성은 고씨이고 이름은 주몽 또는 추몽이다. 단군의 아들이다."라고 하였다. 그리고 '북부여조'에서는 《고기》를 인용하여 "천제자가 흘승골성에 내려와서

**오회분 4호묘** 중국 길림성 집안현에 있는 오회분 4호묘의 무덤 천정에는 소머리 탈을 쓴 농사신과 수레바퀴를 만드는 수공업신, 해와 달신 등이 그려져 있다. 해신과 달신은 위에는 사람이고 아래는 용의 모습이다. 오른쪽의 복희는 세발 까마귀가 그려진 해를, 왼쪽의 여와는 두꺼비가 그려진 달을 각각 머리 위에 받쳐 들고 있다.

왕이라 일컫고 국호를 북부여라 하였으며 스스로 이름을 해모수라 하였다. 아들을 낳아 이름을 부루라 하고 해로써 성씨를 삼았다."라고 쓰고 있다.

'고구려조'의 세주에서 또 일연은 《단군기》를 인용하여 단군이 서하하백의 딸과 친하여 아들을 낳아 부루라 이름 하였다고 하는데, 지금 이 기록을 살펴보면 해모수가 하백의 딸과 사통하여 주몽을 낳았다고 하였다. 《단군기》에는 "아들을 낳아 부루라고 이름하였다고 하니, 부루는 주몽과 어미가 다른 형제이다."라고 쓰고 있다. 단군이 부루를 낳았다는 내용은 《단군본기》를 인용한 이승휴의 《제왕운기》나 권람의 《응제시주》, 《세종실록지리지》 등에서도 보인다. 이들 기록에 의하면 단군이 비서갑(非西岬) 하백지녀를 취하여 부루를 낳았다고 하므로 최소한 일연이 사료를 혼돈하여 부루가 단군의 아들이라 결론짓지는 않았을 것으로 보인다.

일연의 기술대로라면 부루는 주몽과 어머니가 다른 형제가 아니라 어머니는 하백의 딸로 같다. 하지만 부루는 '고구려조' 세주에 인용된 《단군기》를 통해 단군의 아들이라고 하였고, 또 '북부여조'에서는 해모수의 아들이라고 하였다. 주몽도 또한 《삼국유사》 〈왕력편〉에서는 단군의 아들이라 하였다가 '고구려조'에서는 해모수의 아들이라 기록하고 있다. 부루나 주몽이 모두 단군의 아들이자 해모수의 아들로 나오는 것은 시사하는 바가 매우 크다.

이와 같이 주몽과 부루가 단군의 아들이자 해모수의 아들이기도 한 것은 어떻게 이해해야 할까? 이는 단군이나 해모수 모두 왕을 지칭하는 일반명사이기 때문일 것이다. 그리고 부루가 세운 동부여나 주몽이 세운 고구려, 해모수가 세운 북부여는 모두 고조선의 역사성을 계승한 나라임을 강조하고 있다. 그렇기 때문에 부루나 주몽은 고조선 왕의 일반적 명칭인 단군의 자손일 수 있고, 또 고조선을 뒤이어 세운 우리 민족의 두 번째 국가인 부여의 시조 해모수의 자손일 수도 있다.

# 단군 신화와
# 해모수 신화의 비교

단군 신화와 해모수 신화는 하늘로부터 건국의 조상이 내려온다는 천신하강의 요소가 공통적이다. 단군 신화에서는 환인의 아들 환웅이 무리 3천 명을 거느리고 풍백, 우사, 운사와 함께 내려왔다. 해모수 신화에서는 천제 혹은 천제의 아들로 지칭되는 해모수가 시종 100여 명을 거느리고 오룡거를 타고 화려하게 하강을 하였다. 환웅이 태백산 신단수 아래로 내려온 것과 해모수가 웅심산으로 내려온 것도 같은 맥락이다. 웅심산은 곰을 상징하고 있다는 점에서 단군 신화에서 인간이 되고자 하여 마침내 여인으로 변신하고 환웅과 혼인하는 웅녀와 일맥상통한다.

이렇게 하늘로부터 내려온다는 설정은 선진 문명을 가진 이주민 세력들이 천신의 위력과 하늘의 신성을 내세우며 왕권을 장악한 사실을 반영하는 것이다. 특히 해모수가 웅심산에서 열흘을 머문 뒤 땅으로 내려온 사실은 태양신을 섬기는 해모수 세력이 북부여를 차지하기까지 토착 주민들과 일정 기간 대립하였음을 뜻한다. 그것은 환웅이 신단수 밑에서 곰녀와 혼인하여 단군을 낳고 단군이 비로소 고조선이라는 나라를 세우는 과정과 일치한다.

그러나 이러한 요소를 제외하면 단군 신화와 해모수 신화는 많은 부분에서 차이가 난다. 먼저 단군 신화의 초점은 제정일치를 강조하는 신시의 성립에 있으며, 그 장소는 태백산 신단수 아래였다. 환웅은 인간 세계에 머물며 사람들을 홍익인간의 이념으로 교화하고 곰, 호랑이 등의 동물까지도 교화하려고 노력하였다. 그가 풍백, 우사, 운사에게 인간의 360여 가지 일을 주관하게 한 것으로 보아 당시는 농경을 기반으로 하는 사회였다.

이에 비해 해모수 신화에서 해모수가 강림한 곳은 성스러운 산이나 신수가 아니라 부여 왕의 고도인 흘승골성이라는 인간 세계이다. 해모수는 아침마다 다섯 마리 용이 끄는 수레를 타고 흰 고니를 탄 시종 100여 명을 거느린 채 웅대하게 강림했다. 그리고 하루 일을 모두 마친 뒤 저녁이면 하늘로 올라갔다. 이것은 곧 태양이 아침에 동쪽에서 떠서 서쪽으로 지는 하루 일과와 비슷하다. 태양은 밤낮이 분명하며, 낮 동안만 지상 세계의 존재들에게 봉사하기 때문이다.

단군 신화가 농경 사회를 기반으로 했다면 해모수 신화에서는 활을 잘 쏘는 자를 우대하던 수렵의 전통이 강하게 드러난다. 해모수의 아들 주몽은 활을 잘 쏘기 때문에 주몽이라 불렸다. 여기에서 활을 잘 쏘는 능력은 금와왕의 일곱 왕자에게 시기와 질투를 불러일으키는 계기가 되었다. 그리고 많은 사람들의 선망의 대상이 되는 재주이기도 하였다. 이로 보아 활 잘 쏘는 능력을 우대하던 수렵이 강한 사회였음을 알 수 있다.

단군 신화와 해모수 신화는 모두 동부여의 왕 부루와 고구려의 시조 주몽으로 연결되는데, 이는 아주 오랜 옛날 우리 민족에게 두 개의 이질적인 신화가 전승되어 왔음을 말해 준다. 그리고 그중에서 부여족의 신화인 동명 신화가 더 강한 영향력을 발휘하여 동부여, 졸본부여<sup>(고구려)</sup>, 남부여<sup>(백제)</sup>의 건국 신화에 영향을 끼쳤다. 동부여와 졸본부여, 남부여는 모두 동명을 시조로 하는 민족 계승의식을 그들의 건국 신화 속에 표방하고 있다.

# 금와왕은 동부여의
# 토착 세력

해모수가 나타나기 전 이미 부여에서 왕 노릇 하고 있던 해부루는 부여의 정통성을 가지고 있었지만 왕권이 약했다. 그렇기 때문에 천제가 신하의 꿈속에 나타나 도읍을 옮기도록 강요하는 것으로 나타난다. 이로 보아 해부루는 천제의 정통성을 잃어 정치적으로 핍박받았을 것으로 예상된다. 해부루는 늙도록 종사를 이을 자식 하나 갖지 못하였다. 천제의 자손으로서 왕가를 이어야 할 왕에게는 치명적인 결함이 아닐 수 없다. 그리하여 해부루는 나라의 최고 사제로서 산천에 극진히 제사를 올려 후사를 구하였다.

그의 극진한 기도에 산천이 감동을 받았는지 어느 날 곤연이라는 연못에 이르렀을 때 타고 가던 말이 큰 돌을 보고 눈물을 흘렸다. 말에서 내린 부루왕이 돌을 들추자 그곳에는 금빛 개구리 모양이 어린아이가 있었다. 해부루는 하늘이 주신 아이임을 알고 궁중으로 데려와 태자로 삼았으며, 금빛 개구리를 닮았다고 하여 금와라고 이름 지었다.

우리나라에서 시조 탄생 신화는 난생 신화가 주류를 이룬다. 그런데 금와 신화의 경우 큰 돌 밑에서 어린아이 형태로 탄생하는 독특한 구조를 이루고 있다. 이는 신라의 김알지 신화와 비슷한 점이 있다. 알지는 황금 궤 안에서 어린아이로 탄생한다. 금와가 큰 돌 밑에서 탄생한 것은 장차 왕이 될 인물의 영웅다운 탄생을 의미하는 설화적 구성으로, 큰 돌 밑에서 시련을 겪다가 큰 돌의 눈물흘림으로 다시 태어나는 과정을 겪게 함으로써 탄생 인물이 비범한 존재임을 입증하려는 것이다.[+]노중국, 〈동부여에 관한 몇 가지 문제에 관하여〉《한국학논집》10, 계명대학교 한국학연구소, 1983, 346쪽

금와는 해부루가 죽자 왕위에 올랐다. 해부루가 아들을 낳지 못함에 따라 부여 왕실은 태양신을 표방하던 해씨 성이 단절되었고, 금와의 자손으로 왕실의 계통이 이어졌다. 신화에서는 금와가 해부루의 선양을 받아 왕위를 이었다고 하지만, 현실적으로는 상당한 정치적 갈등이 있었을 것으로 예상된다. 금와를 돌 밑에서 발견된 금빛 개구리처럼 생겼다고 표현한 것으로 보아 이주민 세력이라기보다는 동부여 지역에서 붙박이로 살아온 토착 세력이었을 것이다. 왕권이 약했던 해부루는 왕도를 가섭원으로 옮길 때 금와 집단의 힘을 빌려 왕국을 안정시킬 수 있었다.

금와 집단은 금와가 곤연가에서 탄생하여 곤연 지역을 중심지로 삼고 있었던 것 같다. 곤연을 중심으로 한 금와 집단은 금와의 형체가 와형인 것으로 미루어 짐작컨대 개구리를 토템으로 여기는 집단이었을지도 모른다. 금빛 나는 개구리라고 한 것으로 보아 김씨 성을 칭한 집단일 가능성도 있다. 이는 실제로 부여에서 황금이 많이 나 중국으로 많이 수출된

다는 《위서》〈열전〉 '고구려전'과 《삼국사기》〈고구려본기〉 '문자명왕 13년조'의 기록을 참조할 때 가능성이 있다.

　금와 집단은 토착 세력으로 해부루 세력과 연합하여 왕위를 차지했지만 정치적 영향력이 강하지 못했던 것 같다. 《삼국사기》〈고구려본기〉 '대무신왕 22년조'에 보면 왕이 부여를 공격하여 부여 왕 대소의 목을 베었으나 나라를 멸망시키지는 못했던 것으로 보인다.

　금와처럼 설화에서 개구리 모양의 인물이 비속의 영웅이나 신성 왕으로 형상화되는 경우가 종종 있다. 만족(滿族)은 인류 탄생 설화부터 일반 설화에 이르기까지 개구리와 관련된 이야기를 많이 가지고 있는데, 이 중에서 송아리와 청개구리 설화를 소개한다.

　가난한 과부가 송아리라는 아들을 하나 데리고 살았는데, 고아 소녀 니만을 딸처럼 돌보았다. 활 잘 쏘는 송아리와 니만은 어머니가 돌아가시자 경치 좋은 연못가에 장사를 지내고 결혼하기로 하였는데, 이웃 마을의 두령(액진)이 니만을 약탈해 갔다. 송아리가 어머니 무덤가에서 밤새 울고 일어난 아침, 뱀에게 잡아먹히는 청개구리를 구해 주었다. 송아리의 말을 들은 청개구리는, 니만의 혼례복으로 예쁜 색시를 만들어 마차에 태웠다. 또 송아리를 못생긴 젊은이로 변신을 시킨 후 둘이 함께 액진의 동네에 가서 색시를 바꿔준다고 외쳐댔다. 액진은 말을 안 듣는 니만을 더 예쁜 색시와 바꿨다. 청개구리가 입으로 불자 원래 형태로 돌아온 송아리는 니만과 함께 도망하였다. 뒤쫓는 두령을 피해 사흘을 달리는데, 큰 강이 앞을 가로막았다. 그때 청개구리가 팔짝 뛰어오더니 큰 입으로 넘실대는 강물을 모두 마셨다. 송아리 일행이 다 건너고 두령이 강 중간에 이르자, 청개구리가 물을 토해 내어 그들을 물리쳤다. 둘은 마차를 타고 요동 반도의 기름지고 풍요로운 땅을 찾아가 행복하게 살았다.

이 설화는 과부의 아들 송아리와 니만이 위기를 넘어서 요동 반도에 정착하기까지의 과정을 보여 준다. 그런데 이 설화는 금와 신화와 공통적인 특징이 있다. 두 설화의 핵심 요소를 정리해 보면 다음과 같다.

|  | 금와 설화 | 송아리와 청개구리 |
|---|---|---|
| 1 | 해부루가 늙도록 자식이 없었다. | 과부가 아들 송아리와 남의 여식 니만과 살다가 죽었다. |
| 2 | 곤연에서 금와를 얻어 아들로 삼았다. | 송아리가 니만을 두령에게 빼앗기고 개구리를 구해 주었다. |
| 3 | 금와는 유화를 거두고 그 아들 주몽을 보살폈다. | 개구리가 두령으로부터 송아리와 니만을 구해 주었다. |
| 4 | 주몽은 엄수를 건너 남으로 와서 고구려를 건국하였다. | 송아리와 니만은 강을 건너 요동 반도에 자리 잡았다. |

금와 신화와 송아리와 청개구리 설화는 3항과 4항에서 개구리가 남자와 여자를 구해 주어 그들이 강 건너 남으로 가서 나라(가정)를 이루었다는 점에서 일치한다. 금와가 구원해 준 유화와 주몽은 모자 관계로 개구리가 구한 송아리와 니만의 남녀 관계와는 다르지만, 강을 건너 남쪽 땅

으로 가서 공동체를 이루는 남 주인공을 돕는 점에서 유화와 니만의 역할은 동일하다. 송아리와 주몽의 행로는 각각 '개구리의 구원→탈출→강 건너기→요동 반도 정착'과 '금와의 보살핌→탈출→강 건너기→남천 건국의 과정'으로, 서사 구조가 완전히 일치한다. 개구리는 두 설화에서 모두 가정이나 국가라는 공동체의 성립을 가능하게 하는 존재로서, 생산과 풍요의 원리를 배경에서 실천하는 존재이다.

역사적으로 동부여는 금와의 뒤를 이은 아들 대소 대에 유명무실해진다. 그러므로 동부여에서 금와는 상서로운 탄생 설화를 가지고 있는 것에 못 미치는, 나라가 기울어가는 과정에 있는 역설적인 존재이다. 하지만 고구려의 관점에서 보면 그 탄생의 징조에 어울리게 새로운 나라의 기틀을 마련한 건국의 산생자이다. 압록강 가에 버려진 유화를 거두고, 혈통을 모르는 주몽을 양육하면서 망국의 씨앗을 길렀지만, 고구려 건국이라는 서사적 종착지에서 해부루와 주몽의 산파 역할을 충실히 해낸 존재이다. 금와는 하늘이 고구려를 열어 주고자 해부루에게 보낸 하늘의 사자이자 새 왕국의 건설자로서, 고구려의 중심에서 탄생과 생산의 소임을 다하고 있다.✛이종주, 〈만주 신화에 보이는 한국 고대 신화의 자취〉, 《한국 신화의 정체성을 밝힌다》, 지식산업사, 2008, 264~266쪽

# 해모수의 아내 유화,
# 금와왕과 만나다

해모수 신화에 의하면 천제 혹은 천제의 태자로 지칭되는 해모수는 물의 신 하백의 딸을 아내로 맞이하였다. 본래 하백에게는 딸이 셋 있었는데, 맏이는 이름이 유화요, 다음은 훤화요, 막내는 위화라 불렸다. 그녀들은 물속 생활이 싫증날 때면 가끔 물 밖 세상 구경을 나오곤 하였다. 그녀들이 잘 노니는 곳이 웅심연이었다. 아리따운 미모에 온갖 화려한 패옥으로 장식한 하백의 딸들은 그야말로 선녀와 다를 바 없었다.

어느 날 웅심연 가를 지나다 그녀들이 노는 모습을 우연히 본 해모수는 그만 넋을 잃고 말았다. 그녀들의 아름다운 자태에 반하여 부인으로 맞이하고 싶은 마음이 간절하였다. 하지만 본래 물속에서 살던 하백의 딸들은 해모수의 인기척에 놀라 그만 물속으로 들어가 버리고 말았다. 못내 아쉬워하는 해모수를 본 한 신하가 말하였다.

"대왕께서는 어찌하여 궁전을 마련하지 않으십니까? 여자들이 방에 들어오면 문을 닫아서 가로막으십시오."

해모수는 곧장 말채찍으로 땅에 금을 그어 으리으리한 구리집을 만들었다. 그는 방 가운데 세 자리를 마련하고 술상을 차려 놓고 하백의 딸들이 나오기만을 기다렸다. 얼마 후 물 밖이 궁금해진 하백의 딸들이 머리를 내밀었다가 구리집을 발견하였다. 빈집임을 안 세 딸들은 집 안으로 들어가 자리를 잡고 앉아 서로 술을 권하며 즐겁게 놀았다. 세 여자가 크게 취하기를 기다리던 해모수는 마침내 구리집 안으로 들어갔다. 여자들은 깜짝 놀라 허겁지겁 도망쳤으나 그만 맏이 유화가 해모수의 손에 잡히고 말았다.

바닷속 궁전으로 돌아온 하백의 딸들은 언니가 붙잡혔다는 소식을 아버지에게 알렸다. 불같이 성이 난 하백은 사자를 보내 네가 누군데 내 딸을 붙잡아 두었냐고 따져 물었다. 그러자 해모수가 말하였다.

"나는 본래 천제의 아들이요. 유화를 나의 아내로 맞기를 원하오."

이 말을 전해 들은 하백은 또 사자를 보내 나에게 구혼할 뜻이 있다면 마땅히 중매쟁이를 보낼 것이지 딸은 왜 잡아두는가 하며 꾸짖었다. 해모수는 부끄러운 생각이 들어 곧 하백을 만나러 갔으나 궁실에 들어갈 수 없었다. 궁실에 들어갈 수 없었다는 것은 해모수와 하백의 문화적인 세계가 크게 달랐음을 뜻한다. 태양신을 표방하는 해모수와 물의 신을 표방하는 하백의 세계는 그만큼 격리되어 있었을 뿐 아니라 문화적 교류가 쉽지 않았다.

부여와 고구려 신화에 등장하는 하백은 본래 중국 신화에 나오는 인물로, 황하를 관장하는 물의 신이었다. 황하는 중국 고대 문명의 중요한 근거지였으므로 황하의 신인 하백은 강의 신 중에서 중요한 지위를 차지한다. 하백의 이름을 빙이 또는 풍이라고도 하는 것으로 보아 동이계 종족과도 관련이 깊은 신이다. 그래서인지 그는 고구려 건국 신화에서 주몽의 어머니인 유화의 아버지로 등장한다. 그리고 주몽은 부여 왕자의 추격을 피해 달아나다가 강가에 이르렀을 때 하백의 외손임을 정정당당히 밝혀 물고기와 자라가 놓은 다리를 건너 무사히 도망칠 수 있었다. 이러한 고구려 건국 신화로 볼 때 하백이 고구려의 건국에 미친 영향이 컸음을 알 수 있다.

하백의 생김새는 사람의 얼굴에 물고기의 몸을 하였다고 한다. 그는 풍류적인 기질이 다분하여 항상 여인들과 더불어 천하의 온 강을 헤집고 다녔는데 그때마다 두 마리의 용이 끄는 아름다운 연꽃으로 장식한 수레를 탔다. 하백은 강의 지배자였던 만큼 각양각색의 물고기를 관원으로 거느렸다. 하백사자인 악어, 하백종사인 자라, 하백도사소리인 오징어 등이 그들이다. 이들은 하백이 행차할 때 곁에서 모셨으며 하백의 분부를 받들어 강물 속의 일들을 처리하였다. <sup>✛</sup>정재서, 《이야기 동양신화》, 김영사, 2010, 168–171쪽

이렇게 위세가 강한 하백이었으니 그의 꾸지람을 들은 해모수는 마음을 바꾸어 유화를 돌려보내기로 하였다. 하지만 이미 해모수와 정이 든 유화는 떠나고 싶지 않아 오룡거만 있으면 궁전으로 들어갈 수 있다고 알려 주었다. 오룡거는 용이 가지는 일반적인 상징 속에서 이해될 수 있다. 용은 깊은 물속에 깃들어 살지만 하늘을 자유로이 날 수 있는 초월적인 존재이다. 오룡거는 태양신의 위세를 드러내며 하늘을 날아다니는

탈 것이자, 하백의 물속 궁전 곧 용궁에 이를 수 있는 유일한 탈 것이기도 하였다.♦임재해, 위의 책, 113쪽 이 같은 사실을 유화가 해모수에게 말해 주었다.

해모수는 유화의 말을 듣고는 하늘을 가리키며 오룡거를 불렀다. 얼마 뒤 하늘에서 오룡거가 내려오자 유화와 함께 수레에 올랐다. 오룡거는 바람과 구름을 일으키며 나는 듯이 달려 하백의 궁까지 두 사람을 날랐다.

유화와 함께 온 해모수를 보며 하백은 은근히 마음이 흡족하였다. 해모수가 천제의 아들이라면 이보다 더 훌륭한 사위는 없을 것이기 때문이다. 그러나 하백의 입장에서는 해모수가 과연 천제의 아들인지 확인해 볼 필요성을 느꼈다. 예를 갖추어 해모수를 맞이한 하백은 우선 해모수의 기를 꺾어 놓기로 했다.

"혼인의 도는 천하의 공통된 법규인데, 그대는 어찌하여 실례되는 일을 하여 우리 가문을 욕되게 하는가? 당신이 정말로 천제의 아들이라면 무슨 신이한 힘이 있는지 보여 주게."

하백의 말에 해모수는 시험에 응할 뜻을 밝혔다. 이에 하백이 뜰 앞의 물에서 잉어로 변하여 물결을 따라 노니, 해모수는 수달이 되어 그를 잡았다. 또 하백이 사슴이 되어 달리니, 해모수는 늑대가 되어 그를 쫓았다. 하백이 꿩이 되니, 왕은 매가 되어 그를 쳤다.

해모수와 하백의 힘겨루기는 탈해와 수로 신화에도 비슷하게 등장하는 이야기이다. 수로왕이 가야 지역에서 왕 노릇을 하고 있을 때 느닷없이 찾아온 탈해는 수로왕에게 싸움을 걸었다. 그리하여 두 사람은 신이

한 힘겨루기를 하게 된다. 처음 탈해가 매로 변하자 수로는 독수리가 되어 탈해를 쫓았다. 또 탈해가 참새로 변하자 수로는 새매로 변하여 탈해를 쫓아다녔다. 마침내 수로를 이기지 못할 것을 깨달은 탈해는 자기 세력을 이끌고 바닷길로 도망가고 말았다. 결국 신이한 능력자의 힘겨루기에서 수로왕이 이김으로써 자신의 왕권을 지킬 수 있었다.

해모수와 하백의 힘겨루기도 해모수의 우위로 끝났다. 그제야 해모수가 천제의 아들임을 확신한 하백은 예를 갖추어 두 사람의 혼례를 치렀다. 그러나 하백은 해모수가 혼인만 하고 딸을 데려가지 않을까 하는 두려운 마음이 생겼다. 하백은 풍악을 울리고 술을 내어 연회를 베풀고는 해모수가 술에 취해 곯아떨어지자 딸과 함께 작은 가죽 부대에 넣어 오룡거에 실었다. 그런데 수레가 미처 물에서 빠져나오기도 전에 해모수가 술에서 깨어났다. 상황을 파악한 해모수는 유화의 머리에서 황금 비녀를 빼어 가죽 부대를 뚫고 나와 혼자 하늘로 올라가 버렸다. 해모수는 유화와의 결혼을 간절히 원하였지만, 하백의 술수를 못마땅하게 생각한 나머지 유화를 바닷속 궁전에 남겨둔 채 혼자 떠난 것이다. 해모수가 혼자서 달아나자 하백은 유화를 보고 가문을 욕되게 하였다고 꾸짖고, 사람들을 시켜 그녀의 입술을 3척이나 되게 잡아 늘이고는 우발수라는 강으로 쫓아 버렸다. 처음부터 원하지는 않았으나 해모수의 속임수에 걸려들어 사랑에 빠졌고 결국 결혼까지 했던 유화는 해모수에게 버림받은 뒤 아버지에게 쫓겨나는 불쌍한 신세가 되었다.

유화가 겪은 이러한 시련은 뒤에 영웅 주몽을 잉태하는 필요조건이 되었다. 흔히 영웅의 출생담에는 혼인에 장애가 생기거나 비정상적인 상황에서 잉태를 하게 된다. 아버지가 사람이 아닌 이물이거나 또는 어머니가 홀몸으로 임신을 하는 경우가 많다. 서동의 어머니는 못가에 살다가 지룡과 관계를 맺은 뒤 서동을 낳았고, 견훤의 어머니는 밤에 찾아온 지렁이의 화신과 관계하여 견훤을 낳았다. 해모수 신화에서 유화는 해모수의 아내가 되자마자 버림받는 처지가 되지만, 이러한 시련과 굴곡은 결국 고구려의 시조 주몽을 잉태하기 위한 전주곡이었던 셈이다.

우발수 강가로 쫓겨난 유화는 어부 강력부추가 잡은 고기를 먹으며 노비 두 명과 함께 근근이 살았다. 한편 이 어부는 자신이 잡은 고기가 자꾸 없어지자 이상한 생각이 들었다. 그리하여 어느 날 금와왕에게 찾아가 아뢰었다.

"최근에 어망속의 고기가 자꾸 없어지는데 누구의 짓인지 알 수가 없습니다."

금와왕은 어부에게 그물을 써서 고기 도둑을 잡으라고 명하였다. 하지만 그물은 드리우는 번번이 찢겨질 뿐이었다. 그래서 이번에는 쇠 그물을 만들어 우발수 강에 드리우고 그물이 묵직해졌을 때를 기다렸다. 어부가 그물을 잡아당기니 한 여인이 돌에 앉은 채로 끌려 나왔다. 입술이 길게 늘어진 것이 평범한 여인은 아니었다. 금와왕은 그녀가 천제의 아내임을 알고는 궁궐로 데리고 와서 별궁에 가두었다. 이렇게 하여 해모수의 아내 유화는 마침내 동부여 금와왕의 궁전에서 지내게 되었다.

# 동부여는 과연
# 동해 바닷가에 있었을까?

유화가 살고 있던 금와왕의 궁전은 어디에 있었을까? 해부루는 동해 물가 가섭원으로 도읍을 옮긴 뒤 나라 이름을 동부여라 불렀다. 동부여 의 왕위는 해부루에서 금와로 이어졌다가 금와의 아들 대소로 바뀌었 다. 동부여는 초기에는 고구려를 핍박할 정도로 국력이 강성하였다. 그 러나 대소왕 대에 이르러 고구려 대무신왕에게 크게 패하고 쇠퇴의 길로 들어섰다.

동부여의 중심지인 가섭원은 정확한 위치가 밝혀져 있지 않다. 동부 여의 위치에 대해서는 그동안 많은 논란이 있었다. 동해지빈(東海之濱)이라 는 《삼국유사》 '동부여조'의 기록 때문이었다. 그동안에는 동부여가 두 만강 유역, 즉 북옥저 지역에 있었다고 보는 설이 가장 유력하였다. 이는 부여가 285년 모용선비의 침략을 받아 옥저로 도망한 사실을 들어 이 옥 저에서 성립된 것이 동부여라고 해석하고 있다. 그러나 동부여라는 기록은 이미 고구려 초기 기록에서 나타나고 있으므로 285년 이후에 성립된 나라일 리는 없다.

또한 동해지빈의 동해(東海)는 꼭 동해 바닷가라는 의미는 아니었을 것이다. 그 옛날에는 해(海) 자가 꼭 바다를 의미하는 말로 쓰인 것은 아니었다. 그러므로 동해가 가섭원은 동쪽의 물가 가섭원이라는 뜻으로도 쓸 수 있다.

고대부터 지금에 이르기까지 북방 초원 세계에서는 대양의 바다만 해(海)라고 지칭하는 것이 아니라 내륙의 큰 호수들을 전부 해(海)라고 칭하였다. 《한서》〈지리지〉에는 많은 수의 보기에서 호수를, 특히 중국의 북방이나 서방에 있는 호수를 해(海)라고 하였다. 《사기》 이래로 몽골 고원에 위치한 것으로 나타나는 한해(瀚海)는 논외로 하더라도 티베트에 서해(西海)가 있으며 황하 상류 근처에 오해(烏海), 회골전에 검해(劒海), 고창전에 적해(赤海), 백해(栢海)가 나온다. 지금 우리가 알고 있는 서장 고원의 청해(靑海)와 황해(湟海)도 큰 호수이고, 거연해(居延海)는 고비 사막의 호수이다. 북경에서는 지금도 시내의 호수를 북해(北海), 중남해(中南海) 등으로 부르며, 바이칼 호수를 중국 고전에서는 북해(北海)로 표기했다고 보는 것이 통설이다. 따라서 고대의 동해가 반드시 지금의 동해를 가리켰다고 보기는 어렵다. 오히려 초원 문명에 가까웠던 부여 사람들이 큰 호수를 바다라고 불렀을 가능성이 크다. 동해는 다름 아닌 동쪽의 큰 호수일 가능성이 높다.*강경구,《고구려의 건국과 시조 숭배》, 학연문화사, 2001, 35~36쪽

《삼국사기》〈고구려본기〉'시조 동명성왕조'를 보아도 비류수를 바다로 해석하고 있다. 주몽이 비류수 가에 나라를 세운 뒤 비류수 가운데로

채소 잎이 떠내려오는 것을 보고 상류를 거슬러 올라가 비류국에 이르렀을 때 비류국 왕 송양은 "과인이 바다의 구석에 치우쳐 있어[과인벽재해우(寡人僻在海隅)] 일찍이 군자를 보지 못했는데"라고 얘기했는데, 이때 바다 해(海)를 쓰고 있다. 또 '유리명왕 28년조'에는 부여 왕 대소가 사신을 보내 예와 순리로써 부여를 섬기지 않으면 사직을 보존하기 어려울 것이라고 협박을 하였다 한다. 이에 유리명왕은 부여 왕의 위세에 눌려 "과인은 바닷가에 치우쳐 있어서 예의를 알지 못합니다. 지금 대왕의 가르침을 받고 보니 감히 명령을 따르지 않을 수 없습니다."라고 회답하였다. 이때에도 '과인은 바닷가에 치우쳐 있어서'를 '과인벽재해우(寡人僻在海隅)'라고 표기하였다. 또 '태조대왕 55년조'에는 '겨울 10월에 동해곡(東海谷)의 관리가 붉은 표범을 바쳤는데 꼬리의 길이가 아홉 자나 되었다'라는 기록이 있다. 동해곡에서 붉은 표범이 났다는 것으로 보아 이곳은 바닷가가 아님을 알 수 있다. 주몽이 고구려를 세운 곳은 졸본천의 비류수 가로, 이곳은 지금의 오녀산성에 비정된다. 오녀산성은 산위의 절벽을 방패삼아 지은 산성으로 바닷가가 아니다. 그런데도 해(海) 자를 쓰는 것은 고구려가 당시 강(江)을 해(海)로도 썼음을 알 수 있다.

사서에 기록된 동부여의 지리상 특징을 보면, 첫째 해부루왕은 동해가에 있는 가섭원이라는 평원으로 이주하였다. 이곳은 토양이 비옥하여 오곡이 잘 자라는 곳이었다. 그리고 그곳에는 우발수 또는 우발연이라는 연못 내지 강이 있었으며, 주몽이 남쪽으로 도망치며 건넜다는 엄시수(淹㴲水)라는 강이 있어서 졸본과 경계를 이루고 있다.

'유리명왕 32년조'를 보면 겨울 11월에 부여인이 학반령 밑까지 이르자, 왕자 무휼이 이곳에 군사를 거느리고 숨어 있다가 불시에 공격하여 부여인을 물리쳤다 한다. 이를 보면 동부여와 고구려 사이에는 학반령이라는 험준한 산맥이 가로막고 있었으며, 그 아래에는 차회곡이라는 계곡이 있었다. '대무신왕 4년조'에는 왕이 군대를 북쪽으로 보내 부여를 정벌하고 있다. 5년 봄 2월에는 왕이 부여국 남쪽으로 쳐들어갔는데 그곳 땅에는 진흙이 많으므로 평지를 골라 군영을 만들었다. 이 진흙탕에서 고구려와 부여 군사는 생사를 건 일대 결전을 벌였다. 대무신왕은 부여 왕 대소의 목을 베기는 하였으나 여러 겹의 포위를 당해 두려움에 떨다가 가까스로 헤쳐 나왔다. 이러한 포위 작전이 가능할 만큼 동부여에는 넓은 들판이 남방에 펼쳐져 있었다.

# 부여의 중심지는
# 송화강 유역

《삼국유사》'북부여조'에 의하면 부여의 건국 연대는 기원전 58년이다. 하지만 부여는 고조선이 멸망하는 기원전 108년 이전에 이미 정치체를 형성하고 있었다. 《사기》〈화식열전〉에는 '연나라는 북쪽으로 오환, 부여와 인접했다'라는 기록이 보인다. 이 기록으로 볼 때 기원전 2세기경에는 부여가 성립되어 있었을 것으로 추측된다.

3세기 후반에 편찬된《삼국지》〈위서〉'동이전 부여조'에는 '부여는 장성의 북쪽에 있는데, 현토에서 천 리쯤 떨어져 있다. 남쪽은 고구려, 동쪽은 읍루, 서쪽은 선비와 접해 있고, 북쪽에는 약수가 있다. [국토의 면적은] 사방 2천 리이며, 호구 수는 8만이다'라고 기록하고 있다. 또 '산릉과 넓은 들이 많아서 동이 지역에서는 가장 넓고 평탄한 곳이다. 토질은 오곡이 자라기에 적당하다'라고 하였다. 산릉과 넓은 들이 많다는《삼국지》의 기사와 맥을 같이하여 부여라는 이름이 넓은 평원에서 유래했다는 견해가 대두되었다. 일찍이 최남선은 부여의 원뜻이 밝[신명(神明)]에서 유래하여 개발→자만→평야를 의미하는 벌[伐, 弗, 火, 夫里]로 변화한 데서 연유했다고 보았다. 그 근거는 부여의 중심 지역이 송화강 연안의 동북 평원 일대이고, 벌이나 부리가 서라벌, 고사부리 등 삼국 시대의 지명 어미에 자주 등장하기 때문이다. 이는 부여족의 일파가 세운 고구려의 구려라는 명칭이 큰 고을 또는 높은 성을 의미하는 홀(忽), 골, 구루(溝婁)에서 비롯되었다는 점과 관련이 있어 설득력을 가진다.

이와는 달리 부여가 사슴에서 유래했다는 주장도 있다. 《자치통감》에 나오는 부여의 멸망 기사에 부여의 원 거주지로 나오는 녹산(鹿山)이 사슴[鹿]을 뜻하는 만주어의 'puhu'와 몽골어의 'pobgo'라는 말에서 비롯되었다는 주장이다. 이와 비슷한 입장에서 '鹿'의 음이 'fu'로써 '부(夫)'와 같은 음이라는 주장도 있다. 이들 논의의 공통점은 부여라는 이름이 평원, 강 이름, 산 이름 등에서 유래했다는 지리적인 면을 강조하고 있는 점이다.✛송호정, 〈부여의 성립〉《한국사》4, 국사편찬위원회, 1997, 152~153쪽

동명이 세웠다고 전하는 부여의 중심지는 어디일까? 그리고 출생한 북이의 탁리국은 어디이며, 남쪽으로 쫓겨 오다가 건넜다고 전해지는 엄표수는 또 어디일까? 부여의 중심지와 관련하여 고고학적 발굴 성과를 보면 대부분의 학자들은 현 길림성 지역의 서단산 문화에 주목하고 있다. 서단산 문화는 길림시 일대를 중심으로 펼쳐졌던 청동기 문화로서, 대략 기원전 9~8세기에 시작하여 기원전 3세기까지 계속되었다. 서단산 문화의 중심 분포 지역은 송화강 중류로, 땅이 비교적 평평하고 넓어 오곡 농사에 적합하였다. 이는《삼국지》〈위서〉'동이전 부여조'의 '산

릉과 넓은 들이 많아서 동이 지역에서는 가장 넓고 평탄한 곳이다. 토질은 오곡이 자라기에 적당하다'라는 기록과 부합된다. 그리고 길림시 동단산 일대에서 한나라와 한나라 이전의 유적 중에서 거의 원형을 이룬 토성이 발견되었다. 이 점은 부여가 '원 책으로 성을 쌓고 궁실, 창고, 감옥이 있다'라는 《후한서》〈동이열전〉 '부여조'의 기사와 맥이 통한다.

　이보다 북쪽으로 눈강 지역인 송눈 평원 일대에도 일찍이 농경이 발달하고 문화가 발전하였다. 대표적으로 전국에서 서한 시대에 속하는 한서 상층—망해둔 문화가 있는데, 이 문화가 바로 당시 송눈 평원 일대에서 활약하던 부여족이 이룩했다고 보는 견해가 일반적이다. 그런데 서단산 문화와 한서 상층—망해둔 문화의 성격을 비교해 보면 흥미로운 사실이 발견된다. 그것은 남과 북에 위치한 두 문화가 서로 다른 성격을 가지고 발전하다가 기원전 4~3세기 즈음에 이르러 큰 차이를 보이지 않는 것이다. 이로 보아 아마도 한서 상층—망해둔 문화는 동명이 태어났다고 하는 탁리국의 문화이며 그중 일부 주민들이 남하하여, 먼저 내려와서 서단산 문화를 누리고 있던 앞선 부여족 주민들과 융합하여 부여국을 세웠던 것*조법종, 위의 책, 131~134쪽으로 추측할 수 있다.

# 부여 사람들은
# 어떻게 살았을까?

　기원전 2세기 이전에 성립된 부여는 서기 1세기부터 중국의 사서에 자주 등장할 정도로 성장하였다. 《삼국지》〈위서〉 '동이전 부여조'에는 《위략》을 인용하여 "그 나라는 매우 부강하여 선대로부터 일찍이 적에게 파괴된 일이 없었다."라고 쓰고 있다. 부여 사람들은 체격이 크고 성질은 굳세고 용감하며, 근엄하고 후덕하여 다른 나라를 쳐들어가거나 노략질을 하지 않았다. 부여에는 사출도라는 특별한 제도가 있었다. 전국을 중앙과 네 구역으로 나눈 후 중앙에서 왕이 귀족과 관리를 거느리고 나라를 다스렸다. 그리고 그 주위 동, 서, 남, 북에 각 부족을 거느린 대가들이 살면서 서로 힘을 합쳐 나라를 다스렸다. 이렇게 넷으로 나누어진 지역을 사출도라고 불렀다. 사출도를 다스리는 관리는 마가, 우가, 구가, 저가로 불렸다. 가축의 이름에서 빌려온 명칭으로 마가는 말, 우가는 소, 구가는 개, 저가는 돼지를 뜻하며, 가는 귀한 사람, 즉 대인을 의미하는 말이었다. 이렇게 부여는 가장 높은 관리 이름에 동물 이름을 붙일 만큼 목축이 발달한 사회였다.

대가들은 나라의 중요한 일이 있을 때 회의를 열고 의논하여 정책을 결정하였다. 이들은 힘이 아주 강하여 왕을 세우거나 바꿀 수도 있었다. 그러니 왕의 힘은 약할 수밖에 없었다. 가뭄이나 홍수가 일어나 풍년이 들지 못하면 왕의 덕이 부족하여 생긴 일로 여겼다. 이럴 때는 왕에게 책임을 물어 쫓아내거나 죽이기까지 하였다.

강성함을 자랑하던 부여는 285년에 유목 민족 가운데 하나로 요하 상류에서 일어난 선비족 출신 모용외의 침입을 받아 국가적인 위기를 맞았다. 이때 부여 왕 의려는 자살하고 그 자제들은 옥저로 망명을 떠났다. 다음 해 의라가 왕이 되어 다시 나라를 부흥시키려 하였으나 지난날의 국력을 회복하기에는 역부족이었다. 부여는 그 뒤에도 자주 모용씨의 침입에 시달리다가, 346년에 백제의 침입을 받아 서쪽으로 연나라 가까이 옮기고는 방비를 하지 않았다고 《자치통감》〈진기〉'영화 2년 정월조'에 쓰여 있다. 이 해 부여는 전연왕 모용황이 보낸 1만 7천 군사의 침략을 받아 국왕 현 이하 5만 명의 백성이 포로로 잡히기까지 하였다. 이후 부여 왕족 일파가 본거지로 돌아가서 다시 나라를 세웠으나 전연이 멸망한 뒤로는 고구려의 보호 아래 놓인 채 겨우 명맥을 유지하였다. 결국 494년, 국왕과 일족이 고구려에 망명함으로써 맥이 끊어졌다.

부여 세력 중 일부는 나라가 흔들리자 서북쪽으로 옮겨가 새로 나라를 세웠는데, 이 나라가 바로 두막루국이다. 《위서》〈열전〉'두막루전'에는 '두막루국은 물길 북쪽 천 리에 있는데 …… 옛날 북부여이다'라고 하였다. 또《신당서》〈열전〉'유귀전'에는 '달말루(達末婁)는 …… 북부여의 후예이다. 고구려가 그 나라를 멸하자, 그 유민이 나하(那河)를 건너 그곳에 살았다'라고 하여 달말루, 즉 두막루국에 관하여 간결하게 서술하고 있다. 여기서 나하는 대다수의 학자들이 오늘날의 눈강과 제1 송화강 합류점 일원으로 비정하고 있다. 부여인들은 나하를 건너 호눈 평원 또는 송눈 평원 일대, 즉 구북부여의 고지에 두막루국을 건설하였는데, 이 나라는 5~8세기까지 건재하였던 것으로 추측된다.

제3장

주　몽
신화와
고구려

옛적 시조 추모왕이 나라를 세웠는데 [왕은] 북부여(北夫餘)에서 태어났으며, 천제의 아들이었고 어머니는 하백의 따님이었다. 알을 깨고 세상에 나왔는데, 태어나면서부터 성스러운 …… [5자 불명]이 있었다. 길을 떠니 남쪽으로 내려가는데, 부여의 엄리대수(奄利大水)를 거쳐 가게 되었다. 왕이 나룻가에서 "나는 황천(皇天)의 아들이며 하백의 따님을 어머니로 한 추모왕이다. 나를 위하여 갈대를 연결하고 거북이 무리를 짓게 하라."라고 하였다. 말이 끝나자마자 곧 갈대가 연결되고 거북 떼가 물위로 떠올랐다. 그리하여 강물을 건너가서, 비류곡 홀본 서쪽 산꼭대기에 성을 쌓고 도읍을 세웠다. 왕이 왕위에 싫증을 내니, [하늘이] 황룡을 보내어 내려와서 왕을 맞이하였다. [이에] 왕은 홀본 동쪽 언덕에서 용의 머리를 디디고 서서 하늘로 올라갔다. 유명을 이어받은 세자 유류왕은 도로서 나라를 잘 다스렸고, 대주류왕은 왕업을 계승하여 발전시켰다.

17세손에 이르러 국강상광개토경평안호태왕이 18세(391)에 왕위에 올라 칭호를 영락대왕(永樂大王)이라 했다. 왕(王)의 은택이 하늘에 두루 미쳤으며, 위무(威武)는 온 세상에 떨쳤도다. [나쁜 무리를] 쓸어 없애니, 백성이 각기 그 생업에 힘쓰고 편안히 살게 되었다. 나라는 부강하고 백성은 유족해졌으며, 오곡이 풍성하게 익었다.

[그런데] 하늘이 돌보지 않아 39세(412)에 세상을 버리고 떠나시니, 갑인년 (414) 9월 29일 을유(乙酉)에 산릉(山陵)으로 모셨다. 이에 비를 세워 그 공훈을 기록하여 후손에 전한다.

_ 광개토대왕릉비문

# 금석문에 담긴
# 고구려 사람들의 시조 인식

고구려는 기원전 37년, 시조 주몽에 의해 압록강 유역에 세워진 우리의 고대 국가이다. 고구려가 세워진 내력을 전하는 기록은 여러 가지가 있는데, 그중 가장 이른 기록은 광개토대왕릉비에 쓰인 비문이다. 이 능비는 광개토대왕이 죽은 뒤 414년에 아들 장수왕이 아버지의 업적을 기리기 위해 세웠다. 비석은 고구려의 도읍이던 국내성 지역, 지금의 중국 길림성 집안현 태왕향에 서 있으며 능비의 서남쪽 약 200미터 지점에 태왕릉이 있고, 동북쪽 약 1.3킬로미터 지점에 장군총이 있다. 비석은 거의 그대로의 자연석으로 높이 6.39미터에 모두 44행 1,775글자가 새겨져 있어 고대사 연구에 귀중한 자료이다.

비문의 내용은 세 부분으로 나누어 볼 수 있는데, 첫 번째 부분이 바로 고구려의 기원에 관한 전설과 추모왕에서 유류왕, 대주류왕으로 이어지는 왕위 계승과 광개토대왕의 행장에 대한 간략한 기술이다. 두 번째 부

**광개토대왕릉비** 중국 길림성 집안현 통구에 있는 제19대 광개토대왕의 능비로, 비문에는 고구려 건국 신화와 광개토대왕의 업적 등이 쓰여 있다.

분은 광개토대왕이 활발한 정복 활동을 벌여 영토를 크게 확대한 업적을 기록하고 있으며, 세 번째 부분에서는 능비를 지키는 수묘인의 숫자와 그 출신지 등을 새겨 놓았다. 광개토대왕릉비문에 새겨진 건국 신화는 고구려 당대 사람들이 알고 있던 사실을 기록해 놓은 것으로 가장 믿을 만한 기록이라는 데 큰 의미가 있다.

위에 일부 인용된 비문을 보면, 고구려의 시조는 추모왕인데 그는 북부여에서 출생했다. 아버지는 천제였고 어머니는 물의 신 하백의 딸이었기에 태생 자체가 신성한 인물이었다. 주몽은 천제의 아들이었으므로 '천자(天子)'라고 부를 수도 있다. 또 주몽은 부여를 떠나 엄리대수를 건널 때 스스로를 황천의 아들(皇天之子)이라고 표현하고 있다. 여기서 황천이란 '성스러운 하늘'로써 천제와 같은 의미이다. 이렇게 추모왕은 천제의 아들이자 황천의 아들로 인식되고 있었다. 이로 볼 때 광개토대왕릉비가 건립되던 5세기 초반의 고구려인들은 추모왕을 하늘의 아들인 천자로 인식하고 있었음을 알 수 있다. ✛김일권, 〈고구려 건국 신화의 신화계보 변동〉 《다시 보는 고구려사》, 고구려연구재단, 2005, 13~14쪽

이와 비슷한 분위기를 보여 주는 금석문이 또 하나 있는데, 바로 모두루묘지이다. 광개토대왕릉비와 같은 집안현 태왕향에 소재하고 있는 모두루묘는 묘도가 있는 전실과 주실 모두 2개의 석실로 만들어졌다. 전실 정면의 윗벽에는 두루마리로 된 경전을 펼쳐놓은 듯 묘지가 먹으로 쓰여 있는데, 모두 80여 행으로 800여 자나 된다.

이 묘지는 판독되는 글자가 얼마 안 되어 모든 내용을 상세히 알 수 없다. 그럼에도 현재 확인되는 글자들을 바탕으로 추정해 보면 먼저 1, 2행

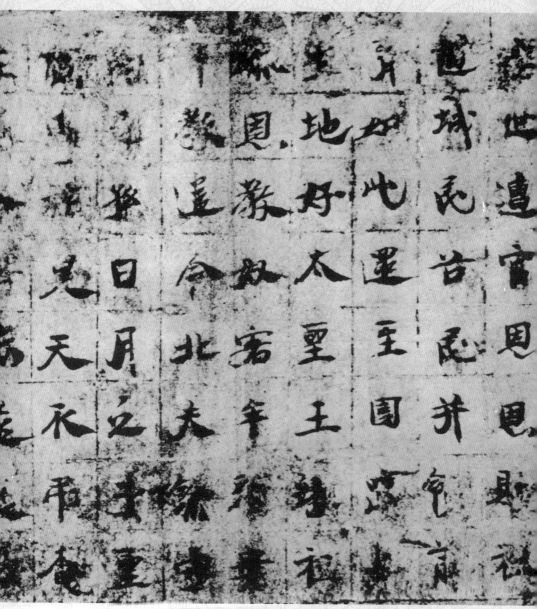

모두루묘지 중국 길림성 집안현의 동북 하양어두에서 발견된 것으로, 고구려 광개토대왕 때 북부여 수사를
역임한 모두루의 묘지이다. 묘지에는 모두루에 대한 설명과 고구려가 세워진 내력 등이 적혀 있다.

은 광개토대왕 때 북부여 방면에서 지방관으로 활약했던 모두루에 대해 쓴 글로 보인다. 그리고 3행에서 6행은 고구려가 세워진 내력을 서술하고 있다. 즉 '하백의 손자이며 일월(日月)의 아들인 추모성왕이 북부여에서 나셨으니, 이 나라 이 고을이 가장 성스러움을 천하사방이 알지니……'라는 내용이다.

7행 이하의 내용에 의하면, 모두루의 조상은 원래 추모왕이 부여를 탈출할 때 함께 수행해 온 사람으로, 그 자손들은 대대로 벼슬길에 올랐다. 그러던 중 염모 대에 이르러 모용선비가 하백의 손자, 일월의 아들이 탄생한 곳인 북부여를 침공해 오는 일이 일어났다. 그러자 염모는 고구려군을 이끌고 모용선비와 싸워 크게 이겼다. 이때부터 모두루 집안은 대대로 관은을 입었으며, 광개토대왕 대에 이르러 모두루가 영북부여수사로 파견되기까지 했다는 내용이 적혀 있다.

모두루묘지에서는 광개토대왕릉비문과는 다르게 추모왕을 일월의 아들[日月之子]인 성왕(聖王)으로 표현하고 있으며 고구려는 일월의 아들이 다스리는 성스러운 곳으로 여기고 있었다. 일월은 하늘을 대표하는 대변자로서 하늘과 같은 의미를 가진다. 하지만 황천이나 천제가 하늘을 관념적으로 표현했음에 비해 모두루묘지에서는 하늘을 일월이라는 구체적인 대상물로 표현했다는 점에서 의미가 있다.

이상의 두 가지 금석문의 기록으로 볼 때 고구려 사람들은 시조를 천제의 아들, 또는 일월의 아들로서 신성한 존재로 인식하고 있었다. 그리고 그의 어머니는 물의 신 하백의 딸로서, 하늘과 물신의 후손이 다스리는 고구려 또한 신성한 국가임을 내세우고 있었다.

# 이규보는 왜
# 〈동명왕편〉을 지었을까

고구려 건국에 대한 보다 풍부한 내용은 고려 시대 문헌에서 나타나기 시작한다. 인종 23년(1145)경에 김부식 등이 고려 인종의 명을 받아 편찬한 《삼국사기》와 그보다 140여 년 후 일연이 쓴 《삼국유사》 그리고 《구삼국사》를 토대로 하여 이규보가 지은 〈동명왕편〉에 모두 고구려 건국 신화가 실려 있다. 이들 기록들은 고구려 당시 금석문 기록보다 훨씬 상세하고 신비한 내용을 싣고 있다.

이 중 이규보가 쓴 《동국이상국집》에 실려 있는 〈동명왕편〉이 가장 자세한 내용을 전한다. 이규보는 26세 때인 명종 23년(1193) 4월에 《구삼국사》를 얻어 〈동명왕본기〉를 여러 번 정독하고는 뜻한 바가 있어 〈동명왕편〉을 지었다.

〈동명왕편〉은 창작 동기를 밝힌 '병서' 288자와 동명왕이 나라를 세운 신이한 자취를 시로 읊은 282구 1,410자의 오언 고율시인 '본시' 부분,

'본시' 중간에 《구삼국사》에 실려 있는 〈동명왕본기〉를 39개의 주석으로 직필해 놓은 2,256자의 주석문으로 이루어져 있다. 그중 오언 고율시인 〈동명왕편〉 '본시' 부분은 고구려를 세운 영웅 동명왕을 찬양하는 영웅서사시이다. 이규보가 〈동명왕편〉을 지을 때 전거로 사용한 《구삼국사》는 고구려, 백제, 신라의 역사를 서술한 책으로 김부식이 《삼국사기》를 지을 때에도 참고한 도서이다. 이로 보아 《구삼국사》는 《삼국사기》보다 연대가 오래된 역사서임이 분명한데, 애석하게도 오늘날에는 전해지지 않고 일부 내용만이 《삼국사기》보다 늦은 시기의 문헌에 수록되어 전해진다. 《구삼국사》는 고려 초에 편찬되었을 것으로 추측되므로, 이 책을 인용해서 쓴 〈동명왕편〉을 읽으면 고려 초에 전승되던 고구려 건국 신화의 면모를 엿볼 수 있다.

이규보는 처음 《구삼국사》 〈동명왕본기〉를 읽었을 때 너무나 놀라워 믿을 수 없었다고 한다. 하지만 그 신비한 이야기에 이끌려 세 번을 반복해서 읽고 난 다음 사실로 믿고 〈동명왕편〉까지 지었다고 '병서'에서 이야기하고 있다. '병서' 부분에서 그의 집필 의도를 살펴보자.

지난 계축년 4월에 《구삼국사》를 얻어 〈동명왕본기〉를 보니 그 신이한 사적이 세상에서 이야기하는 것보다 더 했다. 그러나 역시 처음에는 이를 믿지 못하고서 귀(鬼)나 환(幻)으로만 생각하였다. 그러다가 세 번 반복하여 읽고 그 뜻을 탐색하여 점점 그 근원에 들어가니 환이 아니고 성(聖)이요, 귀가 아니고 신(神)이었다. 하물며 국사는 사실을 사실대로 쓴 글이니 어찌 망녕되이 전하였으랴. 김공 부식이

국사를 다시 찬술할 때에 자못 그 일을 소략하게 하였으니, 공은 국사는 세상을 바로잡는 글이니 크게 이상한 일은 후세에 보여서는 안 된다고 생각하여 생략한 것이 아닐까? 〈당현종본기〉와 〈양귀비전〉을 상고해보면 모두 방사가 하늘에 오르고 땅 속에 들어갔다는 일이 없는데, 오직 시인 백낙천이 그 일이 인멸될 것을 염려하여 노래를 지어 기록하였다.

저것은 실로 황당하고 음란하며, 기이하고 허탄한 일인데도 오히려 노래로 읊어서 후세에 보였는데, 하물며 동명왕의 일은 변화의 신이한 것으로써 여러 사람의 눈을 현혹한 것이 아니고, 실로 나라를 창업한 신비한 사적이니, 이것을 기술하지 않으면 후인들이 장차 무엇을 보고 알 것인가? 그러므로 시를 지어 기록하니, 이는 천하로 하여금 우리나라가 본래 성인의 나라임을 알게 하고자 할 따름이다.

_《동국이상국집》 〈동명왕편〉 '병서'


그는 김공 부식, 즉 김부식이 《삼국사기》를 찬술할 때 동명왕의 신이한 사적을 간략하게 서술하였다고 적고 있다. 이는 김부식이 기이하고 황당하게 느껴지는 동명왕의 사적을 세상을 바로잡는 글인 국사에 실어 후세에 보이면 안 된다고 생각해서 생략했을 것이라고 추측하였다. 그래서 자신이 기록하지 않으면 후세인들이 모를까 근심하여 〈동명왕편〉을 지었음을 밝히고 있다.

이규보의 설명에 부합하게 〈동명왕편〉에 실려 있는 고구려 건국 시조 이야기는 그 어느 기록보다도 자세하다. 이 기록은 크게 세 부분으로 나뉘는데, 첫째 (A)의 해모수를 주인공으로 한 부분과 둘째는 (B), (C)의 동명왕을 주인공으로 한 부분, 셋째는 (D)의 유리를 주인공으로 한 부분이다. 두 번째의 동명왕을 주인공으로 한 부분은 다시 동명왕의 탄생부터 건국에 이르기까지의 과정과 건국 후 송양왕과의 대결부터 죽음에 이르기까지의 내용으로 나눌 수 있다.

해모수를 주인공으로 한 부분은 동명왕 신화의 서막이라 할 수 있고, 동명왕을 주인공으로 한 부분은 이 신화의 본론이다. 전반부는 동명왕이 온갖 역경을 딛고 고구려를 세웠다는데 초점을 두었으며, 후반부는 이렇게 해서 개창된 고구려가 국가의 틀을 갖추어 나가는 과정에 초점을 두었다. 세 번째 유리를 주인공으로 한 부분은 이제 고구려가 왕위를 세습하는 국가로서 기반을 확고히 다졌음을 보여 주는 신화의 완결판이다.

# 〈동명왕편〉의
# 고구려 시조 인식

이렇듯 《구삼국사》가 전하는 동명왕 신화는 내용이 풍부하고 구성이 복잡하기 때문에 전 시대의 기록에서 찾아볼 수 없던 귀중한 내용들이 보인다. 그중에서도 해모수를 주인공으로 하는 (A) 부분과 동명왕이 나라를 세운 뒤 주변국을 정복하는 과정을 기록한 부분은 다른 기록에서는 찾아볼 수 없는 독창적인 내용이다. 일단 해모수를 주인공으로 한 부분부터 동명왕의 건국까지를 인용해 보자.

(A) 〈본기〉에 이렇게 적혀 있다. 부여 왕(夫余王) 해부루(解夫婁)가 늙도록 아들이 없어 산천에 제사하여 후사를 구하였는데, 타고 있던 말이 곤연에 이르러서는 큰 돌을 보고 눈물을 흘렸다. 왕이 이상히 여겨 사람을 시켜 그 돌을 굴리게 하였더니 어린아이가 있었는데 금빛 개구리 모양이었다. 왕은 "이는 하늘이 나에게 훌륭한 아들을 내

림이로다." 하고 이를 거두어 길렀다. 이름을 금와(金蛙)라 하고 태자로 삼았다.

왕의 정승 아란불이 "요사이 하늘이 저에게 이르시기를 장차 나의 자손으로 하여금 이곳에 나라를 세우고자 하니, 너희들은 여기를 피하라. 동해 가에 땅이 있는데, 가섭원이라 이르는 곳이다. 토지는 오곡에 알맞으니 도읍할 만하다고 했습니다."라고 말하였다. 아란불은 왕에게 권하여 도읍을 옮기고 동부여라고 하였다. 구도(舊都)에는 천제의 아들 해모수가 와서 도읍하였다.

한(漢) 신작(神雀) 3년 임술년(기원전 58)에 천제가 태자를 보내 부여 왕의 옛 도읍에 내려가 놀게 하였는데, 해모수라 이름 하였다. 하늘에서 내려오는데, 오룡거(五龍車)를 탔으며, 따르는 사람 100여 명은 모두 흰 고니를 탔다. 채색 구름이 그들 위에 떴고 음악 소리는 구름 속에서 울려 퍼졌다. 웅심산에 머물렀다가 10여 일이 지나서야 비로소 내려오는데, 머리에는 오우관(烏羽冠)을 쓰고 허리에는 용광검(龍光劍)을 찼다. 아침에는 정사를 돌보고 저녁에는 하늘로 올라가니, 세상에서는 그를 천왕랑(天王郞)이라 불렀다.

(성 북쪽엔 청하가 있는데) 청하는 지금의 압록강이다.

(하백의 세 딸이 아름다웠네) 맏이는 유화요, 다음은 훤화요, 막내는 위화이다. 청하에서 나와서 웅심연 가에서 놀았다. 자태가 곱고 아리따웠는데, 여러 가지 패옥이 쟁그랑거리어 한고(漢臯)와 다름없었다. 왕이 좌우에게 말하기를 "얻어서 비를 삼으면 후사를 둘 수 있겠다."라고 하였다.

그녀들은 왕을 보고 곧 물속으로 들어가 버렸다. 좌우의 신하들이 말하기를 "대왕께서는 어찌하여 궁전을 마련하지 아니하옵니까? 여자들이 방에 들어오면 문을 닫아서 가로막으십시오."라고 하였다. 왕이 그렇다고 생각하여 말채찍으로 땅에 금을 그으니 갑자기 으리으리한 구리집이 만들어졌다. 방 가운데 세 자리를 마련하고 술상을 차려놓았다. 그녀들이 각각 그 자리에 앉아 서로 권하며 마시더니 크게 취하였다.

왕이 세 여자가 크게 취한 것을 기다려 급히 나가 가로막으니, 여자들이 깜짝 놀라 달아났으나, 맏이 유화가 왕에게 잡히었다.

하백이 크게 노하여 사자를 보내어 말하기를, "너는 어떤 사람인데, 내 딸을 붙잡아 두었는고?" 하였다. 왕이 대답하기를 "나는 천제의 아들인데 지금 하백에게 구혼하고자 합니다."라고 말하였다. 하백이 또 사자를 보내어 말하기를 "네가 천제의 아들로서 나에게 구혼할 뜻이 있다면 마땅히 중매를 시켜서 말할 것이지 지금 문득 내 딸을 잡아두니, 어찌 그리 실례가 심한가?"라고 하였다.

왕은 심히 부끄럽게 생각하여 곧 가서 하백을 뵙고자 하였으나, 궁실에 들어갈 수 없었다. 그래서 그 여자를 놓아 보내고자 하니, 그 여자가 이미 왕과 정이 들어 떠나가려 하지 않으며 왕에게 "만약 용거가 있으면 하백의 나라에 갈 수 있습니다."라고 하였다. 왕이 하늘을 가리켜 고하니, 조금 뒤에 오룡거가 하늘에서 내려왔다. 왕이 여자와 같이 수레에 오르니, 바람과 구름이 홀연히 일어나며 하백의 궁에 이르렀다.

하백이 예를 갖추어 맞이하여 자리에 앉은 뒤 말하기를 "혼인의 도는 천하의 공통된 법규인데, 어찌하여 실례되는 일을 해서 우리 가문을 욕되게 하는가?"라고 했다.

또 하백이 말하기를 "왕이 진실로 천제의 아들이라면 무슨 신이함이 있느냐?" 하니 왕이 "한번 시험해 보십시오."라고 말하였다. 이에 하백이 뜰 앞의 물에서 잉어로 변하여 물결을 따라 노니, 왕은 수달이 되어 그를 잡았다. 또 하백이 사슴이 되어 달리니, 왕은 늑대가 되어 그를 쫓았다. 하백이 꿩이 되니 왕은 매가 되어 그를 쳤다. 하백은 그가 진실로 천제의 아들임을 알고 예로써 혼례를 치렀다. 그러나 하백은 왕이 딸을 데려갈 마음이 없을까 두려워서, 풍악을 베풀고 술을 내어 권하여 만취하게 하고는, 딸과 함께 작은 가죽 부대에 넣어 용거에 실었다. 이는 같이 하늘에 오르게 하자는 생각에서였다.

그 수레가 미처 물에서 나오기도 전에 왕은 술에서 깨어 여자의 황금 비녀를 빼서 가죽 부대를 뚫고, 구멍으로 나와 혼자 하늘로 올라가 버렸다.

하백이 크게 화가 나서 그 딸에게 말하기를 "너는 나의 가르침을 따르지 않다가 끝내는 우리 집안을 욕보였다." 하고는 주변 사람을 시켜 딸의 입술을 잡아당겨 길이를 석 자나 되게 하고, 오직 노비 두 명만 주어 우발수(優渤水) 가운데로 추방하였다. 우발은 못 이름인데 지금 태백산 남쪽에 있다.

(B) 어부 강력부추(强力扶鄒)가 [금와왕에게] 아뢰기를 "요즘 들어 발 속의 고기를 훔쳐 가는 자가 있는데 어떤 짐승인지 알 수가 없습니다."라고 하였다. 왕이 어부를 시켜 그물로써 끌어내게 하였지만 그물이 찢어졌다. 다시 쇠 그물을 만들어 당겨서 비로소 한 여자를 얻었는데, 돌에 앉아서 나왔다. 그녀는 입술이 길어 말을 못하므로 세 번 잘라내게 한 뒤에야 말을 하였다.

왕이 천제 아들의 비(妃)임을 알고 별궁에 두었더니, 그 여자의 품속에 햇빛이 비치어 잉태를 했다. 신작 4년 계해년 여름 4월에 주몽을 낳았는데, 울음소리가 아주 크고 골격이 뛰어났다. 처음에 날 때 왼쪽 옆구리에서 알 하나를 낳으니, 크기가 닷 되가량 되었다.

왕이 이를 괴이하게 여겨 "사람이 새 알을 낳았으니 불길한 일이다."라고 하고는, 사람을 시켜 마구간에 두었으나 여러 말들이 밟지를 않았고, 깊은 산속에 버렸더니 모든 짐승이 호위하였다. 그리고 구름 끼고 음침한 날에도 알 위에 항상 햇빛이 있었다. 왕이 알을 가져오게 하여 그 어미에게 보내어 기르게 하였다. 알이 마침내 갈라지면서 한 사내아이를 얻게 되었는데, 낳은 지 한 달도 안 되어 언어가 모두 정확했다.

어미에게 말하기를 "파리 떼들이 눈을 가려 잘 수가 없으니, 어머니는 나를 위해 활과 화살을 만들어 주시오."라고 했다. 그 어머니가 싸리나무로 활과 화살을 만들어 주었더니 물레 위의 파리를 쏘는데, 쏘는 족족 맞혔다. 부여에서는 활을 잘 쏘는 사람을 주몽(朱蒙)이라 하였다.

나이 들어 자라니 재능이 갖추어져 갔다. 금와왕에게는 아들이 일곱 있었는데, 늘 주몽과 같이 사냥을 하였다. 왕의 아들과 따르는 사람 40여 명이 단지 사슴 한 마리를 잡았으나, 주몽은 사슴을 대단히 많이 잡았다. 왕자들이 이를 시기하여 주몽을 잡아 나무에 묶어 놓고 사슴을 빼앗아가 버렸으므로, 주몽은 나무를 뽑아가지고 왔다. 태자 대소(帶素)가 왕에게 아뢰기를, "주몽이란 놈은 신통하고 용맹한 장사이며, 눈초리가 비상하니, 만약 일찍이 처치하지 않는다면 후환이 있겠습니다."라고 하였다.

왕이 주몽에게 말을 기르게 해서 그 뜻을 시험하였다. 주몽이 마음속으로 한을 품고 어머니에게 아뢰기를, "저는 천제의 손자인데 남의 말이나 먹이고 있으니 죽는 것만 못한 노릇입니다. 남쪽으로 가서 나라를 세우려 하나 어머니가 계시니 감히 뜻대로 할 수가 없사옵니다."라고 하였다.

그러자 그 어머니가 말하기를 "이것은 내가 밤낮으로 고심하던 일이다. 내가 듣기로는 장사가 먼 길을 떠날 때는 꼭 좋은 말이 있어야 한다 하니 내가 말을 고르리라." 하고는 곧 목장으로 갔다. 긴 채찍으로 마구 치니 여러 말들이 놀라 달아나는데, 한 마리의 붉은 말이 두 길이나 되는 난간을 뛰어넘었다. 주몽은 이 말이 훌륭한 말임을 알고 남몰래 바늘을 혀 밑에 꽂아 두었다. 그 말은 혀가 아파 물과 풀을 먹지 않아 매우 야위었다. 왕이 목마장을 순행하다가 여러 말들이 모두 살찐 것을 보고 크게 기뻐하여 야윈 말을 주몽에게 주었다. 주몽은 그 말을 얻고 나서 바늘을 빼고 잘 먹였다.

(가만히 세 어진 벗을 맺으니) 오이, 마리, 협보 등 세 사람이었다.

(그 사람들 모두 지혜가 많았네. 남쪽으로 향하여 엄체수에 이르러)

건너려 하나 배가 없고 따라오는 군사들이 닥쳐올까 두려워서 채찍으로 하늘을 가리키며 개연히 탄식하기를, "나는 천제의 손자요 하백의 외손인데, 지금 난을 피하여 여기까지 왔습니다. 황천(皇天)과 후토(后土)는 이 외로운 사람을 불쌍히 여겨 속히 배와 다리를 주소서." 라고 하고는 활로 물을 치니, 물고기와 자라들이 떠올라 와서 다리를 이루어 [마침내] 주몽은 건널 수가 있었다. 얼마 안 되어 쫓는 군사가 강에 이르니 물고기와 자라로 이루어진 다리가 곧 허물어져 위에 있던 군사들이 모두 빠져 죽었다.

주몽이 이별할 때 차마 떠나지 못하니 어머니가 말하기를, "너는 이어미 때문에 걱정하지 말라." 하고는 오곡의 종자를 싸주었다. 주몽은 생이별하는 데 마음이 애절하여 보리 종자를 잊어버리고 왔다. 주몽이 큰 나무 밑에서 쉬고 있는데, 비둘기 한 쌍이 날아왔다. 주몽이 "이것은 반드시 신모(神母)께서 보리 종자를 보내신 것이리라." 하고는 활을 쏘아 한 화살에 모두 떨어뜨려 목구멍을 벌려 보리 종자를 얻고 나서 물을 뿜으니 비둘기가 다시 살아서 날아갔다.

(형세 좋은 땅에 왕도를 세우니)

왕은 스스로 띠자리 위에 앉아 대략 임금과 신하의 위치를 정하였다.


이 글은 큰 구성에서 광개토대왕릉비와 모두루묘지에 실린 건국 신화와 일맥상통한다. 즉 부계로는 하늘과 모계로는 물의 신 하백과 연결된 시조가 알에서 태어나 부여를 탈출하여 고구려를 건국했다는 내용이다. 그러나 광개토대왕릉비와 모두루묘지에서는 주몽의 탄생지를 북부여라 한데 반하여 〈동명왕편〉에서는 동부여라고 하였다. 뿐만 아니라 가장 큰 차이는 주몽의 아버지를 해모수라 하고, 해모수와 유화의 만남과 주몽의 출생 과정이 상세하게 전개되고 있다는 점이다.

5세기 고구려 사람들이 직접 기록한 건국 신화에는 주몽의 아버지 해모수가 보이지 않는데, 그 이유는 아마도 두 기록이 작성된 5세기 중반까지만 해도 이러한 인식이 없었기 때문이다. 신화는 완성된 형태로 전해지는 것이 아니라 시대가 흘러가면서 필요에 의해 덧붙여진다는 점을 감안한다면 그리 특별한 일도 아니다. 그러면 주몽의 아버지가 해모수라는 인식은 언제 건국 신화에 덧붙여졌을까?

여기서 주목해야 할 것은 시조의 아버지가 해모수로 기술되면서 고구려 시조에 대한 인식도 변화하고 있다는 것이다. 광개토대왕릉비나 모두루묘지에서 주몽은 천제지자, 황천지자, 일월지자로 표현되었는데, 이제는 천제지손, 천손으로 표현이 바뀌고 있다. 고구려의 시조 신화가 전승되는 동안 천제와 시조 사이에 해모수란 존재가 끼어들면서 시조가 천제의 손자로 바뀌게 되었다. 그렇다면 그 시점은 언제일까?

광개토대왕 이후 고구려 정치사 중에서 가장 주목할 만한 사건은 494년 부여의 멸망이다. 《삼국사기》 〈고구려본기〉 '문자명왕 3년 2월조'에는 부여 왕이 처자를 데리고 와서 나라를 바치고 항복했다는 기사가 실려 있다. 이 기사는 농안 지역에서 고구려의 세력하에 명맥을 유지하던 부여가 새로 홍기하는 물길의 공격을 견디지 못하고 마침내 494년, 고구려에 투항했음을 전하는 내용이다.

부여는 시조 주몽이 태어난 나라로, 주몽은 부여 왕자들의 핍박을 피해 남쪽으로 내려와 나라를 세웠다. 그리고 대무신왕은 왕위에 오른 지 3년째인 서기 20년에 시조묘를 세웠는데, 그 이름이 부여의 시조인 동명과 같은 이름인 동명왕묘였다. 시조 주몽의 시호를 동명왕으로 하여 동명왕묘라 불린 것이다. 그 후 신대왕, 고국천왕, 동천왕을 비롯한 여러 왕들은 졸본에 가서 시조묘에 제사를 지내곤 하였다. 그만큼 부여는 고구려에게 있어서 뿌리와 같은 존재였다. 그런 부여가 고구려에 항복했다는 사실은 고구려 왕실에게는 엄청난 사건이 아닐 수 없었다.

하지만 부여의 왕실이 항복했다고 해서 부여의 신하와 백성들도 기꺼이 고구려의 백성이 되려 했다고는 볼 수 없다. 그러므로 고구려는 부여 세력을 완전히 고구려 백성으로 만드는 일에 온 힘을 기울였을 것이다. 그러한 노력의 일환으로 부여족의 반발을 최소화하고자 고구려 건국 신화에 부여족의 시조 전승을 끌어들여 부여와 고구려 왕실이 원래 한 핏줄이었음을 강조한 것으로 추측된다. 그 결과 원래 천제-주몽으로 이어지는 왕실의 계보가 천제-해모수-주몽으로 변화하였던 것이다.

이와 같은 추측은 《삼국유사》 '북부여조'에 해모수를 북부여의 시조로 언급하고 있으며 또 같은 책의 '고구려조'에 해모수를 고구려의 시조 주몽의 아버지로 서술하고 있는 데서도 엿볼 수 있다.

# 햇빛에 감응 받아 태어나는
# 신이한 출생

〈동명왕편〉에 의하면 주몽은 하늘신의 아들 해모수와 물의 신 하백의 딸 유화 사이에서 태어난 신성한 핏줄이지만, 그의 잉태 과정에는 여러 가지 어려움이 있었다. 유화와 결혼한 해모수는 신부를 놔둔 채 혼자 하늘로 돌아가 버리고 말았다. 이 사실을 안 하백은 유화를 내쫓았고, 유화는 하는 수 없이 우발수 가에서 어부가 잡은 물고기를 먹으며 살다가 금와왕에게 잡혀 별실에 갇히는 신세가 되었다. 이때 햇빛이 유화의 방을 찾아와 비추었다. 유화는 햇빛을 피하였으나 햇빛은 유화를 쫓아다니며 비추더니 마침내 아이를 갖기에 이르렀다. 햇빛의 존재가 무엇인지는 밝혀져 있지 않으나 나중에 주몽이 부여를 탈출하다가 엄리대수에 이르러 '나는 천제의 손자'라고 밝히는 것으로 보아 해모수임을 유추할 수 있다.

해모수가 사람의 모습이 아닌 햇빛의 형태로 유화를 찾은 점은 큰 의미가 있다. 햇빛은 이미 단군 신화에서 나타나는데, 이때의 햇빛은 피하기 위한 대상이었다. 인간이 되기를 결심한 곰은 동굴에서 은둔한 채 햇빛을 보지 않고 오로지 마늘과 쑥만으로 생활한다. 이러한 금기의 과정을 거치고 나서야 곰은 사람이 되었다. 반면 주몽 신화에서 햇빛은 새로운 잉태의 모티프이다. 유화는 처음에는 햇빛을 피했지만, 햇빛은 유화를 집요하게 쫓아다니고 결국 유화는 아이를 갖게 되었다. 이 햇빛의 정체는 해모수로, 해모수는 해 모습을 한 태양신의 성격을 갖는 존재로 추측된다. 그러므로 햇빛으로 잉태하여 태어난 해모수 곧 태양신의 아들 주몽은 동쪽에서 새로 솟아오르는 아침 해나 다름없다.

주몽을 두고 동명(東明)이라 하는 까닭도 해 모습을 한 태양신의 아들은 동쪽 하늘에 떠오르는 여명이나 다름없기 때문이다. 해모수와 동명은 모두 태양신을 표방하는 상징성을 지닌 이름이다. 그러므로 태양신의 정통성은 해모수에서 동명성왕 주몽으로 이어지는 셈이다.✦임재해, 위의 책, 119쪽

햇빛의 감응을 받아 아이를 잉태한 유화는 산고를 겪고 출산을 하는데, 사람이 아닌 알이었다. 햇빛의 감응을 받고 임신이 된 것도 기이한 일인데, 태생이 아닌 난생이다. 이렇게 신이한 출생의 비밀을 간직한 주몽에게 시련은 이미 예정된 것이나 마찬가지였다. 영웅이나 신화의 주인공은 대부분 어릴 때 부모에게 버려지는 시련의 과정을 거친다. 하지만 새나 짐승에게 보호를 받아 생명을 보전하고 위대한 인물로 성장한다는 공통점이 있다.

주몽의 경우도 닷 되 크기의 알로 태어나서 불길하다 하여 마구간에

버려졌지만 말들이 밟지를 않았고, 깊은 산속에 버려졌으나 동물들이 지켜 주어 무사할 수 있었다. 이에 왕은 직접 알을 깨뜨리려 했으나 그마저도 뜻대로 되지 않자 어쩔 수 없이 어머니에게 돌려주었다. 어머니는 알을 싸서 따뜻한 곳에 놓아두었다. 얼마 후 사내아이가 태어났는데, 그 모습이 얼마나 특별하던지《삼국유사》에서는 '한 아이가 껍질을 깨고 나왔는데, 그 골격과 외양이 영특하고 기이하였다'라고 기록하고 있다.

# 비범했던
# 주몽의 어린 시절

　주몽은 신이한 출생만큼이나 비범한 실력을 갖춘 능력자였다. 낳은 지 한 달도 안 되어 말을 정확히 할 줄 알았으며 활 쏘는 능력이 뛰어났다. 활쏘기를 배운 적이 없는데도 활을 잘 쏘아 주몽이라 불렸다. 주몽이란 부여에서 활을 잘 쏘는 사람을 뜻하는 말이라 한다. 부여의 동명 신화에서 동명은 활을 잘 쏘아 동명이라 불렸다는 것과 같은 맥락이다.

　알에서 태어났다가 버려졌다는 요소와 활을 잘 쏘았다는 주몽의 이야기는 지금의 중국 하남성 동부와 안휘성, 강소성 북부 지역에 자리 잡았던 서국 언왕의 출생 설화를 연상시킨다. 《박물지》에는 서언왕의 다음과 같은 출생 설화가 실려 있다.

　서(徐)나라 임금의 궁녀가 임신하여 알을 낳으니 상서롭지 못하다고 생각하여 물가에 갖다 버렸다. 고독해진 어미에게는 곡창이라는 개

가 있었는데, 버려진 알이 있는 곳에 가서 물어다가 어미에게 돌려
주었다. 어미가 덮어서 따뜻하게 하여 주니 드디어 어린아이가 되
었다. 태어나면서부터 뼈가 없었으므로 언(偃)이라 이름 지었다. 궁
중 사람들이 이 소식을 듣고 다시 거두어 기르니, 자라서 서나라 임
금의 뒤를 이었다.

_《박물지》

　서언왕의 출생 설화는 궁녀가 임신하여 알을 낳았다는 내용, 버려졌
으나 짐승이 보살펴 주었고 나중에 어미에게 돌아가 따뜻하게 덮어 주니
아이가 태어났다는 내용 등이 모두 고구려 건국 신화와 비슷하다.

　《박물지》의 기록에 의하면, 서언왕은 주나라 봉건 왕조가 다스리고
있던 기원전 1천 년 무렵 태어나 서융과 회이의 땅에서 서국이라는 왕국
을 건설하였다. 서언왕은 안휘성 사현을 도읍으로 정하였으나 처음에
땅은 500리요, 주민은 고작 1만 호 정도밖에 안 되는 작은 나라였다. 인
자한 왕으로 소문이 자자했던 서언왕은 배를 타고 상국에 가기 위해 진
과 채 사이에 운하를 뚫다가 붉은 활과 화살을 얻었다. 이는 하늘의 상서
로움을 얻은 것이라 하여 이때부터 활을 이름으로 삼아 자칭 언왕이라고
하였다. 한자에서 언은 '활처럼 굽다'라는 뜻이 있다. 서언왕의 이름이 널
리 알려지자 양자강과 회수 근처의 제후들이 복종하였는데, 모두 36개국
이었다.

　서언왕 당시 주나라는 목왕(穆王)이 다스리고 있었다. 언왕은 구이 족속
을 거느리고 주 왕실을 공격하였다. 당시 주의 목왕은 주색에 빠져 인심

을 잃고 있는데다가 멀리 바빌론의 여왕에게 조공하러 가서 돌아오지 않고 있었다. 언왕이 주나라 왕실을 공격했다는 소식을 들은 목왕은 서언왕에게 섬서 동쪽의 제후를 다스리게 하였고, 섬서 서쪽의 제후는 직접 다스렸다. 이렇게 해서 주나라는 양분되었고 그 한쪽은 서언왕이 차지하였다. 뒷날 주목왕은 초(楚)나라의 힘을 빌어 서언왕을 공격하였는데, 이 싸움에서 패한 서언왕은 세력을 잃고 도읍을 옮겨 간신히 세력을 유지했다고 전해진다. 이후 서국(徐國)은 국력이 약해졌지만 춘추 시대까지 명맥을 유지했던 것으로 보인다.

서언왕이 하늘의 상서로움에 힘입어 붉은 활과 화살을 얻었다는 내용이나 활을 이름으로 삼아 자칭 언왕이라고 했다는 내용은 주몽이 활을 잘 쏘아 주몽이라 불렸다는 내용과 일맥상통한다. 또 부여의 동명도 활을 잘 쏘았기 때문에 동명이라 불렸다. 본래 활을 잘 쏘는 능력은 동이족의 대표적인 전투 능력에 해당하였다. 활은 적은 인원으로 직접 맞닥뜨리지 않은 채 먼 거리에서 많은 수의 적을 격파할 수 있는 유용한 무기였다. 특히 활을 잘 쏘면 사냥을 나가 먹을거리를 구해 오는 데도 큰 이점이 있다. 그래서 고구려에서는 3월 3일이 되면 낙랑의 언덕에서 사냥 대회를 개최하였다. 이때는 말을 타고 활을 쏘며 짐승을 잡았는데, 이는 단순한 사냥 대회가 아니라 군사를 훈련시키기 위한 목적도 있었다.

신화 구조의 상징체계에 의하면 태양과 활은 동일한 이미지를 가지고 있다. 여기서 주몽의 태양신적 성격을 엿볼 수 있다. 태양은 빛살을 방사하는 본원체이며 활은 화살을 방사하는 본원체이다. 또한 빛살과 화살은 모두가 힘을 상징하므로 태양과 활은 힘의 본원체로서 동일한 이미지

**무용총 수렵도** 중국 길림성 집안현 통구에 있는 무용총 고분 안칸 왼쪽에는 수렵도가 그려져 있다. 말을 달리며 사슴과 호랑이를 향해 활을 겨누는 역동적인 고구려 무사의 모습을 볼 수 있다.

를 지닌다.✝장지훈, 〈건국 신화에 대한 일고찰〉 《부산사학》 19, 부산사학회, 1990, 16쪽 그렇기 때문에 서언왕이나 주몽 신화처럼 활을 잘 쏘는 능력은 한 나라의 왕이 되는 데 결정적인 역할을 하였다.

주몽은 활을 잘 쏘았는데, 이는 금와왕의 아들들과 비교해 볼 때 무척 대조되는 능력이었다. 이런 특출한 능력을 지닌 주몽이었지만 아버지가 없었기 때문에 박해를 받았다. 특히 금와왕의 일곱 왕자로부터 시기와 핍박을 받곤 하였다. 주몽은 일곱 왕자와 함께 사냥을 다니기도 하였다. 한번은 왕자들과 40여 명의 종자와 함께 사냥을 갔는데 왕자 일행이 사슴 한 마리를 잡는 동안 주몽은 혼자서 여러 마리를 잡았다. 주몽의 재주를 시기한 왕자들은 잡은 사슴을 빼앗고는 주몽을 나무에 묶어 놓고 가 버렸다. 이에 주몽은 묶인 나무를 뽑아서 가지고 돌아왔다.

주몽의 사냥 솜씨를 두려워한 왕자들은 주몽을 죽이기로 마음을 굳혔다. 그로부터 멀지 않은 어느 날 맏아들 대소는 금와왕에게 가서 주몽을 죽이지 않으면 후환이 있을 거라고 설득하였다. 왕위에 뜻을 두고 있는 맏아들 대소는 능력이 뛰어난 주몽이 못내 마음에 걸렸다. 그러나 금와왕은 대소의 충동에 쉽게 동조하지 않고 주몽에게 말을 먹이는 일을 시키면서 그를 시험하였다. 말은 수렵을 중시하는 사회에서 없어서는 안될 중요한 교통수단이었으며, 전쟁을 치를 때에도 유용한 도구였다. 그러므로 말의 생리를 알고 잘 돌보는 일은 전사에게 무엇보다 큰 자산이었다. 이렇게 보면 언뜻 험하고 하찮은 일로 보이는 말 돌보는 일을 시킨 금와왕의 의중을 한 번쯤 생각해 볼 일이다.

주몽과 유화부인도 이 기회를 헛되이 버리지는 않았다. 주몽은 더 이상 부여에 살다가는 왕자들의 시기와 모함으로 큰일을 당할 수도 있다고 느꼈다. 주몽은 어느 날 어머니에게 자신의 속마음을 털어놓았다. 남쪽으로 내려가서 나라를 세우고 싶지만 어머니가 계시니 선뜻 결정을 내리지 못하겠다고 하였다. 이에 유화부인도 밤낮으로 이 문제를 고민하고 있었음을 말하며, 좋은 말을 골라 주고는 먼 길 떠날 때 타고 가라는 당부를 잊지 않았다. 주몽은 훌륭한 말의 혀 밑에 바늘을 꽂아 풀과 물을 먹지 못하도록 하였다. 그리고 다른 말들은 잘 먹여 살지게 길렀다. 목마장을 시찰하러 온 왕은 살진 말들을 보고는 크게 기뻐하며 그중에서 야윈 말을 골라 주몽에게 주었다. 주몽은 바늘을 빼내 말이 잘 먹도록 하여 살찌게 만들었다. 그러고는 한편으로 몰래 오이, 마리, 협보 등 세 사람을 포섭하는 등 구체적인 계획을 마련하였다.

# 부여를 탈출하여 나라를 세운 주몽

새 왕조를 세우겠다는 야심찬 계획을 가슴에 품은 주몽은 준비해 둔 말을 타고 오이, 마리, 협보와 함께 남쪽으로 길을 떠났다. 계획 단계부터 참여했던 이들은 끝까지 주몽과 함께 하여 주몽이 나라를 세우고 기반을 잡는 데 톡톡히 한몫을 했다. 그러나 주몽이 부여를 벗어나는 과정은 그리 순탄치 않았다. 그가 엄리대수에 이르렀을 때 앞은 강물로 가로막히고 뒤에서는 부여 병사들이 쫓아오고 있었다. 절박한 순간, 주몽은 강물을 보며 말하였다.

"나는 태양의 아들이요, 하백의 외손이다. 오늘 도망 길에 추격하는 병사가 바짝 쫓아오니 어떻게 하면 건널 수 있겠는가?"

그러자 물고기와 자라가 다리를 놓아 주어 무사히 건널 수 있었다. 이로써 주몽이 태양의 아들이요, 하백의 외손임이 증명되는 순간이었다. 추격하는 병사들도 다리를 건너려 하였으나 이내 물고기와 자라가 흩어져 다리가 사라지니 기병들은 건너지 못하였다. 이 부분의 내용이 〈동명왕편〉에서는 '채찍으로 하늘을 가리키며 활로 물을 치자 물고기와 자라가 다리를 이루었다'라고 되어 있다. 여기서 채찍과 활은 말을 빨리 달리게 하는 동시에 말 위에서 적을 떨어뜨리는 데 사용하는 최대의 무기이자 필수 장비이다. 일대 위기의 상황에서 주몽의 앞길을 열어 주는 데 사용된 물건이 채찍과 활이라는 것은 상당한 의미가 있다. 활을 잘 쏘고 말을 잘 달렸다는 것은 주몽 집단이 전투력에서 상당한 실력을 갖춘 무리였음을 나타낸다.

과연 신화의 기록대로 주몽은 오이, 마리, 협보 세 사람과 동행을 했을까? 이들 세 사람은 각각 자기 세력을 대표하는 우두머리로, 따르는 무리를 거느리고 있었을 것이다. 그러므로 주몽은 추종하는 무리들을 거느리고 남쪽으로 내려온 이주민 세력이었으며, 이주민 세력의 대표자이자 우두머리였다.

많은 무리들을 이끌고 무사히 부여를 벗어난 주몽 일행은 마침내 보술수에 이르렀다. 그는 이곳에서 우연히 세 사람을 만났다. 한 사람은 삼베옷을 입고 한 사람은 무명옷을 입었으며, 또 한 사람은 부들로 짠 옷을 입고 있었다. 이들 세 사람도 오이, 마리, 협보처럼 자기 세력을 거느리고 있는 무리의 우두머리였을 것이다. 주몽이 이들을 만났다는 것은 점점 그를 따르는 추종 세력이 많아졌음을 의미한다. 주몽은 부여에서 함께 온 무리와 보술수에서 만난 무리들과 함께 졸본천에 이르렀다. 그곳 토양이 기름지고 산하가 험하고 견고한 것을 보고 도읍으로 삼고자 하였으나 미처 궁실을 지을 겨를이 없었다. 왕은 스스로 띠자리 위에 앉아 대

**오녀산성** 중국 요녕성 환인현 오녀산에 있는 고구려 산성으로, 해발 200미터에 이르는 절벽을 그대로 이용하여 장벽을 만들고 동쪽과 남쪽의 산세가 완만한 곳에 성벽을 쌓았다. 성안에는 저수지 망대, 병영 등의 건물터가 남아 있다.

략 임금과 신하의 위치를 정한 후 나라를 세우고 고구려라 하였다.

주몽이 부여를 떠나 정착하여 도읍을 세웠다는 졸본은 지금의 중국 요녕성 환인 지방이다. 이곳에는 혼강과 그 지류를 따라 넓은 들판이 펼쳐져 있다. 주몽은 처음에는 궁궐을 지을 겨를이 없어 비류수 가에 초막을 짓고 살았다. 얼마 뒤 비류곡 서쪽 산 위에 흘승골성을 쌓아 도읍으로 삼았는데, 이곳은 지금의 중국 길림성 환인에 있는 오녀산성으로 짐작된다. 오녀산은 해발 820미터로 높이가 수십 미터에 이르는 절벽으로 둘러싸여 있다. 산꼭대기에는 길이 1킬로미터, 너비 300미터에 이르는 평지가 펼쳐져 있고 천지라는 샘물도 있어 사람이 살기에 부족함이 없다. 지금도 이곳에 가면 고구려 시대의 유적으로 짐작되는 병영 터, 비교적 큰 건물터, 창고로 쓰인 건물 터 등이 남아 있다.

# 주변 세력을 병합하면서
# 나라를 키운 능력자

〈동명왕편〉에는 주몽이 나라를 건국한 뒤 주변 세력을 병합하는 과정이 기록되어 있다. 이 내용은 다른 기록과 달리 그 당시의 상황을 자세하게 묘사하고 있어 사료적 가치가 높다.

(C) 비류왕(沸流王) 송양(松讓)이 사냥을 나왔다가 왕의 용모가 비상함을 보고 데려다가 같이 앉아서, "바다 한쪽에 치우쳐 있어 아직 군자를 만나보지 못하였는데, 오늘 우연히 만났으니 다행한 일이요. 그대는 어떤 사람이며 어디서 오셨소?"라고 물었다.
그러자 왕이 말하기를, "과인은 천제의 손자이며 서쪽 나라의 왕입니다. 감히 묻습니다만 군왕은 누구의 후손인지요?"라고 하였다. 송양이 "나는 선인(仙人)의 후예로서 여러 대에 걸쳐 왕 노릇 하고 있소. 지금 이 지방은 몹시 좁아 두 임금이 갈라서 차지할 수가 없는데, 그대는 건국한 지 얼마 안 되었으니, 우리의 부용국(附庸國)이 되는 것이 좋지 않겠소?"라고 하였다.

다시 왕이 말하기를 "과인은 하늘을 이은 자손이고, 지금 왕은 신의 자손도 아니면서 억지로 왕이라 일컬으니, 만약 나에게 복종치 않으면 하늘이 반드시 그대를 벌할 것이오."라고 했다. 송양은 왕이 몇 번이고 천제의 손자라 지칭하는 것을 듣고, 속으로 의심을 품고 그의 재주를 시험해 보고자 했다. 그래서 말하기를 "왕과 더불어 활을 쏘아 보고 싶소이다." 하고는, 사슴을 그려 100보 밖에 놓아두고 쏘았지만, 화살이 사슴의 배꼽을 맞추지 못했으면서도 힘에 겨워하였다. 왕은 사람을 시켜 옥가락지를 백보 밖에 걸어놓게 하고는 쏘니, 기왓장 부서지듯 깨지므로 송양이 크게 놀랐다.

왕이 말하기를, "국가의 기업이 새로 창조되었기 때문에 아직 고각(鼓角)의 위의(威儀)가 없어서 비류의 사자가 왕래할 때, 우리들은 왕의 예로써 영송(迎送)을 할 도리가 없으니, 우리를 업신여기는 구실이 되겠다."라고 하였다. 종신 부분노(扶芬奴)가 나아가서 말하기를, "신이 대왕을 위하여 비류국의 고각을 취해 오겠습니다."라고 하였다. 왕이 "다른 나라의 감추어둔 물건을 네가 어떻게 가져오겠느냐?"라고 하니, 대답하여 말하기를 "이것은 하늘이 내린 물건이니, 어찌 가져오지 못하겠습니까? 대체로 대왕님이 부여에서 곤경에 처했을 때 누가 이곳에 이르리라고 생각을 했겠습니까? 지금 대왕님이 여러 번 죽을 위태한 땅에서 몸을 피해 나와 요좌(遼左)에서 이름을 날리게 된 것은 천제의 명으로 그렇게 된 것이오니 무슨 일인들 이루지 못하겠습니까?" 하였다. 이에 부분노 등 세 사람이 비류국에 가서 북을 가지고 돌아왔다. 비류국 왕이 사자를 보내어 [그 사실을] 알렸다.

왕이 비류에서 와서 고각을 볼까봐 두려워하여 오래된 것처럼 색칠을 검게 하였더니, 송양이 감히 다투지 못하고 돌아갔다.

송양이 도읍을 세운 시기의 선후를 따져 부용국을 정하려 했다. 왕이 궁실을 만드는데 썩은 나무로 기둥을 세워 천 년이나 묵은 듯이 해두었다. 송양이 와서 보고는 마침내 감히 도읍의 선후를 따지지 못하였다.

서쪽으로 순행을 하다가 흰 사슴을 잡아 해원(蟹原)에 거꾸로 매달아 놓고 저주하기를, "하늘이 만약 비를 내려 비류국의 왕도를 물바다로 하지 않는다면 나는 참말로 너를 놓아주지 않겠다. 이 고난을 면하려거든 네가 하늘에 호소하여라."라고 하였다. 그 사슴이 슬피 우는 소리가 하늘에 사무치니 소나기가 이레 동안 퍼부어 송양의 도읍이 물바다가 되었다. 왕이 갈대 밧줄로 강을 가로질러 놓고, 압마(鴨馬)를 타고 있으니 백성은 모두가 그 줄을 붙들었다. 주몽이 채찍으로 물에 금을 그으니 물이 곧 줄어들었다. 6월에 송양이 온 나라 백성들을 이끌고 항복했다.

7월에 골령에 검은 구름이 피어올라 그 산이 보이지 않게 되었고 단지 수천 사람이 토목공사를 하는 듯한 소리만 들렸다. 왕이 말하기를 "하늘이 나를 위하여 성을 쌓는 것이다."라고 하였다. 7일 만에 운무가 걷히니, 성곽, 궁실, 루대가 저절로 이루어져 있었다, 왕이 왕전에게 절을 하고 들어가 살았다.

(왕위에 있은 지 십구 년 만에, 하늘에 오르고 내려오지 않네)

가을 9월에 왕이 하늘에 오르고 내려오지 않았는데 이때 나이 40세였다. 태자가 왕이 남긴 옥 채찍으로 대신 용산(龍山)에 장사 지냈다.

《삼국사기》에는 주몽과 송양이 만나게 된 사연이 좀 더 자세히 실려 있다. 주몽이 나라를 세운 지 얼마 안 되었을 때, 왕은 비류수 가운데로 채소 잎이 떠내려 오는 것을 보고 상류에 사람이 살고 있음을 알았다. 그리하여 주몽은 사냥을 하며 상류로 거슬러 올라가 마침내 비류국에 이르렀다. 위에 인용한 (C)를 보면 주몽과 비류왕은 만나자마자 서로 범상치 않음을 느끼고 상대방을 알고 싶어 하였다. 이때 주몽은 "천제의 손자이며 서쪽 나라의 왕입니다."라고 답하였고, 송양은 "선인의 후예로서 여러 대에 걸쳐 왕 노릇을 하고 있소."라고 자신의 조상을 미화하였다. 서로 굽힐 뜻이 없자 두 사람은 활쏘기로 내기를 하여 우열을 가렸다. 송양은 사슴을 그려 100보 밖에 놓아두고 쏘았지만, 화살이 사슴의 배꼽을 맞추지 못했으면서도 힘에 겨워하였다. 이에 주몽은 사람을 시켜 옥가락지를 100보 밖에 걸어 놓게 하고 활을 쏘니, 옥가락지가 마치 기왓장 부서지는 것처럼 깨지므로 송양이 크게 놀랐다. 결국 하늘의 자손으로 혈통에서 신성성이 우세한 주몽이 선인의 자손으로 혈통이 뒤지는 송양을 제압하고 비류국을 병합하였다.

이 밖에도 고구려가 세워질 당시 고구려 주위에는 여러 소국들이 있었다. 주몽은 행인국을 쳐서 병합하였으며 또 대무신왕 대에는 개마국과 구다국, 태조왕 대에는 갈사국과 조나, 주나를 병합하여 영토를 넓혔다. 소국들은 비류국처럼 모두 각각의 시조 전승을 가지고 있었다. 소국의 지배자들은 정치적인 회맹을 가질 때 자신의 시조에 대한 소개내지 과시를 통해 자신의 지배력을 더욱 공고히 하였다. 결국 시조 신화는 정치권력의 정당성을 뒷받침하는 데 없어서는 안 될 요소였다.

고구려는 소국들을 다스릴 정치권력의 정당성과 합법성을 시조 혈통의 신성성에서 찾아야만 했다. 그리하여 소국들의 시조 전승보다 더욱 신성한 시조 전승이 필요했다. 결국 시조왕이 부계로는 하늘과 연결되며 모계로는 하백과 연결되는 혈통의 소유자임을 부각시키는 데 성공하였다.

그러나 수많은 소국들을 병합시켰음에도《삼국사기》나〈동명왕편〉에 비류국 송양의 일화가 기록된 것은 다른 세력에 비해 송양 세력이 강했기 때문이다. 주몽은 송양이 투항한 이후 다물도주로 삼았는데, 이는 송양을 하나의 제후로 인정한 사례로 송양이 결코 만만찮은 세력이었음을 암시한다.

# 동명 신화를 차용하여 만든
# 주몽 신화

　고구려 건국을 말해 주는 주몽 신화는 부여의 동명 신화와 아주 비슷하다. 우선 한 여인이 커다란 기운을 하늘로부터 받은 후에 아이를 가지게 되었다. 그 아이는 불길하다 하여 돼지우리와 마구간에 버려졌지만, 동물들은 아이를 잘 보살펴 주었다. 이에 왕은 아이가 하늘의 자식일지도 모른다고 생각하고는 데려다 길렀다. 동명과 주몽은 모두 소와 말을 돌보는 일을 하면서 어린 시절을 보냈다. 게다가 활 솜씨가 매우 뛰어나 나라 사람들에게 인정을 받았다. 두 사람은 모두 어른이 된 뒤 왕위를 빼앗길까 두려워하는 사람들에게 쫓겨 남쪽으로 도망을 했다. 물고기와 자라의 도움을 받아 큰 강을 무사히 건넌 두 사람은 새로운 땅에 도착하여 각각 부여와 고구려를 세웠다.

　이와 같이 주몽 신화는 거의 모든 구조가 동명 신화와 비슷하다. 다만 주몽 신화는 유화부인이 알을 낳고 그 알에서 주몽이 탄생하는 구조인데 비해, 동명 신화는 시녀가 곧바로 사내아이를 낳는 것이 차이가 있다.

동명 신화와 주몽 신화의 구조가 같다는 이유로 처음 연구자들은 동명 신화가 부여의 신화가 아닌 고구려의 건국 신화일 것으로 생각하였다. 이는 탁리(橐離) 또는 고리(橐離)의 글자 모양이 고구려(高句麗) 또는 구려(句麗)와 비슷하다는 점과 《삼국사기》〈고구려본기〉에 '시조 동명성왕은 성이 고씨이고 이름이 주몽이다'라고 한 기록을 토대로 하였다. 또한 국내 문헌인 《삼국사기》나 《삼국유사》에는 부여의 건국 신화로 동명 신화가 전해지지 않고 오로지 해모수 신화와 해부루 신화, 동부여의 금와 신화만이 전해지고 있어 오해를 더욱 부추겼다.

하지만 동명 신화와 주몽 신화는 내용 면에서 많은 차이가 있다. 먼저 동명 신화에서 동명의 탄생 과정은 햇빛에 감정되어 출생하는 몽골, 만주에 널리 퍼져 있는 감정형 신화의 요소만 있는데 비해, 주몽 신화에는 일광 감정 요소에 난생 요소가 복합되어 있다. 즉 천손하강 신화와 난생 신화가 결합된 형태이다. 아마도 〈동명왕편〉에 보이는 주몽 신화는 동명 신화를 차용한 뒤 앞부분에 해모수 신화와 해부루 신화를 붙이고 뒷부분에 유리 신화를 덧붙여 완성된 것으로 생각된다.

이와 같이 부여의 동명 신화와 고구려의 주몽 신화의 줄거리가 비슷한 이유는 고구려의 시조 주몽이 부여에서 이주했기 때문이다. 고구려 사람들은 주몽이 고구려를 세운 정당한 이유를 부여의 신화에서 찾았다. 그래서 부여의 신화를 본보기로 삼아 고구려 신화를 만들었다.

《삼국사기》에 의하면 주몽은 동명성왕으로 불리기도 하였다. 그리고 시조인 주몽에게 제사를 지내는 시조묘의 명칭도 바로 동명묘였다. 중국 측 문헌인 《삼국지》〈위서〉 '동이전 고구려조'에는 '동이의 옛 말에 의하면 [고구려는] 부여의 별종이라 했는데, 말이나 풍속 따위는 부여와 같은 점이 많았으나, 그들의 기질이나 의복은 다름이 있었다'라고 쓰고 있다. 《구당서》, 《신당서》, 《후한서》를 보아도 고구려는 부여의 별종이라고 기록되어 있다. 고구려가 부여의 별종이라는 것은 두 나라가 같은 종족이라는 의미이다. 부여와 고구려의 주민들은 예 또는 맥으로 불리는 같은 종족이기 때문에 건국 신화도 비슷한 내용으로 이루어졌다.

# 왜 고구려는 북부여와의
# 계승성을 강조하는가

《삼국사기》나 《삼국유사》에 의하면 고구려의 시조 주몽은 동부여의
금와왕의 별궁에서 태어나 부여 왕자들과 함께 자랐다. 《삼국사기》와
《삼국유사》의 기록을 토대로 할 때 고구려는 동부여를 계승했다고 해야
마땅하다. 그러나 광개토대왕릉비나 모두루묘지 등 고구려 당대에 새겨
진 금석문에 의하면 고구려 사람들은 동부여가 아닌 북부여를 계승했다
고 전하고 있다. 광개토대왕릉비는 여러 자료들 가운데 그 시기가 가장
이르다는 점뿐 아니라 고구려 사람들이 썼다는 점에서 고구려의 기원 문
제를 다룬 가장 신빙성 있는 자료이다. 특히 고구려의 건국 전설 중 적어
도 고구려의 기원에 대해서 만큼은 고구려 왕실에서 정확히 알고 있었
다고 여겨지기 때문에 능비의 서술은 믿을 수 있다. 비문에는 '옛적 시조
추모왕이 나라를 세웠는데, [왕은] 북부여에서 태어났으며 천제의 아들
이었고 어머니는 하백의 따님이었다'라고 하였다. 이 능비에 의하면 주

몽은 북부여에서 태어나 엄리대수를 건너 남쪽으로 내려와 졸본 지역에 나라를 세우고 고구려라 하였다.

그런데《삼국사기》에 의하면 주몽의 어머니 유화부인은 주몽이 고구려를 건국한 뒤에도 여전히 동부여에서 살다가 기원전 24년에 그곳에서 임종을 맞았다. 이에 금와왕은 태후의 예로써 장사 지내고 마침내 신묘를 세웠다 한다. 신묘는 태후묘라고도 불렸는데, 고구려 왕들은 그곳에까지 가서 제사를 지냈다고 전해진다. 예를 들어 태조왕은 121년(즉위 69) 겨울 10월에 부여로 행차하여 태후묘에 제사 지내고 곤궁한 처지에 있는 백성들을 위문하고 물건을 차등 있게 내려 주었다는 기사가 보인다.

그럼 동부여는 고구려와 어떤 관계에 있었을까? 광개토대왕릉비에 의하면 동부여는 이미 주몽 때부터 고구려의 속민이었다고 한다. 비문에 의하면 광개토대왕이 영락 20년(410) 동부여를 정벌하였는데, '동부여는 옛날 추모왕의 속민이었는데, 중년에 배반하여 조공을 바치지 않게 되었다. 왕이 친히 군대를 이끌고 가 토벌하였다. 고구려군이 여성(동부여의 왕성)에 이르자, 동부여는 온 나라가 놀라 두려워하여 …… [투항하였다] 왕의 은덕이 동부여의 모든 곳에 두루 미치게 되었다'라고 쓰고 있다. 이 기사대로라면 동부여는 주몽 때 고구려의 속민이었다가 중간 어느 왕 때에 고구려의 예속에서 벗어난 것으로 보인다. 그러다가 비로소 광개토대왕의 정벌로 고구려에 편입된 것이다.

동부여는 해부루에서 금와, 금와의 아들 대소로 왕위가 이어졌는데, 《삼국사기》에는 동부여에 대한 기록이 여러 번 보인다. 유리명왕 14년 봄 정월에 '부여 왕 대소가 사신을 보내 문안하고 볼모를 교환할 것을 청하였다. 왕은 부여가 강대한 것을 꺼려하여 태자 도절을 볼모로 삼으려고 하였으나, 도절이 두려워서 가지 않았으므로 대소가 성을 냈다. 겨울 11월에 대소가 군사 5만으로 침략하였으나 큰 눈이 내려 사람들이 많이 얼어 죽었으므로 돌아갔다'라고 한다. 이 기사를 보면 대소왕 때 동부여는 국력이 강성하여 유리명왕이 두려워할 정도였다.

부여의 눈치를 보던 고구려는 대무신왕 대에 이르러 비로소 부여의 국력을 앞서게 되었다. 이는 대무신왕 3년 겨울 10월 기사에 상징적으로 드러난다. 부여 왕 대소가 사신을 파견하여 붉은 까마귀를 보내 왔는데 머리 하나에 몸이 둘이었다. 처음에 부여 사람이 이 까마귀를 얻어 왕에게 바쳤는데 어떤 사람이 말하기를, "까마귀는 [본래] 검은 것입니다. 지금 변해서 붉은 색이 되었고, 또 머리 하나에 몸이 둘이니, 두 나라를 아우를 징조입니다. 왕께서 고구려를 겸하여 차지할 것입니다."라고 하였다. 이에 대소가 기뻐서 그것을 고구려에 보내고 그 뜻도 함께 전하였다.

까마귀를 받은 대무신왕은 여러 신하들과 의논을 하였다. 그러자 어떤 사람이, "검은 것은 북방의 색인데 지금 변해서 남방의 색이 되었습니다. 또 붉은 까마귀는 상서로운 물건인데 [부예왕이 얻어서 가지지 않고 우리에게 보냈으니 양국의 존망은 아직 알 수 없습니다."라고 하였다. 이 말을 들은 대소는 화들짝 놀라 후회하였다 한다.

이 기사를 기점으로 고구려는 부여에 적극적인 공세를 펼쳐 대무신왕 5년 봄 2월에는 부여 왕을 전사시키는 큰 전과를 거두었다. 부여는 왕이 전사하는 국난을 당하여 큰 혼란에 휩싸였지만, 이후에도 계속 중국 역사서에 등장하였다. 이로 보아 어려움을 잘 수습하고 국력을 재정비했던 것 같다. 그리하여 121년, 태조왕이 현도성을 포위했을 때에도 부여 왕은 군사 2만 명을 보내 한나라와 연합 적전을 펼쳐 고구려 군대를 물리쳤다. 비록 힘이 강하지는 않았지만 왕조의 명맥을 유지하고 있던 동부여는 광개토대왕의 원정으로 마침내 고구려에 복속되었다.

광개토대왕릉비에 북부여와 동부여가 동시에 나타남으로써 학자들은 두 부여가 같은 부여를 가리키는지 아니면 다른 정치체인지 궁금증을 가지게 되었다. 왜냐하면 《삼국사기》와 《삼국유사》에는 동부여나 그것을 생략한 듯한 명칭인 부여 이외에 북부여라는 국명은 나타나지 않기 때문이다. 반면 중국 사서인 《위서》〈열전〉 '고구려전'과 그것을 이은 《주서》 및 《수서》〈열전〉 '고구려전'에는 동부여에 대한 언급이 없고 다만 주몽이 부여에서 태어났다고 기술하고 있다.

그로 인해 북부여와 동부여, 부여에 대한 다양한 견해들이 제기되었다. 혹자는 부여란 정치체는 하나였지만 고구려의 입장에서 동서남북 네 방위에 따라 북쪽의 부여를 북부여, 동쪽의 부여를 동부여로 불렀다고도 주장하였다. 하지만 이러한 논쟁을 잠재울 만큼 명쾌한 결론을 도출하기는 쉽지 않은 듯하다.

광개토대왕릉비에서 주몽의 출자를 북부여로 명확하게 기록해 놓은 데는 그만한 이유가 있을 것이다. 비문에 의하면, 고구려는 4세기 중엽 이후 송화강 유역에 진출함으로써 왕실의 고향인 북부여를 직접 장악하였다. 광개토대왕은 이곳에 모두루를 파견하였는데, 그 이유는 모두루 가문이 북부여와 어떤 연관성을 가지고 있었기 때문일 것이다. 모두루 조상은 주몽이 부여를 탈출할 때 따라 나온 사람으로 고구려를 건국할 때도 고락을 함께 했던 공신이었다. 그러므로 공신 가문 출신인 모두루에게 조상의 고향 땅을 관리할 책임을 맡겼던 것으로 보인다. 이후 모두루는 북부여수사라는 직책을 띠고 북부여의 중심지인 눈강 유역 일대를 관리하는 지방관으로 복무하였다.

결국 부여는 광개토대왕 대에 이르러 모두 고구려의 영토에 편입되었고, 고구려는 부여족의 자긍심을 드러내는 쪽으로 건국 신화를 체계화했을 것으로 생각된다.

# 지모신이자 농업신으로
# 추앙받은 유화부인

고구려 건국 신화에서 시조모인 유화는 다른 어느 건국 신화보다 비중 있게 다루어진다. 〈동명왕편〉에 의하면, 유화부인은 주몽이 금와왕의 일곱 왕자들에게 핍박을 받자 멀리 떠나 큰일을 도모하라고 일러준다. 좋은 말도 직접 골라 주고 떠날 때는 보리 종자를 챙겨 주는 세심함까지 보인다. 주몽의 아버지인 해모수가 햇빛의 모습으로 유화를 찾아오는 등 소극적인 모습으로 일관한 것과는 달리 유화부인은 주몽의 성장과 건국에 큰 힘이 되었다. 이와 같은 현상은 고구려 건국 신화에 모계제 내지 여성 신화의 전통이 강하게 남아 있음을 뜻한다.

이러한 여성 신격의 주체적인 역할은 우리뿐만 아니라 만주나 일본, 아이누에서도 찾아볼 수 있다. 이들 지역은 대부분 모계 전통이 강하게 남아 있었던 곳으로 추정된다. 만주족의 건국 시조 신화인 포고리옹순을 살펴보자.

장백산 동쪽의 포고리산 아래에 포이호리라는 연못이 있었는데, 은고륜, 정고륜, 불고륜 세 천녀가 이곳에서 목욕을 하였다. 신작(神鵲)이 붉은 열매를 막내의 옷 위에 두자, 막내가 그것을 삼켰다가 임신하였다. 몸이 무거워지자 두 언니만 하늘로 올라가고, 막내는 얼마 뒤 사내아이를 낳았다. 아이는 나면서 말할 줄 알았는데, 어머니는 아이가 장성하자 그를 낳은 까닭을 말한 뒤 애신각라로 성을, 포고리옹순으로 이름을 지어 주었다. 또 명령하기를 "하늘이 난국을 안정시키라고 너를 내렸으니, 가서 그들을 다스리라."라고 하면서 배를 만들어 준 뒤, 하늘로 올라갔다. 포고리옹순은 배를 타고 물을 내려가 서로 다투는 세 성씨 족장들의 싸움을 중지시키고 패륵[왕]에 추대되었다.

만주족의 건국 설화에서 여인 셋이 연못에서 목욕을 한다는 내용은 하백의 딸 셋이 청하의 연못에서 노니는 장면과 비슷하다. 신작이 가져온 붉은 열매를 먹은 막내딸은 임신을 하여 사내아이를 낳았다. 어머니는 아이가 장성하자 "하늘이 난국을 안정시키라고 너를 내렸으니 가서 그들을 다스리라."라고 명령하고 아들에게 배를 만들어 준다. 이렇게 만주족의 건국 신화에서 시조의 어머니는 건국에 적극적으로 관여함으로써, 시조가 성장지를 떠나 다른 곳으로 가서 나라를 세우는 데 큰 역할을 한다.[+] 김지영, 〈주몽 신화를 통해 본 건국 신화 속의 건국 과정의 두 양상〉, 《한국문화연구》10, 이화여대 한국문화연구원, 2006, 281~282쪽

유화부인은 아들이 고구려를 세운 후에도 계속 동부여에서 살다가 동

명왕 14년(기원전 24) 8월에 죽은 것으로 기록되어 있다. 유화부인은 죽은 후에 고구려 사람들에게 신으로 대접받았다. 해마다 동맹이라는 축제 때 건국자인 추모왕(동명성왕)과 함께 부여신이란 이름으로 섬김을 받았다.

이 같은 내용은 《주서》〈이역열전〉'고(구)려조'에 잘 나와 있다. 이 기록에 의하면, '고구려는 불법을 경신(敬信)하면서도 음사를 더욱 좋아한다. 또 두 곳에 신을 모시는 사당이 있으니, 한 곳은 부여신(夫餘神)이라 하여 나무를 조각하여 부인의 형상을 만들고, 한 곳은 등고신(登高神)이라 하여 그들의 시조이며 부여신의 아들이라고 하였다. 모두 관사를 두고 관리를 파견하여 수호하는데, 아마 하백의 딸과 주몽인 듯하다'라고 하였다.

유화부인과 주몽은 고구려가 멸망하는 날까지 중요한 신으로 모셔졌다. 고구려 사람들은 곳곳에 부여신과 등고신을 모시는 사당을 세우고 나라의 안녕을 기원했다. 645년, 당나라가 요동성을 공격하여 점령했을 때 요동성 사람들이 적군을 물리쳐 달라고 주몽의 사당에 빌었다는 기록이 전해진다.

그러면 유화부인이 주몽과 함께 고구려의 중요 신으로 숭배받는 데에는 특별한 이유가 있었을까? 〈동명왕편〉을 보면 유화부인은 신모로서 농업신의 성격을 갖고 있었다.

주몽이 이별할 때 차마 떠나지 못하니 어머니가 말하기를, "너는 이 어미 때문에 걱정하지 말라." 하고 오곡의 종자를 싸 주어 보냈다. 주몽은 생이별하는 데 마음이 애절하여 보리 종자를 잊어버리고 왔다. 주몽이 큰 나무 밑에서 쉬고 있는데, 비둘기 한 쌍이 날아왔다.

주몽이 "이것은 반드시 신모(神母)께서 보리 종자를 보내신 것이리라." 하고는 활을 쏘아 한 화살에 모두 떨어뜨려 목구멍을 벌려 보리 종자를 얻고 나서 물을 뿜으니 비둘기가 다시 살아서 날아갔다.

주몽이 부여를 떠나올 때 어머니는 특별히 오곡의 종자를 싸 주어 그곳에 가서 씨앗을 뿌리고 터전을 닦는데 보탬이 되게 하였다. 그러나 주몽은 어머니를 남겨 두고 떠나오는 것이 못내 마음에 걸려 그것에만 신경을 쓰다가 그만 종자를 놓고 왔다. 주몽이 떠난 뒤 보리 종자가 그대로 있는 것을 본 유화부인이 비둘기를 시켜 주몽에게 가져다주었다는 내용이다.

이 글에서 유화부인은 신모로 불린다. 보리 종자를 비둘기에게 보낸다는 것은 신모가 다산을 상징하는 농업신, 곧 지모신임을 말해 준다. 고구려의 산업은 수렵과 농업이 함께 어우러지는 생산 체제였던 것으로 보인다. 그중에서도 농업은 알맞은 기후와 노동력이 갖추어지기만 한다면 많은 생산성을 기대할 수 있었다. 특히 물은 곡식을 키우는 데 있어서 절대적으로 필요한 요소였다. 그리하여 수신의 딸이자 건국의 시조 주몽의 어머니인 유화부인을 농업신으로 모셔 풍요를 기원했을 것이다.

여성이 지모신이자 농업신으로 추앙받았던 사례는 그리스나 근동 지역에서도 찾아볼 수 있다. 김철준의 연구에 의하면 이곳에서는 지모신이 증산과 비옥의 상징으로 농업신의 성격을 갖고 있었다고 한다. 그리스의 농업신은 말머리를 가진 여신인데, 그 주위에는 뱀이나 맹폭한 짐승으로 둘러싸여 있고, 한 손에는 돌고래, 다른 한 손에는 비둘기를 쥔 모습으로 표현되고 있다. 신에게 제례를 할 때에는 소맥과 대맥을 바친다고 한다. 이 신화의 원래 기원은 인도였는데, 그리스인에게 전래되어 재생산된 것이다. 여신과 비둘기가 등장하는 신화는 소맥과 대맥 농사의 전파와 관련이 있다. 서북인도가 원산지인 맥류가 사방으로 퍼지는 과정은 쟁기 농업의 전파와 함께 이루어졌고, 쟁기 농경문화의 분포 지역 밖에서 비둘기는 야생이든 사육이든 존재하지 않았다. 그리고 농업신인 여신의 존재와 비둘기 사이에 관계가 있음을 인정하여 전 오리엔트 지역에서는 비둘기가 신모의 신성한 새로 등장하고 있다.<sup>+</sup>김철준, 〈동명왕편에 보이는 신모의 성격〉, 《한국고대사회연구》, 서울대학교출판부, 2001, 56~59쪽

이와 같이 유화부인도 농업신의 성격을 가졌기 때문에 비둘기를 시켜 주몽에게 보리 종자를 보낸 것이다. 이는 고구려가 농업에 상당한 비중을 둔 사회였음을 시사한다.

# 유리도
# 신성함을 이어받은 능력자

〈동명왕편〉의 마지막 부분은 유리 신화로 채워졌다. 주몽이 왕위에 오른 지 19년이 되던 어느 날 부여에서 반가운 이가 찾아왔다. 다름 아닌 부여에 남겨 두고 왔던 부인 예씨에게서 태어난 아들 유리였다. 그러자 동명왕은 기뻐하며 소서노에게서 태어난 아들 비류와 온조를 제쳐두고 유리를 태자로 삼았다.

(D) 유리는 어려서 뛰어나고 마음이 굳세었다. 어려서 참새 잡이로 업을 삼았는데, 한 부인이 물동이를 이고 있음을 보고는 쏘아 구멍을 내었다. 그녀가 노하여 퍼붓기를 "아비 없는 자식이 내 물동이를 깼다."라고 했다. 유리가 크게 부끄럽게 생각하고 진흙 탄환으로 쏘아 맞혀 동이 구멍을 막으니, 전처럼 되었다. 집으로 돌아와 어머니에게 "우리 아버지는 누구입니까?"라고 물었다. 어머니는 유리가 하

소연을 하므로 놀리며 말하기를 "너에게는 정해진 아버지가 없다."
라고 했다. 유리는 울며, "사람으로 정해진 아버지가 없다면 장차 무
슨 면목으로 남을 대할 수 있겠습니까?"라고 말하고는 마침내 자살
하려 하였다. 어머니가 깜짝 놀라 말리면서 "아까 한 말은 장난이었
다. 너의 아버지는 천제의 손자요 하백의 외손인데, 부여의 신하 됨
을 원통하게 생각하여 남쪽 땅으로 가서 나라를 세웠는데 네가 가
서 뵙겠느냐?"라고 물었다. 유리는 대답하기를 "아버지가 임금이 되
었는데도 자식은 남의 신하가 되어 있으니, 제가 비록 재간이 없사
오나 어찌 부끄러운 일이 아니겠습니까?"라고 하였다. 어머니가 말
하기를 "너의 아버지가 떠날 때 말을 남기기를 내가 칠령칠곡의 돌
위에 선 소나무에 물건을 감추어둔 것이 있다. 이것을 얻은 자가 내
자식이다."라고 했다.

유리가 산골짜기에 가서 찾았으나 얻지 못하고 지쳐서 돌아왔는데,
때마침 집의 기둥에서 슬픈 소리가 들려왔다. 그 기둥이 돌 위의 소
나무요, 기둥 모양이 일곱 모였다. 유리가 스스로 깨달아 말하기를
"칠령칠곡은 일곱 모이고, 돌 위의 소나무란 기둥이다."라고 하고는
일어서서 가 보니, 기둥 위에 구멍이 있어 부러진 칼 한 조각을 얻고
크게 기뻐하였다.

전한 홍가 4년(기원전 17) 여름 4월에 고구려로 달려와서 칼 한 조각을
왕에게 바쳤다. 왕은 가지고 있던 부러진 칼 한 조각을 꺼내 그것과
맞추자 피가 흘러나와 한 자루의 칼이 되었다. 왕이 유리에게 일러
말하기를, "네가 진실로 나의 아들이라면 무슨 신성함이 있느냐?"

하니 유리는 말이 떨어지자 몸을 날려 공중으로 솟구쳐 창구멍으로 새어드는 햇빛을 막음으로써 신성한 이변을 보이니, 왕이 크게 기뻐하고 태자로 삼았다.

이외에도 《삼국사기》 〈고구려본기〉 '유리명왕조'에도 유리 신화가 실려 있다. 이 기록에는 〈동명왕편〉에 없는 내용이 있다. 즉 유리가 부여를 떠날 때 옥지, 구추, 도조 등 세 사람과 함께 떠나 졸본에 이르렀다. 이는 주몽이 일찍이 부여를 떠나올 때 세 사람과 동행한 것과 같은 내용이다. 여기에서 옥지, 구추, 도조도 개인이 아닌 세력 집단을 의미하며 이들이 집단의 지도자였을 것이다. 이들 세력은 유리가 태자로 책봉되고 왕위를 계승하는 데 든든한 배경이 되었으며, 이후 유리왕이 고구려를 다스리는 데 큰 도움이 되었다.

유리 신화에서 볼 때, 유리왕은 활을 잘 쏘는 능력, 아버지 없이 자란 고통스런 성장 과정, 3명의 세력을 이끌고 남하하는 과정 등이 주몽과 똑같다. 이들 신화소는 건국 시조인 주몽의 영웅성과 신성성을 강조하는 행위였는데, 아들 유리에게도 동일한 행적이 나타나고 있다. 이로 보아 고구려 사람들은 부여족 일파를 이끌고 남하하여 주몽을 도운 유리왕도 또 다른 건국의 시조로 생각했던 것 같다. 그렇기 때문에 유리왕의 신성성을 강조하고자 주몽과 같은 비범하고 신이한 행동을 이끌어다가 신화를 완성하였다.

〈동명왕편〉에서는 주몽과 유리의 부자 관계를 분명히 하고자 모친이 유리에게 '너의 아버지는 천제의 손자이자 하백의 외손'이라고 말하고 있다. 이는 주몽이 강가의 위기에 처해 있을 때 밝힌 자신의 근본과 같다. 그러나 유리 신화가 주몽 신화와 구조가 비슷하다는 점을 생각할 때 두 사람은 부자 사이가 아닐 수도 있다. 주몽과 유리는 두 차례에 걸친 유이민 세력이었는데, 1차로 이주한 주몽 세력을 아버지로, 2차로 이주한 유리 세력을 아들로 표현했을 가능성이 있다.[+이종욱, 위의 책, 151쪽] 이는 유리의 남하 이후 주몽이 젊은 나이에 갑작스럽게 죽음을 맞이하는 것으로도 의심해 볼 수 있다.

고구려 건국 신화에서 유리 신화는 원래 하나의 독자적인 신화로 존재했다. 그런데 후대로 내려오면서 덧붙여지고 윤색되는 과정에서 주몽 신화와 합쳐져 〈동명왕편〉에 전해지는 건국 신화와 같은 고구려 건국 신화로 만들어졌던 것 같다. 결국 주몽에서 유리에 이르기까지 하나의 고구려 건국 신화로 간주함으로써, 유리왕 대에 이르러 고구려의 실질적인 개국이나 진정한 창업이 이루어졌다고 보았던 것이다.

# 국내성 천도는
# 700년 왕업의 첫걸음

주몽이 세상을 떠나자 유리왕은 뒤를 이어 37년간이나 왕 노릇 하였다. 하지만 임금 생활은 그리 순탄하지 않았다. 여섯 왕자 간에 불화가 계속되었고, 도절 태자의 사망이나 해명 태자의 자살, 여진 왕자의 익사 등 비운을 맞은 아들이 많았다. 또 빈번하게 순행을 다녔는데, 이는 아마도 군사 훈련이나 백성의 동태 살피기, 영토 확장의 의미가 포함된 행위였을 것이다. 이러한 기록들은 유리왕 때까지도 정치적 안정이 이루어지지 않았고, 주변의 소국들이 완전히 고구려에 편입되지 못해 정복 활동이 필요했음을 말해 준다.

정치적 기반이 약했던 유리왕은 왕위에 오른 이듬해 7월, 다물도주 송양의 딸을 왕비로 맞아들여 지지기반으로 삼았다. 그러나 왕비는 1년 만에 갑작스럽게 세상을 떠났다. 왕은 다시 두 여자를 비로 삼았는데, 하나는 골천인의 딸 화희였고, 또 하나는 한나라 사람의 딸 치희였다. 아마도 골천인의 딸은 정치적 필요에 의한 결합이었고, 치희는 유리왕이 사랑하는 여자였던 것 같다.

《삼국사기》에 의하면 두 여자가 서로 질투하며 싸우곤 하여 왕은 양곡에 동서로 2궁을 지어 각각 살게 하였다 한다. 그러던 어느 날 왕이 기산으로 사냥을 나가 7일 동안 돌아오지 않는 사이 두 여자가 서로 다퉜다. 한나라 사람이라고 무시당한 치희는 화를 참지 못해 짐을 싸서 떠나고 말았다. 사냥터에서 돌아와 이 사실을 알게 된 왕은 곧바로 치희를 쫓았으나 치희는 이미 떠나고 없었다. 이에 무거운 발걸음을 옮기던 유리왕은 큰 나무 밑에 이르자 말에서 내려 잠시 쉬었다. 나무 그늘에 앉아 멍하니 먼 하늘만 바라보던 유리왕의 눈에 한 쌍의 꾀꼬리가 날아오르며 부리를 맞대고 날갯짓하는 모습이 보였다. 자기의 처지가 꾀꼬리보다도 더 가엾게 느껴진 유리왕은 처량한 목소리로 노래를 부르기 시작하였다.

펄펄 나는 꾀꼬리는 암놈 수놈 서로 정답구나
외로운 이 내 몸은 누구와 함께 돌아갈꼬.

이 노래를 〈황조가〉라고 하는데, 우리나라에서 가장 오래된 서정시가로 여인에 대한 간절한 그리움이 실감나게 전해진다. 유리왕이 한 나라의 왕이면서도 사랑하는 여인을 떠나보낼 수밖에 없었던 이유는 그 당시까지도 왕권이 귀족 세력을 누를 만큼 강하지 못했기 때문이다.

유리왕은 왕위에 오른 지 22년 만인 서기 3년에 마침내 수도를 국내성, 지금의 중국 길림성 집안현으로 옮기는 특단의 조치를 강행하였다.

《삼국사기》에 의하면 이곳은 돼지가 점지해 준 천혜의 도읍지로써 산수가 깊고 험하며 땅이 오곡을 키우기에 알맞았다. 또 순록, 사슴, 물고기, 자라가 많이 나는 땅으로 백성의 이익이 끝없을 뿐만 아니라 전쟁의 격정도 면할 만한 땅이었다.

유리왕이 나라의 터전을 닦은 지 얼마 지나지 않은 시점에 천도를 단행하려 했을 때는 오녀산성과 그 주변을 기반으로 하는 귀족들의 반발이 심했다. 하지만 유리왕은 고구려가 탄탄한 왕권 국가가 되기 위해서는 더 넓은 터전이 필요하다고 생각했다. 도성인 오녀산성은 장소가 협소하고 지리적으로 고립되어 나라를 발전시킬 경제적·문화적 인프라를 구축하기 힘든 곳이었다. 때문에 국토의 여러 지역과 두루 통하고 비옥한 땅이 있으며 지리적으로 적의 침입을 막기에도 부족함이 없는 곳에 도읍을 할 필요가 있었다. 유리왕은 국내성이 그러한 곳이라고 생각하였다.

유리왕의 천도는 오녀산성을 기반으로 하는 토착 세력을 누르고 새로운 정치적 동반 세력을 구축할 필요성에서 이루어진 측면도 있었다. 해명 태자의 예를 보면, 그가 옛 도읍에 머무르며 왕을 따르지 않자 스스로 목숨을 끊게 했다. 이는 유리왕을 따르지 않는 귀족 세력이 있었음을 간접적으로 알려 준다. 유리왕은 국내성으로 천도하여 압록강 중류 지역의 지배권을 공고히 하고 천도에 반대하는 세력을 징벌함으로써 왕권을 강화시켰다. 그가 37년 동안 노력한 결과 뒤를 이은 대무신왕은 내부 체제를 정비하여 고구려가 강국으로 도약할 수 있는 발판을 마련하였다. 여기서 고구려 제2대 임금 유리의 건국 시조로서의 위상을 확인할 수 있다.

제4장

# 온 조
# 신화와
# 백 제

백제의 시조 온조왕의 아버지는 추모인데 혹은 주몽이라고도 하였다. [주몽은] 북부여에서 난을 피하여 졸본부여에 이르렀다. 부여 왕은 아들이 없고 딸만 셋이 있었는데 주몽을 보고는 보통 사람이 아니라는 것을 알고 둘째 딸을 아내로 삼게 하였다. 얼마 지나지 않아 부여 왕이 죽자 주몽이 왕위를 이었다. [주몽은] 두 아들을 낳았는데 맏아들은 비류라고 하였고, 둘째 아들은 온조라 하였다. (혹은 주몽이 졸본에 도착하여 월군의 여자를 아내로 맞아들여 두 아들을 낳았다고도 하였다)

주몽이 북부여에 있을 때 낳은 아들 유류(孺留)가 와서 태자가 되자, 비류와 온조는 태자에게 용납되지 못할까 두려워 마침내 오간, 마려 등 열 명의 신하와 더불어 남쪽으로 갔는데 백성이 따르는 자가 많았다. [그들은] 드디어 한산에 이르러 부아악(負兒嶽)에 올라가 살 만한 곳을 바라보았다. 비류가 바닷가에 살고자 하니 10명의 신하가 간하였다.

"이 강 남쪽의 땅은 북쪽으로는 한수(漢水)를 띠처럼 띠고 있고, 동쪽으로는 높은 산을 의지하였으며, 남쪽으로는 비옥한 벌판을 바라보고, 서쪽으로는 큰 바다에 막혔으니 이렇게 하늘이 내려 준 험준함과 지세의 이점은 얻기 어려운 형세입니다. 여기에 도읍을 세우는 것이 또한 좋지 않겠습니까?"

비류는 듣지 않고 그 백성을 나누어 미추홀로 돌아가 살았다. 온조는 한수 남쪽의 위례성에 도읍을 정하고 열 명의 신하를 보좌로 삼아 국호를 십제(十濟)라 하였다. 이때가 전한 성제 홍가 3년(기원전 18)이었다.

비류는 미추홀의 땅이 습하고 물이 짜서 편안히 살 수 없어서 위례에 돌아와 보니 도읍은 안정되고 백성도 평안하므로 마침내 부끄러워하고 후회하다가 죽으니, 그의 신하와 백성은 모두 위례에 귀부하였다. 그 후 [처음] 올 때 백성들이 즐겨 따랐다고 하여 국호를 백제로 고쳤다. 그 계통은 고구려와 더불어 부여에서 같이 나왔기 때문에 부여를 씨(氏)로 삼았다.

_《삼국사기》〈백제본기〉'온조왕조'

# 백제 건국에 관한
# 다양한 이야기들

온조의 백제 건국을 전하는 이 내용은 《삼국사기》 〈백제본기〉의 기록이다. 〈백제본기〉에는 이외에도 온조 신화 바로 밑에 세주를 달아 비류가 백제를 세웠다고 함께 전하고 있다. 이 밖에 중국 기록인 《북사》나 《수서》에는 백제를 세운 사람을 구태라 하며, 일본 사서인 《속일본기》에는 백제의 시조가 도모였다고 전한다.

그런데 이러한 신화들은 하나같이 신화성이 많이 탈색되고 소략하여 한 나라의 건국 신화로 보기에는 부족하다. 고구려의 건국 신화처럼 천제나 물의 신 등 신화적 요소가 거의 나타나지 않고, 주몽의 아들 비류와 온조가 남쪽으로 떠나 나라를 세웠다는 극히 사실적인 묘사로 이루어져 있다. 이는 백제의 건국 신화가 고려 시대까지 전승되는 과정에서 내용들이 인멸되거나 탈색되었음을 보여 준다. 이러한 이유 때문인지 백제의 시조에 대해 여러 가지 이야기가 전해 내려오고 있다.

백제의 건국 신화를 이야기할 때 혼란스러운 것은 이뿐만이 아니다. 백제사에서는 백제를 세운 실질적인 건국주와 백제의 국가 제전에서 모셔지는 제사 대상인 국조신이 달랐다는 것이다. 보편적으로 백제의 국조 신화는 백제를 건국한 시조에 관한 이야기라고 생각하기 쉽지만, 엄격한 의미에서는 백제에서 숭앙되었던 시조신에 대한 이야기라고 해야 옳다. 국가를 창건한 최초의 왕이 시조이고, 시조는 시조신으로서 시조묘에서 숭앙되고, 시조의 이야기는 국조 신화로서 그 나라 국민들에게 신성한 행적으로 전승되는 것이 일반적인 사례이다. 고구려의 주몽 신화가 그랬고 신라의 혁거세 신화도 마찬가지였다. 그러나 백제의 경우는 사정이 다르다. 즉 백제를 건국한 시조와 백제에서 시조신으로 숭앙된 존재가 일치한다고 할 수 없다.[+]서대석, 〈백제 신화 연구〉, 《백제논총》1, 백제문화개발연구원, 1985, 11~12쪽

백제를 건국한 시조는 온조와 비류가 유력하지만, 이들이 백제에서 시조신으로 숭앙받았다는 기록은 없다. 백제의 국조 신화에서 주인공은 건국의 주역을 담당한 인물이라기보다는 건국 후 시조신으로 숭앙받은 존재였다. 이는 백제 역사의 특수성으로, 이러한 점을 염두에 두면서 백제의 건국 신화와 초기의 역사적 발자취를 살펴보자.

# 온조 시조설

　《삼국사기》〈백제본기〉를 보면, 온조는 고구려를 세운 주몽과 졸본부
여 왕녀 사이에서 태어났다. 두 사람 사이에는 비류와 온조 두 아들이 있
었는데, 온조는 그중 둘째 아들이었다. 주몽이 나라를 세운 뒤 기반을 다
지느라 분주한 사이 두 왕자는 어머니와 함께 행복한 나날을 보냈다. 아
마도 비류는 언젠가 아버지의 왕업을 이어받아 고구려를 그 어떤 나라
도 넘보지 못하는 탄탄한 나라로 만들겠다는 포부를 다지곤 하였을 것이
다. 그런데 이런 야무진 형제의 꿈은 어느 날 산산조각이 나고 말았다.

　부여에서 주몽의 아들이라고 하는 유리가 왔기 때문이다. 주몽이 부
여에 있을 때 예씨 부인이란 아내가 있었다. 주몽이 떠나올 무렵 예씨 부
인은 아이를 가지고 있었는데, 주몽이 부여를 떠나 고구려를 세우고 고
군분투하는 동안 예씨 부인은 아이를 낳아 혼자 키웠다. 유리가 성장하
자 아버지의 존재를 궁금해하였고, 그제야 예씨 부인은 부러진 칼을 찾

아가지고 오라던 주몽의 말을 전해 주었다. 이에 유리는 그를 지지하던 세력을 이끌고 당당히 아버지를 찾아왔다.

아들을 만난 주몽은 기쁨을 감추지 못하더니 얼마 뒤 그에게 태자 자리를 주었다. 유리는 옥지, 구추, 도조 등 세 사람과 같이 남하했는데, 이들은 각각 자기 세력을 거느린 정치 집단이라고 할 수 있다. 그런 만큼 유리의 남하는 부여의 정치 세력의 남하였고, 이들 세력은 유리가 태자로 책봉되고 왕위를 계승하는 데 든든한 배경이 되었다.

고구려 건국 신화에서 유리는 신화의 뒷부분을 장식할 만큼 비중 있는 인물이다. 즉 앞부분 해모수와 중간 부분 주몽, 마지막 부분 유리로 이어지는 이야기가 합쳐져 고구려 건국 신화가 완성된다. 유리왕은 활을 잘 쏘는 능력, 아버지 없이 자란 고통스런 성장 과정, 3명의 세력을 이끌고 남하하는 과정 등이 주몽과 똑같은데, 이는 건국 시조의 영웅성과 신성성을 강조하는 행위들이다. 이렇게 유리 신화가 주몽 신화와 비슷한 구조를 가지는 것은 고구려 사람들이 부여족 일파를 이끌고 남하하여 주몽을 도운 유리왕도 또 다른 건국의 시조로 생각했기 때문이다.

유리의 남하로 더 이상 설 자리를 잃은 온조와 비류는 어머니를 모시고 남쪽으로 내려가 나라를 세우기로 한다. 신하들과 함께 남쪽으로 내려온 비류와 온조는 한산에 이르러 부아악에 올라가 살 만한 곳을 바라보았다. 신하들은 한수 가에 도읍을 세우자고 하였지만, 비류는 바닷가가 좋다고 말하였다. 그리하여 비류는 백성을 나누어 미추홀로 갔으며, 온조는 한수 남쪽의 위례성에 도읍을 정하고 나라를 열었다. 온조는 고구려와 더불어 부여에서 같이 나왔다 하여 부여를 성씨(氏)로 삼았다.

# 비류가 백제를 건국했다?

《삼국사기》〈백제본기〉에는 온조의 건국을 전하는 기록 다음에 세주를 달아 백제를 세운 사람이 비류라고 쓰고 있다.

"시조 비류왕의 아버지는 우태(優台)로 북부여 왕 해부루의 서손이었고, 어머니는 소서노로 졸본 사람 연타발의 딸이었다. [소서노는] 처음에 우태에게 시집가서 아들 둘을 낳았는데 맏이는 비류라 하였고 둘째는 온조라 하였다. 우태가 죽자 [소서노는] 졸본에서 과부로 지냈다. 뒤에 주몽이 부여에서 용납되지 못하자 전한 건소 2년(기원전 37) 봄 2월에 남쪽으로 도망하여 졸본에 이르러 도읍을 세우고 국호를 고구려라 하고, 소서노를 맞아들여 왕비로 삼았다. 주몽은 그녀가 나라를 창업하는 데 도움을 주었기 때문에 그녀를 총애하고 대접하는 것이 특히 후하였고, 비류 등을 자기 자식처럼 대하였다.

주몽이 부여에 있을 때 예씨(禮氏)에게서 낳은 아들 유류가 오자 그를 태자로 삼았고, 왕위를 잇기에 이르렀다. 이에 비류가 동생 온조에게 말하였다. "처음 대왕이 부여에서의 난을 피하여 이곳으로 도망을 오자 우리 어머니께서 재산을 기울여 나라를 세우는 것을 도와 애쓰고 노력함이 많았다. 대왕이 세상을 떠나시고 나라가 유류에게 속하게 되었으니, 우리들이 그저 군더더기 살처럼 답답하게 여기에 남아 있는 것은 어머니를 모시고 남쪽으로 가서 땅을 택하여 따로 도읍을 세우는 것만 같지 못하다." 드디어 동생과 함께 무리를 거느리고 패수(浿水)와 대수(帶水) 두 강을 건너 미추홀에 이르러 살았다.

《북사》와《수서》에는 다음과 같이 기록하였다. "동명의 후손에 구태(仇台)라는 사람이 있었는데 어질고 신의가 돈독하였다. [그는] 처음에 대방의 옛 땅에 나라를 세웠다. 한(漢)나라 요동태수 공손도가 자기 딸을 아내로 삼게 하였으며, 마침내 동이의 강국이 되었다."[그러니] 어느 것이 옳은지 알지 못하겠다.

_《삼국사기》〈백제본기〉 세주

백제를 세운 사람이 온조가 아닌 그의 형 비류였음을 밝히는 또 다른 시조 전승이다.《삼국사기》를 저술할 당시 백제의 건국 시조에 대해 두 가지 견해가 있었던 것 같다. 그리하여 김부식은 유력한 이야기인 온조 시조설을 택하여 본문에 쓴 뒤 비류 시조설을 주로 덧붙였던 것이다.

비류 시조설은 온조 시조설과 여러 가지 내용에서 차이가 난다. 먼저 본소 시조설에서 온조와 비류의 아버지는 주몽인데, 북부여를 탈출하여 졸본부여에 이르러 왕이 된 인물이다. 그러나 비류 시조설에서는 두 형제의 아버지는 북부여 왕 해부루의 서손 우태(優台)로 나타나고 있다. 형제의 어머니는 소서노로 졸본 사람 연타발의 딸이었다. 소서노는 우태에게 시집가서 아들 둘을 낳았는데 맏이가 비류이고 둘째가 온조였다. 그런데 우태는 비류와 온조가 어렸을 때 세상을 떠났다. 이에 소서노는 어린 아들들을 데리고 친정인 졸본에 와서 살았다. 그러던 중 주몽이 부여 왕자의 시기를 받고 생명의 위협을 느끼자 남쪽으로 도망하여 졸본에 이르러 도읍을 세우고 국호를 고구려라 하였다. 주몽은 소서노를 왕비로 삼았는데, 이는 아마도 소서노가 졸본 지역 유력 가문의 딸이었기 때문일 것이다. 주몽의 판단은 잘 맞아떨어져 소서노는 주몽을 물심양면으로 도와주었다.

그런데 부여에서 유류가 찾아오면서 사정이 변했다. 유류는 태자 자리를 차지하더니 얼마 뒤 대왕이 돌아가시자 왕위를 이었다. 자신의 아들 중 한 사람이 왕위를 이을 거라고 내심 믿고 있었던 소서노는 서운한 마음이 컸다. 비류와 온조도 역시 이 사실을 수긍하지 못했을 것이며 일종의 배신감까지 느꼈을지도 모른다. 한편 왕이 된 유류의 입장에서는 오랫동안 고구려에서 왕자 노릇을 해 온 비류와 온조가 눈에 거슬렸을 것이다. 이들에게는 따르는 신하도 많았을 것이고 부여를 떠나온 지 6개월 만에 왕위에 오른 자신보다 더 든든한 지지 세력을 가지고 있었을 것이다. 이에 유류는 두 형제를 견제하였고, 정치적 압박을 견디기 힘들었던 두 형제는 어머니를 모시고 남쪽으로 떠났다.

# 온조와 비류 중
# 누가 백제의 시조인가?

　온조 시조설이든 비류 시조설이든 비류와 온조는 형제 관계이며 비류가 형으로 등장한다. 건국 신화에 역사적 사실이 반영되었음을 생각할 때, 아마도 비류와 온조는 각각의 정치 세력을 거느린 우두머리였을 것이다. 그런 두 사람이 형제 관계인 것으로 보아 두 사람의 집단은 서로 친근한 관계에 있었던 것 같다.

　그렇다면 과연 온조와 비류 중 누가 백제를 건국했을까? 아마도 비류가 형으로 등장한 데는 그만한 이유가 있을 것이다. 시조가 형제로 나타나는 형제 시조 설화는 두 세력이 연맹을 형성하였을 때 그것을 합리화하기 위해 만들어지는 것이 보통이다. 이와 같은 예는 고령 대가야와 김해 금관가야에서도 알 수 있다. 《동국여지승람》〈고령현조〉에는 최치원의 《석리정전》을 이용하여 대가야국의 건국 시조에 대해 쓰고 있다. 이에 의하면 가야산신 정견모주가 천신 이비가지에 감응되어 대가야 왕 뇌질주일과 금관국 왕 뇌질청에 두 사람을 낳았다 한다. 뇌질주일은 이진 아시왕의 별칭이고 뇌질청예는 수로왕의 별칭이라 한다.

그동안 발굴된 고고 자료나 역사서를 보아도 대가야와 금관가야를 세운 시조가 형제라는 근거 자료는 없으나 신화 속에서는 두 사람이 형제 관계로 나타나고 있다. 이는 전기 가야 연맹의 맹주였던 금관가야가 쇠약해진 이후 대가야가 후기 가야 연맹의 맹주 역할을 하면서 이에 정당성을 부여하고자 금관가야의 시조 수로왕과 대가야의 시조를 형제 관계로 표현하는 신화를 발전시켰기 때문이다.

백제의 경우도 온조와 비류가 실제로 형제라기보다는 위례의 온조 세력과 미추홀의 비류 세력이 연맹 관계를 맺자 그것을 합리화하고 연맹의 결속을 강화하고자 두 사람을 형제 관계로 표현한 것이다. 이는 두 사람의 성씨가 달랐던 데서도 알 수 있다. 온조 시조설에 의하면 '백제 왕실의 세계(世系)는 고구려와 함께 부여에서 나왔기 때문에 성씨를 '부여(扶餘)'라고 하였다'라고 하여 온조를 부여씨로 기록하고 있다. 이에 반해 비류 시조설에 의하면, 비류와 온조의 아버지는 북부여 해부루의 서손 우태인데, 해부루는 북부여 해모수의 아들이며 성씨는 해씨(解氏)인 것이다. 이와 같이 온조와 비류는 각각 부여씨와 해씨로 성이 달랐던 데서도 알 수 있듯이 두 집단은 부여족이라는 공통분모를 가지고 있으면서도 서로 성격이 다른 집단이었다.

또 온조 시조설을 보면, 비류와 온조가 졸본을 떠나 한산에 당도한 뒤 부아악이란 봉우리에 올라 도읍할 곳을 찾았는데 서로 의견이 달랐다. 이에 비류가 무리를 이끌고 미추홀로 갔다가 뒤에 온조계에 통합되었다고 하였다. 그러나 비류 시조설에서는 비류가 드디어 동생과 함께 무리를 거느리고 패수(浿水)와 대수(帶水) 두 강을 건너 미추홀에 이르러 살았다고만 하여, 온조계가 뒤에 위례성으로 세력을 나누어 이동하였음을 암시한다.

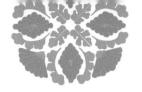

# 온조 시조설은
# 언제 형성되었을까

백제 건국 신화의 초기 형태는 비류 시조설에 더 가까웠다 하더라도 비류왕을 시조로 하는 신화는 후대에 형성되었을 것이다. 그러면 그 시점은 언제쯤일까? 건국 신화를 이해하려면 백제사에서 왕위 계승이 어떻게 진행되었는지 살펴볼 필요가 있다.

백제의 왕위 계승은 크게 초고왕계와 고이왕계가 서로 번갈아 가며 왕위를 이었다고 보는데, 비류 시조설과 온조 시조설은 이러한 영향을 받아 형성되었다. 백제 왕계를 분석해 보면 시조 온조왕부터 제7대 사반왕까지 모두 맏아들이나 아들이 왕위를 이었는데, 제8대 고이왕에 이르러서 이러한 원칙이 깨졌다. 제8대 고이왕은 제4대 개루왕의 둘째 아들이다. 제6대 구수왕이 재위 21년 만에 죽자 맏아들 사반이 왕위를 이었으나 너무 어려서 정치를 할 수 없자, 제5대 초고왕의 동복아우인 고이가 왕위에 올랐다고 한다. 고이왕은 건국 초기 비류계 세력의 재등장으

로 이해된다. 따라서 비류 시조설은 고이왕 때 정리된 것이 아닌가 생각
된다.[+]박현숙, 〈백제 건국 신화의 형성과정과 그 의미〉, 《한국고대사연구》39, 한국고대사학회, 2005, 42쪽

고이왕은 비류계로써 우씨(優氏)와 밀접한 관련이 있다. 그리고 백제
왕실은 부여씨(扶餘氏) 내지 여씨(餘氏)임에도 우씨도 왕족으로 기록되어
있다. 〈백제본기〉에 나타나는 근초고 대 이전 왕족의 인명으로는 (왕명 및
왕자명은 제외) 우수(優壽, 고이대, 왕의 아우, 내신좌평), 우두(優豆, 고이대, 내신좌평, 왕족이라는 표시
는 없으나 여기에 첨기), 우복(優福, 비류대, 왕의 서제, 내신좌평, 뒤에 반란을 일으킴) 등이 있다. 그
뒤로 우씨는 보이지 않는데, 우수가 고이의 왕제이고 우복은 초고계(반고
이계)인 비류왕 대에 반란을 일으키고 있어, 우씨는 바로 우태계임을 시사
하고 있다. 그리하여 고이는 주몽-온조계의 부여씨가 아닌 우태-비류
계의 우씨임이 드러난다.[+]천관우, 〈삼한의 국가형성(하)〉, 《한국학보》3, 일지사, 1976, 136~
137쪽

초고왕의 모제(母弟)로 초고왕과 아버지가 달랐던 고이왕은 자신의 친
정 체제를 강화시키고자 각종 제도를 정비하였다. 그리하여 16관등을
정비하고 강력한 중앙집권 체제를 이룩하였으며, 신라 변방을 침범하는
등 영토 확장에 주력하였다. 고이왕은 백제사에 있어서 마치 나라를 세
운 태조와 같이 커다란 업적을 남겼다.

고이왕 대에 비류 시조설이 정립되었다면, 온조 시조설은 언제 확립
된 것일까? 고이왕계인 제12대 계왕은 제10대 분서왕의 맏아들로, 아버
지가 돌아가셨을 때 어리다는 이유로 초고계인 비류왕에게 왕위를 빼앗
겼다. 이후 비류왕이 재위 41년에 죽자 제12대 왕으로 즉위하였으나 불
과 3년(044) 반에 죽고 말았다. 그리고 즉위한 사람이 비류왕의 둘째 아들

칠지도 백제 왕이 왜왕에게 하사한 철제 칼로 일본 이소노카미
신궁에 소장되어 있다.

인 근초고왕이었다. 제13대 근초고왕을 계기로 온조계는 다시 왕위를 이을 수 있었으며, 아마도 이때 온조 중심의 동명 신화가 정리되었을 것이다.

근초고왕은 태자 근구수와 함께 고구려 평양성을 공격하여 고국원왕을 전사시킨 인물이다. 근초고왕에 이르러 백제는 영토를 크게 넓혀 건국 이래 최대의 영토를 획득했다. 한반도의 최강자로 떠오른 백제는 일본에 칠지도를 비롯한 선진 문물을 전해 주며 문물을 교류하였고, 요서를 경략하여 차지함으로써 중국에 세력을 크게 떨쳤다. 이러한 자신감에서 근초고왕은 박사 고흥으로 하여금 《서기》라는 역사책을 편찬케 하였다. 고대 국가에서 역사서의 편찬은 왕권의 강화나 통치 체제의 정비와 밀접한 관련이 있다. 그러므로 근초고왕은 《서기》를 편찬하면서 왕실의 정통성을 보장할 수 있는 왕계를 정리하거나 시조 전승을 확립시키고 이를 공식화했을 것이다.

# 구태 시조설

    온조 시조설과 비류 시조설 외에도 백제의 시조로 거론되는 사람이 있으니, 구태와 도모가 그들이다. 구태는 주로 중국 기록에서 백제의 건국 시조로 나타난다. 《북사》〈열전〉'백제전'과 《수서》〈열전〉'동이 백제전'에는 백제를 세운 사람이 구태라고 했다. 《북사》'백제전'에는 백제국의 선대가 대체로 마한의 족속이며, 색리국에서 나왔다고 하였다. 그리고 색리국 왕의 시녀가 임신을 하여 동명을 낳았는데 동명이 부여 땅에 이르러 왕이 되었다고 한다. 《수서》에서는 백제의 선대가 고려국에서 나왔다고 한다. 그 나라 왕의 시비가 갑자기 임신을 하여 아이를 낳았는데 동명이라 하였다. 동명이 장성하자 고려 왕이 시기를 하므로 부여 땅으로 도망하였는데 부여 사람들이 모두 그를 받들었다 한다.

    이와 같이 두 책에서는 모두 백제의 시조를 얘기하기 전에 부여의 시조 동명에 대해 기록하고 있다. 그리고 뒤를 이어 동명의 후예에 구태라는 사람이 있다고 했는데, 《북사》와 《수서》의 기록이 비슷하므로 《수서》를 인용해 보자.

동명의 후손에 구태(仇台)라는 자가 있으니, 매우 어질고 신의가 두터웠다. [그가] 대방의 옛 땅에 처음 나라를 세웠다. 한의 요동 태수 공손도가 딸을 주어 아내로 삼게 하였으며, 나라가 점차 번성하여 동이 중에서 강국이 되었다. 당초에 백가(百家)가 바다를 건너왔다고 해서 [나라 이름을] 백제라고 불렀다. [이때부터] 십여 대 동안 대대로 중국의 신하 노릇을 하였다.

위의 기록은 동명의 후예 중에 구태(仇台)란 사람이 있어 대방고지(帶方故地)에서 나라를 세운 내용을 언급하고 있다.

《수서》와 《북사》에 실린 동명 신화는 《논형》에 실린 부여의 동명 신화와 같은 내용이다.(제2장 부여의 건국 신화 참조) 이와 같은 사실은 부여의 동명 신화가 부여족 공동의 시조 신화로서 북부여와 동부여, 졸본부여, 백제 등 부여족이 세운 나라의 건국 신화 형성에 영향을 미쳤음을 알 수 있게 해 준다.

이에 대해 김철준은 북중국 어딘가의 원주지에 있었던 전 부여족에게 동명 신화와 다른 형태의 신화가 있었는데, 이들에서 1차 분열이 있었을 때 북부여족의 동명 신화가 나타났다고 보았다. 그리고 2차 분열을 할 때 1차의 소산인 북부여의 고리국 설화와 고구려 태조왕계 이후의 왕계 신화를 연결한 것이 고구려계의 동명 신화이며, 3차로 뒤늦게 성립하여 신화보다는 설화로서 동명 신화가 재생성된 것이 고구려 방계로서 백제의 온조 신화라고 하였다.✝김철준,〈백제사회와 그 문화〉,《한국고대사회연구》, 서울대학교출판부, 1973, 92쪽

그렇다면《수서》와《북사》에 등장하는 백제의 시조 구태는 누구인가? 최초로 구태의 존재에 관해 언급한 기록은 한치윤의《해동역사》이다. 여기서 우태와 구태는 음이 전이된 것이라고 하여 구태를 비류의 아버지 우태(優台)로 추정했다. 이에 대해 천관우는 우(優)와 구(仇)가 글자 형태가 비슷한데서 온 오기일 가능성이 있다고 보았다. 그는 한번 이와 같은 혼동이 일어나면, 그 뒤의 사서가 오기를 그대로 답습하는 예가 허다하다고 하였다.✝천관우, 위의 논문, 143쪽

하지만《삼국사기》에서는 구태 시조설에 대해 믿을 수 없다는 의견을 제시하고 있다.《삼국사기》〈잡지〉'제사조'에서는《책부원귀》를 인용하여 '백제는 매년 네 철의 가운뎃 달에 왕이 하늘과 오제의 신에게 제사 지냈다. 그 시조 구태의 묘를 나라의 도성에 세우고 일 년에 네 번 제사 지냈다'라고 하였다. 그리고는 세주를 붙여《해동고기》를 살펴보니 혹은 시조 동명이라 하고 혹은 시조 우태라고 하였으며,《북사》및《수서》에서는 모두 동명의 후손에 구태가 있어 대방에 나라를 세웠다고 했으니, 여기에서는 시조 구태라고 한 것이다. 그러나 동명이 시조임은 사적이 명백하니, 그 나머지 것은 믿을 수 없다'라고 쓰고 있다. 이로 보면《삼국사기》의 편찬자인 김부식도 구태에 대한 기록을 보기는 했으나 그가 백제의 시조라고 믿지 않았던 듯하다.

또한《수서》와《북사》에서 구태는 요동 태수 공손도의 딸과 결혼했

다고 하였다. 이 기록에 등장하는 요동 태수 공손도는 2세기 말, 서기 190년에서 204년경에 요동 지역에 독자적인 세력을 만들어 동방의 패자로 군림한 사람이다. 이때 부여 왕 위구태는 공손도의 가녀와 결혼하여 일종의 혼인 동맹을 맺기도 하였다. 백제가 건국된 시기는 기원전 18년이므로 요동 태수 공손도가 살았던 시기와 2세기 이상 차이가 난다. 이로 보아 구태를 부여 왕 위구태와 혼동하여 잘못 기록한 것으로 생각된다.

북부여 왕 해부루의 서손이라고 전해지는 우태는 고구려의 관직 우태를 연상시킨다.《삼국사기》〈고구려본기〉태조대왕 80년(132) 가을 7월에 수성은 왜산에서 사냥하고 주위 사람들과 함께 잔치를 벌였다. 이때 관나 우태(于台) 미유, 환나 우태 어지류, 비류나 조의 양신 등이 은밀하게 수성을 부추기기를, 태조대왕이 늙었는데도 양보할 뜻이 없으니 왕위를 도모해보자고 했다.《삼국사기》에는 우태(于台)라 표기되었지만,《삼국지》〈위서〉'동이전 고구려조'에는 관직명을 우태(優台)라고 썼다. 즉 비류의 아버지 우태(優台)와 똑같은 한자를 쓰고 있다. 이 우태는 연장자의 의미로, 가부장인 동시에 가부장 가족이 소속되어 있는 친족 공동체의 우두머리를 말하기도 한다.*김철준,〈고구려·신라의 관계 조직의 성립 과정〉,《한국고대사회연구》, 서울대학교출판부, 2001, 232쪽

《삼국사기》〈고구려본기〉'태조대왕 16년조'에는 갈사왕손 도두가 항복하자 우태로 삼았다는 기록이 보인다. 이는 도두를 출신 지방의 우태로 인정했다는 의미일 것이다. 우태는 각 씨족, 부족의 족장에 대한 일반적인 칭호였다. 그럼에도 새삼스레 우태로 삼았다 함은 한 부족 내에서

여러 부족장 세력이 경쟁하고 있을 때 중앙 세력이 그중 하나를 핵 집단의 대표로서 인정해 준 것*김철준, 위의 책, 238쪽이라는 해석이 가능하다.

부여에서 2세기경 왕자의 이름을 위구태(尉仇台)로 기록하고 있는 것이나 고구려의 관직명에 우태(優台)가 존재하는 것, 북부여 왕 해부루의 서손을 우태로 기록한 것은 우연이 아니라고 생각된다. 아마도 당시 우태나 구태는 고유명사라기보다 집단의 우두머리를 뜻하는 보통명사였을 가능성이 있다.

이 밖에도 《속일본기》에는 백제 태조 도모대왕(都慕大王)은 일신(日神)이 강령해서 부여를 떠나 나라를 열고, 천제가 녹을 주어 제한(諸韓)을 총괄해서 왕을 일컬었다고 하여 백제를 세운 사람을 도모대왕이라 하였다. 도모는 추모(鄒牟)와 음이 비슷하여 주몽으로 여겨지기도 한다. 그러나 일본의 《신찬성씨록》을 보면, 백제의 도모(都慕)와 추모(鄒牟)는 명확히 구분되어 있었고, 실제로 백제 유민들 사이에서 고구려의 시조와 백제 시조를 구분하고 있었던 것으로 보인다. 그러므로 도모는 아마도 동명을 뜻하는 말*박현숙, 위의 논문, 46쪽일 것이다.

# 비류와 온조는
# 모두 동명의 후예

백제의 시조라고 전승되는 온조와 비류는 북부여를 계승한 사람들로, 동명의 후예임이 강조되고 있다. 그리고 온조는 나라를 세운 해인 기원전 18년 여름 5월에 동명왕묘를 세웠다. 주몽의 묘나 우태의 묘가 아닌 동명왕묘를 세운 것이다. 이는 고구려가 동명왕묘를 세운 기록보다 훨씬 빠르다. 고구려는 대무신왕 3년인 서기 20년에야 동명왕묘를 세웠다. 그럼 동명왕묘에서 제사되었던 대상은 누구일까? 백제를 건국한 사람은 온조인데 그가 동명왕묘를 세웠다면 동명왕묘에서 제사되었던 대상이 온조 자신은 아닐 것이다. 가능성 있는 대상은 온조의 아버지인 주몽과 부여의 시조 동명이 있다. 실제로 주몽은 그가 죽은 뒤 고구려에서 동명왕묘를 세우고 시조신으로 숭배했던 대상이다.

그렇다면 백제의 동명왕묘에서도 주몽을 시조신으로 숭배했을까? 그건 아니었을 것이다. 온조는 건국한 뒤 부여족 계통임을 강조하면서 성씨를 부여씨라 하였다. 주몽은 해모수의 아들로서 북부여를 계승했음이 고구려 건국 신화에 드러난다. 그러므로 백제가 동명왕묘를 세우고 시조신 또는 국조신으로 삼은 사람은 주몽이라기보다 부여족의 족조인 부여의 동명이었을 것이다. 이는 온조가 유리의 고구려보다 부여족의 정통성을 계승했음을 과시하기 위한 조처로도 볼 수 있다. 부여의 시조도 동명왕이고, 고구려의 시조도 동명성왕이며, 그를 모시는 시조묘도 동명왕묘이다. 그리고 백제의 시조묘도 동명왕묘이다.

'동명'은 원래 부여의 건국 시조의 이름인데, 왜 고구려 건국 시조인 주몽의 시호를 '동명'이라 불렀을까? 그 까닭은 아마도 동명이란 글자의 뜻 때문일 것이다. 동명왕의 '東明'은 '식붉'이란 뜻으로, '식'는 동쪽, '붉'은 '광명' 혹은 '태양'을 가리킨다.[+]양주동, 《조선고가연구》, 박문서관, 1942, 389쪽 이는 알타이 이동 민족의 태양 숭배 관념과 상통하는데, 알타이계 각국의 왕 이름과 국가 이름이 모두 동명에서 유래하고 있기 때문이다. 결국 동명왕이란 시호는 '동방을 새로 밝힌 왕' 또는 '동방의 태양'이라는 찬양의 뜻이 내포되어 있다.[+]이복규, 《부여·고구려 건국 신화 연구》, 집문당, 1998,18쪽

부여의 시조 동명과 고구려의 시조 주몽은 모두 부여족으로 한 핏줄이다. 그리하여 고구려 사람들은 부여의 건국 시조인 동명의 후손 가운데 주몽이라는 영웅이 나타나서 고구려의 건국 시조가 되었음을 강조하고자 주몽의 시호를 동명성왕으로 했다. 그렇기 때문에 부여의 동명 신화가 부여족 공동의 시조 신화로 기능하는 것이다.

비류 시조설에서도 비류는 북부여 왕인 해부루의 서손인 우태의 아들이다. 해부루는 재상 아란불의 꿈에 천제가 나타나 그곳에 자신의 자손

으로 하여금 나라를 세우고자 하니 동쪽 바닷가 가섭원으로 도읍을 옮기라는 계시를 받고 동부여로 천도한 사람이다. 《삼국유사》'동부여조'에 의하면 해부루는 동부여로 천도한 뒤 자식이 없어 산천에 제사를 지내던 중 말이 바위를 보고 눈물을 흘리기에 그곳을 들추어 보니 개구리 모양의 아이가 있어 거두어 길렀다고 한다. 그 아이는 금와로 해부루의 뒤를 이어 동부여의 왕이 되었다.

그러므로 해부루와 금와 사이에는 혈연적인 관련이 없으며, 해부루는 아들이 없었다고 되어 있다. 해부루가 가섭원으로 나라를 옮기고 금와로 하여금 뒤를 잇게 한 것은 금와 세력이 가섭원 지역의 유력한 정치 세력이었기 때문일 것이다. 금와는 자신의 정치 세력들에게 도움을 받아 해부루 세력을 물리치고 왕권을 획득했을 것이다. 이는 왕권이 금와에서 아들 대소로 부자 계승되는 측면에서도 찾아진다.

기록에는 해부루가 아들이 없었다고 하지만, 비류 시조설을 보면 그렇지도 않았던 것 같다. 해부루가 인정을 하였든 아니든 간에 해부루가 가섭원으로 천도하기 이전 북부여 왕으로 있을 때 태어난 아들이 있었고, 그 아들에게서 난 손자가 있었다고 한다. 이 사람이 우태인데, 정실부인 소생은 아니었고 무슨 이유에서인지 모르지만 왕위를 잇지 못하고 일찍 죽었다. 그렇기 때문에 그의 부인 소서노는 어린 아들을 데리고 졸본의 친정으로 와서 지낸 것이다.

그러므로 비류의 입장에서는 북부여 왕이었던 해부루의 증손자로서 북부여의 정통성을 잇는 것이 자신의 정통성을 내세우는 데 있어서 그 무엇보다 중요했을 것이다. 여기서 한 가지 주목할 것은 주몽이 북부여의 해모수 아들임을 내세우고 있지만 실제로 동부여 금와왕의 궁전에서 태어났다는 것이다. 즉 주몽의 어머니 유화부인은 아마도 금와왕의 많은 부인 가운데 한 사람이었을 것이다. 그렇기 때문에 주몽이 부여를 떠날 때도 아들을 따라오지 않고 부여에 남아 있었고, 또 유화부인이 죽자 부여 왕은 태후의 예로써 장사 지냈다. 그런 유화부인이지만 금와왕의 궁실에 가기 전 이미 주몽을 잉태하고 있었다. 그러므로 주몽은 동부여에서 자랐지만 북부여 해모수의 아들임을 내세울 수 있었다.

온조 시조설에서 온조의 아버지를 주몽이라 하고, 비류 시조설에서 비류의 아버지를 우태라고 하는 것은 두 사람이 북부여의 계통을 이은 사람들임을 내세우는 점에서 한 번쯤 짚고 넘어갈 만한 일이다. 즉 고구려가 북부여 해모수의 아들 주몽이 건국했다고 하고, 동부여가 북부여 왕해부루가 천도하여 세운 나라라고 하여 바로 북부여로 연결한다. 이에 비해 백제는 해모수의 손자 온조나 해부루의 증손자 비류가 건국한 나라라고 하여 한 세대나 두 세대를 건너뛰는 세계를 내세우고 있다. 이는 부여족이 동쪽으로 이주하면서 분열되어 나라를 세울 때 백제가 고구려나 동부여보다 더 분열된 세력에 의해 건국되었음을 말해 주고 있다. 그러나 백제는 온조나 비류, 혹은 주몽이나 우태를 시조묘에 제사 지내지 않고, 부여족의 공통 족조인 동명을 제사함으로써 부여족임을 강조하고 있다. 이는 부여계 세력들의 통합을 다지고 왕권의 신성성을 지키기 위해서였을 것이다.

실제로 백제의 왕들은 왕으로 즉위한 뒤 동명왕묘에 제사를 지냈다. 《삼국사기》〈잡지〉'제사조'에 의하면 '다루왕 2년[29] 봄 정월에 시조 동명의 묘에 배알하고, 책계왕 2년[287] 봄 정월, 분서왕 2년[299] 봄 정월, 계왕 2년[345] 여름 4월, 아신왕 2년[393] 봄 정월, 전지왕 2년[406] 봄 정월에도 모두 위와 같이 행하였다'라고 하여 동명의 묘에 제사 지냈음을 기록하고 있다. 이들이 배알하는 시기는 즉위 2년 춘정월이라는 공통점을 보인다. 이것은 즉위한 뒤 처음으로 맞이하는 새해 첫 달로, 동명신이 태양신인 동시에 일년신(一年神)이기에 춘정월에 정기적인 동명제가 있었음을 말해 주는 것이다. 이때 새로 즉위한 왕은 동명묘에 배알하는 특별한 의식을 가졌던 것으로 보인다. +서대석, 위의 논문, 17쪽

백제의 부여 강조 의식은《삼국사기》〈백제본기〉'개로왕 18년조'에 개로왕이 북위에 보낸 표문에서 잘 알 수 있다. 개로왕은 '신은 고구려와 더불어 근원이 부여에서 나왔습니다. 선세 때에는 옛 우의를 두텁게 하였는데, 그 할아버지 쇠(고국원왕)가 이웃 나라와의 우호를 가벼이 저버리고 친히 군사를 거느리고 신의 국경을 함부로 짓밟았습니다'라고 하여 백제가 고구려와 같이 부여족의 일원임을 주장하고 있다. 또 성왕은 16년[538] 봄에 도읍을 사비로 옮기고 국호를 남부여라 칭하고 있다. 부여는 410년에 광개토대왕의 원정으로 고구려에 복속되었다. 그런데도 그 출자를 부여에서 구하는 것은 백제가 당시 적대 관계에 있던 고구려에 의해 멸망한 부여를 흡수, 포용하여 새로운 도약의 계기로 삼고자 하였기 때문일 것이다. 이 밖에도 백제 왕실에서는 성씨를 부여씨로 하고 있어, 백제 건국신화와 같이 백제의 왕들은 시종일관 백제 국가의 기원을 부여에 두고 있었음을 확인할 수 있다. +박현숙, 위의 논문, 49쪽

# 하남 위례성은 어디인가?

《삼국사기》에 의하면 온조는 처음에 한수(漢水) 남쪽의 위례성에 도읍을 정하고[溫祚都河南慰禮城] 10명의 신하를 보좌로 삼아 국호를 십제라고 하였다. 그런데 즉위 13년인 기원전 6년, 북쪽의 말갈이 영토를 침범하여 편안할 날이 적은데다가 하물며 이즈음 요망한 징조가 자주 나타나 형세가 편안하지 못하다고 하면서 천도를 결정하였다. 그리하여 한수 남쪽을 순행한 뒤 그해 7월 한산(漢山) 아래로 나아가 목책을 세우고 위례성의 민가들을 옮기고, 다음 해 봄 정월에 도읍을 옮겼다.

온조가 도읍을 옮겼다는 《삼국사기》의 기록은 많은 논란을 불러일으켰다. 일찍이 정약용은 《위례고》와 《한성고》에서 온조가 처음 자리 잡은 위례성은 한강 북쪽인 지금의 서울 지역이며, 거기서 천도한 하남 위례성은 한강 남쪽인 광주고읍이라 하였다. 또 하남 위례성에 대해 이병도는 지금의 남한산성 북록이 되는 광주군 서부면 춘궁리 일대라 하였는

백제의 위례성이었던 몽촌토
성(위)과 풍납토성(아래) 전경
모두 서울시 송파구에 위치해
있으며, 풍납토성은 한강 유역
에 있는 백제 유적 가운데 최
대 규모의 토성 유적이다.

데, 서울 강남구의 초기 백제 고분군들이 여기서 멀지 않다.[+천관우, 위의 논문, 114~115쪽]

이후로도 많은 학자들이 위례성과 하남 위례성에 대해 많은 의견을 내놓았다. 처음 온조가 도읍을 할 때 하남 위례성이라 하였는데, 13년 조에 다시 한수 남쪽을 순행하고 도읍으로 삼았다고 하니 두 기사는 서로 맞지 않는다. 즉 처음부터 한강 남쪽에 도읍을 했다면 13년에 다시 한강 남쪽에 도읍을 삼을 수가 없을 것이다. 그러므로 많은 연구자들이 처음 도읍한 곳은 하북 위례성인데, 13년 이후 하남 위례성으로 도읍을 옮긴 것으로 보고 있다. 그리고 건국 신화의 내용은 천도할 당시의 택지 모습을 보여 주는 것으로, '온조왕 13년조'의 '내가 어제 순행을 나가 한수의 남쪽을 보니'라는 기록과 바로 연결된다는 점으로 미루어 백제가 하북 위례성에서 하남 위례성으로 도읍을 옮긴 것으로 파악했다.[+노중국,《백제정치사연구》, 일조각, 1988, 56쪽]

온조가 도읍을 세웠다는 하남 위례성은 어디일까? 고고학 발굴 결과에 의하면 지금의 강동구 일대로 보인다. 이 지역에서는 백제 시대에 만들어진 것으로 보이는 큰 성 2개가 발굴되었다. 하나는 올림픽 공원 안에 있는 몽촌토성이고, 또 하나는 그 북쪽의 한강 가에 있는 풍납토성으로, 두 성은 모두 위례성일 가능성이 있다. 어떤 학자들은 몽촌토성의 북쪽에 있는 풍납토성은 왕성인 몽촌토성을 보호하기 위해 지은 방어용 성이라고 한다.《삼국사기》에는 책계왕 때 위례성 부근에 모래성을 쌓았다는 기록이 있다. 학자들은 이 성이 바로 풍납토성이라 보는 것이다.

하지만 풍납토성은 몽촌토성보다 훨씬 규모가 크다. 풍납토성은 평지에 흙을 다져 쌓아 만든 토성으로, 지금까지 발굴된 성벽의 규모만도 폭 43미터, 높이 1미터이다. 이렇게 큰 성을 쌓으려면 고대 사회에 엄청나게 많은 사람들의 힘을 끌어 모아야 했을 것이다. 그러니 왕과 같이 권력을 거머쥔 사람이 아니라면 쌓기 힘들었을 것이다. 특히 성안에서 귀족들만 사용하던 기왓장이 발견되어 왕성이었을 가능성이 크다. 백제 시대에는 왕궁을 비롯하여 나라에서 중하게 여기는 건물에만 기와를 썼기 때문이다. 풍납토성에서는 중국에서 만들어진 세발 달린 청동솥을 비롯하여 동전 무늬가 찍힌 도자기, 허리띠 장식 등 빼어난 유물이 많이 발굴되어 백제 왕성일 가능성을 더해주고 있다.

온조는 처음 나라를 세우고 '10명의 신하가 보필한다'라는 뜻에서 십제라 했다가 미추홀로 떠났던 비류 세력이 다시 돌아온 뒤에는 '백성들이 즐겁게 따랐다'라는 뜻의 백제로 국호를 바꾸었다 한다. 백성들이 즐겁게 따랐다는 표현은 아마도 온조의 영역이 크게 확대되었다는 의미로 보인다. 국명에서 보이듯 십제의 십신은 아마도 10개 읍락의 규모를 가진 나라였을 것이다. 그런데 백제는 불과 13년 만에 백가를 다스릴 정도의 영토를 갖춘 나라가 되었다. 이러한 국호의 개칭은 백제가 한 단계 정치적으로 성장하였음을 의미하고, 그 결과 하북 위례성에서 하남 위례성으로 천도하였을 것이다.

《삼국사기》는 근초고왕 26년에 다시 한 번 '이도한산(移都漢山)'했다고 전하고 있다. 한산은 한산성으로, 한성에서 그리 멀지 않은 지역이다. 따라서 근초고왕이 한산으로 도읍을 옮긴 것은 일시적이었으며, 그 뒤도 한산성은 계속 방어의 필요성이 강조되었을 것이다. 이 기사로 보

**청동초두** 청동으로 3개의 다리와 손잡이를 만들어 붙인 북두칠성 모양의 용기로, 풍납토성에서 출토되었다. (국립중앙박물관 소장)

아 백제에서도 고구려의 도성 체제와 같이 평지성인 한성과 산성인 한산성을 유기적으로 운영하는 도성 체제를 구축하고 있었던 것으로 추측된다. 한성과 한산이 평지성과 산성으로써 도성 체제를 구축하고 있었다면 한산성은 남한산성 일대로 비정할 수 있다. 이를 뒷받침해 주는 기록이 《선조실록》이다. 《선조실록》에는 동지사 노직(盧稷)이 선조에게 아뢰기를 '광주의 남한산성은 주위가 포백척(布帛尺)으로 1만 7,400여 척인데, 외부는 험하고 안은 깊숙하며 능선이 매우 길어 갑자기 포위할 수 없습니다. …… 이곳은 온조의 옛 도읍지로 다른 성에 비하여 더욱 크고 일찍부터 거주민도 있었습니다'라고 하였다. 이는 조선 시대에도 남한산성이 산성으로써 방위성 역할을 했음을 보여 줌과 동시에 조선 시대까지 온조의 도읍지로써 기억되고 있었음을 알려 준다. 또한 《인조실록》에는 '남한산성에 사당을 세워 온조왕을 제사하고 위판(位版)을 고쳐 '백제 시조 왕'이라 칭하였다'라고 하여, 남한산성에 온조의 사당이 있었음을 알려 주고 있다.✚박현숙, 위의 논문, 44~45쪽

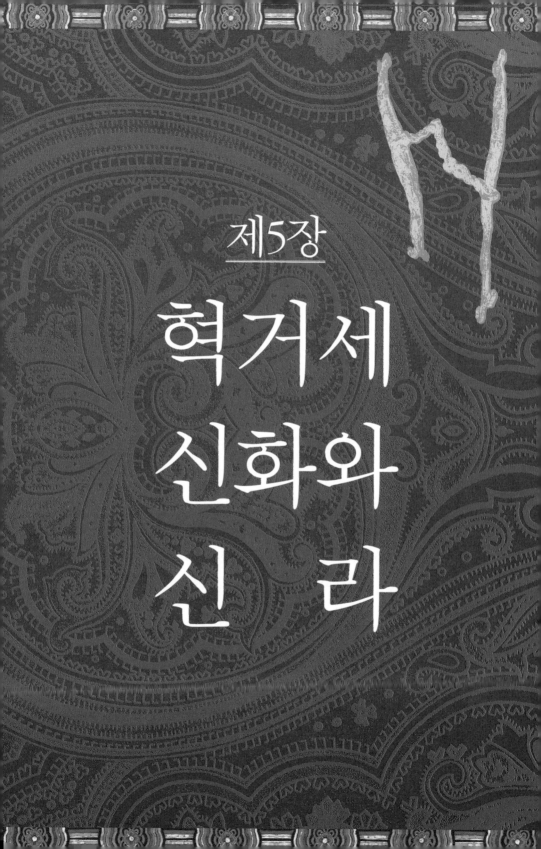

제5장

# 혁거세
# 신화와
# 신 라

옛날 진한 땅에 여섯 마을이 있었다. 첫째는 알천 양산촌이니 그 남쪽은 지금의 담엄사이다. 촌장은 알평이다. 처음에 [하늘에서] 표암봉에 내려오니 이가 급량부 이씨의 조상이 되었다. 둘째는 돌산 고허촌이니 촌장은 소벌도리이다. 처음에 형산에 내려오니 이가 사량부 정씨의 조상이 되었다. 지금은 남산부라고 하니, 구량벌, 마등오, 도북, 회덕 등 남촌이 이에 속한다. 셋째는 무산 대수촌이니, 촌장은 구례마이다. 처음에 이산에 내려오니, 이가 점량부 또는 모량부 손씨의 조상이 되었다. 지금은 장복부라고 하니, 박곡촌 등 서촌이 이에 속한다. 넷째는 자산 진지촌이니 촌장은 지백호이다. 처음에 화산에 내려오니 이가 본피부 최씨의 조상이 되었다. 지금은 통선부라고 하니, 시파 등 동남촌이 이에 속한다. 최치원은 본피부 사람이다. 지금 황룡사 남쪽 미탄사 남쪽에 옛터가 있는데, 이것은 최후의 옛집임이 분명하다. 다섯째는 금산 가리촌이니 촌장은 기타이다. 처음에 명활산에 내려오니, 이가 한기부 배씨의 조상이 되었다. 지금은 가덕부라고 하니, 상서지, 하서지, 내아 등 동촌이 이에 속한다. 여섯째는 명활산 고야촌이니, 촌장은 호진이다. 처음에 금강산에 내려오니, 이가 습비부 설씨의 조상이 되었다. 지금은 임천부로 물이촌, 잉구미촌, 궐곡 등 동북촌이 이에 속한다.

위의 글을 살펴본다면 6부의 조상들은 모두 하늘에서 내려온 것 같다. 노례왕 9년(32)에 비로소 6부의 이름을 고치고 또 여러 성을 주었다. 지금 풍속에는 중흥부를 어머니라고 하고, 장복부를 아버지라고 하고, 임천부를 아들이라고 하고, 가덕부를 딸이라고 하는데, 그 이유는 자세히 알 수 없다.

전한 지절 원년 임자(기원전 69) 3월 초하루에 6부의 조상들은 각기 제자들을 거느리고 알천의 언덕 위에 모여 의논하였다. "우리들은 위로 백성을 다스릴 임금님이 없으므로 백성들이 모두 방자하여 제 마음대로 하게 되었소. 어찌 덕 있는 사람을 찾아 군주를 삼아 나라를 세우고 도읍을 정하지 않겠소!" 이에 높은 곳에 올라, 남쪽을 바라보니, 양산 밑 나정 곁에 이상한 기운이 전광처럼 땅에 비치는데 흰 말 한 마리가 꿇어 앉아 절하는 형상을 하고 있었다. 그곳을 찾아가 살펴보니 보랏빛 알 1개가 있는데, 말은 사람을 보자 길게 말 울음을 울고 하늘로 올라가 버렸다. 그 알을 깨 보니 사내아이가 나왔는데, 모양이 단정하고 아름다웠다. 놀라고 이상히 여겨 그 아이를 동천에서 목욕시켰다. 몸에서 광채가 나고, 새와 짐승이 따라 춤추며 천지가 진동하고 해와 달이 청명해지므로, 그 일로 인해 그를 혁거세왕이라고 이름 하고 위호를 거슬한이라고 하였다. 그때를 당해 사람들은 서로 다투어 치하해 말하기를, "이제 천자가 이미 [하늘에서] 내려왔으니, 마땅히 덕이 있는 왕후를 찾아서 배필을 삼아야 할 것이요."라고 하였다. 이날 사량리 알영정 가에 계룡이 나타나 왼쪽 겨드랑이에서 계집아이를 낳았는데, 모습과 얼굴은 유달리 고왔으나, 입술이 닭의 부리와 같았다. 월성 북천에 가서 목욕시키니 부리가 떨어졌다. 그 때문에 그 내를 발천이라고 한다. 남산 서쪽 기슭에 궁실을 짓고, 두 성스러운 아이를 받들어 길렀다. 사내아이는 알에서 나왔으며, 그 알은 박과 같았다. 향인들은 박(瓠)을 박(朴)이라고 하므로 그 성을 박이라고 하였다. 계집아이는 그가 나온 우물 이름으로써 이름을 지었다. 두 성인의 나이 13세가 되자 오봉 원년 갑자(기원전 57)에 남자는 왕이 되고, 그 여자로 왕후를 삼았다. 나라 이름을 서라벌 또는 서벌이라고 하고, 혹은 사라 또는 사로라고도 하였다. 처음 왕이 계정에서 탄생하였기 때문에 혹은 계림국이라고도 하니, 계룡이 상서를 나타내기 때문이다.

일설에는 탈해왕 때에 김알지를 얻을 때 닭이 숲 속에서 울었으므로 이에 국호를 고쳐 계림이라고 했다고 하는데, 후세에 와서 신라의 국호를 정하였다. 나라를 다스린 지 61년 만에 왕은 하늘로 올라가고, 7일 후에 그 몸뚱이가 땅에 흩어져 떨어졌는데, 왕후도 세상을 떠났다고 한다. 나라 사람들이 [흩어져 떨어진 몸뚱이를] 합하여 장사 지내려고 하니 큰 뱀이 쫓아와서 방해하였다. 머리와 사지를 각각 장사 지내 오릉이 되었고 또한 사릉이라고 이름 하니, 담엄사의 북쪽 능이 이것이다. 태자 남해왕이 왕위를 계승하였다.

_《삼국유사》〈기이〉'신라시조 혁거세왕조'

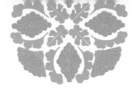

# 6촌장의 추대를 받아
# 왕이 된 혁거세

   신라의 국가 형성과 관련된 신화는 크게 두 가지로 나눌 수 있다. 시조 혁거세왕의 등장으로 사로국이 형성되는 과정을 담은 신화와 탈해와 알지의 등장으로 왕실 세력이 바뀌는 신화이다. 이 중 신라의 건국 신화에 해당하는 것은 혁거세 신화이고 탈해 신화와 알지 신화는 시조 신화라고 할 수 있다.

   혁거세 신화에 의하면, 옛날 진한 땅에는 여섯 마을이 있었다고 한다. 알천 양산촌, 돌산 고허촌, 무산 대수촌, 자산 진지촌, 금산 가리촌, 명활산 고야촌이다. 여섯 마을에는 각각 알평, 소벌도리, 구례마, 지백호, 기타, 호진이 촌장으로 있었다. 이들은 모두 하늘에서 내려온 사람들로 각각 자기 마을을 다스리고 있었다. 그런데 이들에게 군주가 필요했던 모양이다. 6촌장들은 어느 날 자제들을 거느리고 알천의 언덕에 모여 덕 있는 사람을 찾아 군주로 삼고 나라를 세우는 게 좋겠다고 합의를 하였다. 그러고는 높은 곳에 올라 남쪽을 바라보니 양산 밑 나정 우물곁에 이상한 기운이 전광처럼 땅으로 비치는 것이 아닌가? 자세히 보니 그곳에 흰 말 한 마리가 꿇어 앉아 절을 하고 있었다. 놀란 6촌장들이 황급히 그곳으로 달려가 보니 보랏빛 알 1개가 놓여 있어 깨뜨리자 사내아이가 나왔다. 이 아이가 바로 13년 뒤에 신라 최초의 임금으로 즉위하는 혁거세 왕이다.

《삼국유사》에 의하면 알천 양산촌의 촌장 알평은 하늘에서 표암봉으로 내려온 인물이라 한다. 알평 뿐만 아니라 나머지 5촌의 촌장들도 모두 하늘에서 내려온 사람들로, 이들은 모두 천강 신화를 갖고 있었다.

6촌장이 마을을 다스리던 시기는 추장 사회로, 사회·정치적 발전 과정에 따르면 신석기 시대의 부족 사회에 뒤이어 나타나는 단계이다. 추장 사회는 국가 형성의 문지방을 넘지 않은 사회·정치적 단계에 있었다. 따라서 6촌장이 혁거세를 추대하여 6촌을 통합한 서라벌 소국의 군주로 삼았다는 것은, 추장 사회를 넘어 초기 국가 형성 과정의 소국 단계로 들어섰음을 의미한다.[*]이종욱, 《한국사의 1막1장 건국 신화》, 휴머니스트, 2004, 215쪽

혁거세는 천신족계의 유이민 세력으로서, 철기 문화를 갖고 북방에서 이주해 왔다. 이들은 우월한 선진 문명을 가지고 있었기 때문에 토착 세력들과 큰 마찰 없이 여섯 마을을 장악하면서 사로국을 세웠다. 이러한 과정이 6촌장의 추대에 의해 혁거세가 왕이 되는 신화로 나타난 것이다. 이때 6촌장 세력들이 사로국에 흡수되면서 6촌장들이 가지고 있던 천강 신화도 혁거세 신화 속으로 흡수되어 혁거세 신화 초반부의 상당 부분이 6촌장에 대한 설명으로 채워졌다.

혁거세 신화에는 6촌장과 큰 갈등이 없었기 때문에 고난이 등장하지 않는다. 고구려의 주몽 신화에는 천신과 수신의 대결이나, 신모가 알을 잉태하고 낳기까지의 고난, 또는 알을 낳은 뒤 신비로운 인물이 알에서 태어나기까지 겪는 고난 등 많은 어려움이 곳곳에 깔려 있다. 그러나 혁거세는 알에서 태어나자마자 6촌장에 의해 양육되다가 13년 뒤 6촌장의 추대로 왕위에 오른다.

이러한 순탄한 즉위 과정은 혁거세 집단이 새로 이주한 지역에서 또 다른 세력과 동맹을 맺었을 가능성도 생각해 보게 한다. 이 집단이 바로 혁거세의 왕비로 상징된 알영 집단이다. 알영은 혁거세가 태어난 나정과 가까운 알영정에서 태어났으며, 뒤에 혁거세왕의 비가 되기 때문이다. 왕과 왕비의 결혼은 흔히 왕족과 왕비족의 정치적 결합으로 해석된다. 이로 보아 혁거세 집단과 알영 집단의 연합으로 신라 초기 왕권이 안정을 이룰 수 있었을 것으로 추측된다.

혁거세 집단은 서라벌 소국을 세운 후에도 왕국을 키워 나가기 위해 또 다른 정치 세력과 동맹을 맺었다. 탈해 신화와 알지 신화에 등장하는 석씨족과 김씨족이 그들이다. 탈해와 알지에 관한 신화가 신라에 전해지는 것과 이들이 왕위를 계승한 사실은 세 집단이 정치적 연합을 했기에 가능한 일이었다.

# 태양의 아들, 혁거세

혁거세는 양산 아래 나정 곁에 이상한 기운이 번개처럼 땅에 비치는 가운데 자주색의 알로 이 세상에 왔다. 그가 내려오는데 함께 한 존재는 흰 말이었다. 흰 말은 알의 신성함을 드러내고자 알 옆에 꿇어 앉아 있다가 사람들이 다가오자 길게 울고 하늘로 올라갔다. 신화에서 보면 혁거세의 탄생에는 천제나 천제의 아들과 같은 계보가 드러나지 않는다. 즉 단군이나 주몽처럼 부모의 혈통이 뚜렷이 드러나지 않는다. 그러나 그는 하늘에서 알의 형태로 내려왔기 때문에 천신적인 존재이다.

《삼국유사》에는 혁거세왕이라 이름 했다고 전한 뒤 주를 달아, '아마 우리말일 것이다. 혹은 불구내왕(弗矩內王)이라고도 하니, 밝게 세상을 다스림을 말하였다'라고 하였다. 이로 보아 전광과 같은 기운을 받은 자주색 알로 태어나 밝게 세상을 다스리라고 불구내왕이라 불린 혁거세는 태양신의 아들이었다. 불구내는 '붉은 해' 또는 '밝은 해'를 의미한다[*김문태, 《되

새겨보는 우리 건국 신화》, 보고사, 2006, 152쪽고 한다. 빛의 근원은 바로 태양이며 그가 알의 형태로 내려온 것도 태양의 모습과 같다. 혁거세는 박처럼 생긴 커다란 알에서 태어났다 하여 성을 박으로 삼았다. 박은 순전히 알의 생김새만을 생각한 것은 아니었다. 박은 '밝'으로, 밝음을 나타내는 말이기도 했다.

알로 탄강한 혁거세는 천제의 자손이라는 보증이 필요했다. 이것이 바로 혁거세 곁에서 무릎을 꿇고 절하는 형상으로 있다가 하늘로 올라간 백마이다. 보통 신화나 설화에서 말은 중요한 인물이 태어날 것임을 미리 알려 준다. 특히 건국 신화에서는 임금보다 먼저 이 세상에 내려와 새로운 임금의 탄생을 알려 주는 사자 역할을 한다. 말은 하늘 세계와 인간 세계를 왔다 갔다 할 수 있는 특별한 동물로, 그 말이 혁거세가 태어난 알의 곁에서 무릎을 꿇고 있었으니 혁거세는 하늘로부터 내려온 하늘의 자손이었다.

부여 금와왕이 태어날 때도 말이 등장하여 새로운 왕의 탄생을 미리 알려 준다. 해부루왕이 자손이 없어 산천에 제사를 지내고 있던 어느 날 왕이 탄 말이 곤연에서 큰 바위를 보고 눈물을 흘렸다 한다. 이상하게 생각한 해부루가 신하에게 그 돌을 굴리게 하자 그 속에서 금빛 개구리 모양의 아이가 나왔다. 해부루왕은 하늘이 주신 아이라 하여 데리고 가서 태자로 삼았다. 금와는 해부루왕이 죽은 뒤 왕위를 이었다.

혁거세가 강림한 장소인 양산 역시 그의 신성성을 드러내는 공간이다. 양산은 환웅의 태백산, 해모수의 웅심산, 수로의 구지봉, 알지의 시림과 같은 의미를 갖는다. 즉 양산은 하늘과 땅을 연결하는 통로이자 우주의 중심으로 우주목이 있는 곳이다. 따라서 양산으로 강림한 혁거세 역시 다른 신화의 주인공과 신성성을 공유하는 것이다. 이로써 혁거세는 명실공히 태양의 아들임이 강조된다.

알에서 태어난 혁거세를 동천에서 목욕시킨 일도 빛을 밝히는 일이었다. 어둠의 때를 씻어내는 탄생 의례를 치르고 나서야 혁거세는 비로소 몸에서 광채가 났다. 이를 보고 새와 짐승들이 따라 춤을 추고 하늘과 땅이 진동하였으며 마침내 해와 달까지 맑고 밝게 빛났다고 한다.

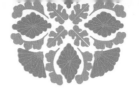

# 계룡의 옆구리에서
# 태어난 알영

혁거세가 탄생하자 사람들이 치하하며 말하기를, "이제 천자가 하늘에서 내려왔으니, 마땅히 덕이 있는 왕후를 찾아서 배필을 삼아야 한다."라고 말하였다. 그러자 기다렸다는 듯이 그날 바로 사량리 알영정 가에 계룡이 나타나 왼쪽 겨드랑이에서 계집아이를 낳았다. 아이는 얼굴과 자태가 유달리 고왔지만 흠이 있었으니 입술이 닭의 부리와 같았다. 이에 사람들은 월성 북천에 가서 목욕시켰더니 비로소 부리가 떨어졌다 한다.

입술이 닭의 부리와 같았다는 구절은 고구려 건국 신화에서 주몽의 어머니 유화의 모습을 떠올리게 한다. 유화가 허락도 없이 해모수와 정을 통하고 버림을 받자, 유화의 아버지 하백은 그녀의 입술을 새의 부리처럼 석자나 늘인 뒤 우발수 가로 내쫓았다. 유화는 금와왕에게 구조된 뒤 새 부리 입술을 가위로 세 번 자른 후에야 비로소 사람의 말을 할 수 있었다. 유화에게 닥친 이 고난은 주몽을 잉태하고 신모로 거듭나기 위한 필연적인 과정이었다.

이와 마찬가지로 알영의 입술도 태어날 때 닭의 부리와 같았는데, 사람들이 월성 북천에 가서 목욕시킨 뒤에야 닭의 부리가 떨어져 나갔다. 북천에 목욕시킨 행위는 알영의 탄생 의례로써 이를 마친 뒤에야 알영은 비로소 혁거세의 배필이 될 자격이 생겼다.

《삼국유사》에는 알영이 탄생할 때 6부의 촌장 및 그들의 자제들이 지켜보았다고 한다. 그러나 《삼국사기》〈신라본기〉 '혁거세 거서간 5년조' 에는 알영의 탄생을 지켜본 사람이 할멈으로 되어 있으며, 태어난 해도 기원전 69년이 아닌 기원전 53년으로 되어 있다.

> 봄 정월에 용이 알영정에 나타나 오른쪽 옆구리에서 여자아이를 낳았다. 어떤 할멈[老嫗]이 보고서 이상히 여겨 거두어 키웠다. 우물의 이름을 따서 그의 이름을 지었는데, 자라면서 덕행과 용모가 뛰어났다. 시조가 이를 듣고서 맞아들여 왕비로 삼으니, 행실이 어질고 안에서 보필을 잘 하였다. 당시 사람들은 그들을 두 성인이라 일컬었다.
>
> _《삼국사기》〈신라본기〉 '혁거세 거서간조'

알영의 탄생을 지켜보다가 그녀를 데려가 기른 노구는 단순히 늙은 할머니를 뜻하는 것 같지는 않다. 노구는 용이 나타난 것을 볼 수 있는 능력을 가졌으며, 알영을 왕비가 될 만한 덕용을 갖추게 하여 2성으로 숭상받을 인물로 키웠다. 이러한 신비로운 할머니의 존재는 탈해의 탄생 설화에도 나타난다.

시조 혁거세 39년, 아진포구의 노모가 상자를 발견하고 이를 열어 한 어린아이를 얻어 길렀는데, 그 어린아이가 바로 탈해이사금이라는 설화이다. 노모는 알영을 거둔 노구와 같은 존재로, 이름이 아진의선이라고 알려져 있는 것으로 보아 실존 인물일 것이다. 더구나 노모의 신분이 혁거세왕 때 해척(海尺)의 어미임을 알 수 있다. 그런데 노구는 까치가 모여드는 것을 보고 상서로운 일이 일어날 것을 예지하였고, 또한 배를 끌어다 수림 밑에 두고 길흉을 점치려고 하늘을 향하여 서원을 하고 있다. 결국 이 노구는 예지와 점술을 행하는 능력을 가진 무(Shaman)라고 이해할 수 있다.+최광식, 〈삼국사기 소재 노구의 성격〉, 《사총》 25, 고려사학회, 1981, 2~9쪽 알영은 신라의 2성이라 일컬어질 만큼 중요한 인물이었기에 예지와 점치는 능력까지 갖춘 노모가 양육을 담당했다.

알영의 탄생은 인간적인 출생 과정과 거리가 멀다. 《삼국사기》에서는 '용이 알영정에 나타나 오른쪽 옆구리에서 여자아이를 낳았다'라고 하였고, 《삼국유사》에서는 '알영정 가에 계룡이 나타나 왼쪽 겨드랑이에서 계집아이를 낳았다'라고 하였다. 그리고 《삼국유사》는 세주를 달아 '혹은 용이 나타나서 죽었는데 그 배를 갈라서 계집아이를 얻었다'라고도 하였다.

이러한 초월적인 출산 과정은 석가모니가 마야부인의 오른쪽 옆구리에서 태어나는 모습과 비슷하다. 알영은 용 또는 계룡의 옆구리에서 탄생하는 것이 다를 뿐이다. 고대 사회에서 용은 신성한 동물로 여겨졌다. 용은 물을 주관하는 신으로, 자유자재로 가뭄이나 비를 내리기 때문에 농사를 주업으로 하는 농경 문화권에서 숭배의 대상이었다. 우리 조상들은 매년 봄과 가을에 용에게 제사를 지내 한해 농사가 잘 되도록 기원하였다. 그런 만큼 용의 옆구리에서 태어난 알영은 수신의 후예이자, 대지의 풍요를 가져다주는 지모신으로 이해할 수 있다. 이는 유화가 물의 신 하백의 딸로서, 수신의 후예이자 지모신으로 추앙받았던 것과 같은 맥락이다.

알영은 그냥 용이 아닌 닭의 모양을 한 용의 옆구리에서 태어났다. 닭은 예로부터 태양이 뜨는 때를 아는 예조 능력을 지닌 동물로 여겨졌다. 이처럼 닭은 밝음을 알려 주기 때문에 어둠 속에서 활동하는 음귀를 쫓아내는 능력도 지니고 있다고 믿었다. 더 나아가서 닭은 울음을 통해 상서로운 일을 미리 알려 주며, 심지어 왕의 탄생을 알리는 상서로운 존재로 여겨졌다.✛김종대,《33가지 동물로 본 우리문화의 상징세계》, 다른세상, 2003, 148~149쪽 신라에서는 이런 닭을 신성한 동물로 숭상하였다.

《삼국유사》에는 '처음 왕이 계정에서 탄생하였기 때문에 혹은 계림국이라고도 하니, 계룡이 상서를 나타내기 때문이다. 일설에는 탈해왕 때에 김알지를 얻을 때 닭이 숲 속에서 울었으므로 이에 국호를 고쳐 계림이라고 했다고 하는데, 후세에 와서 신라의 국호를 정하였다'라고 하며, 계룡이나 닭이 상서로운 동물이기 때문에 국호를 계림국이라 할 정도였다. 그러므로 수신이자 상서로운 능력을 지닌 닭의 모양을 한 계룡의 옆구리에서 태어난 알영은 탄생만으로도 신성성이 보장되었다.

# 신성한 성역, 알천

혁거세 신화에서 가장 신성하게 여겨지는 곳이 바로 알천이다. 처음 6촌 장들은 알천의 언덕에 모여 왕이 필요함을 논의하다가 양산 밑 나정 우물가에서 신비한 기운이 이는 것을 보았다. 또 알영이 목욕을 한 신성한 하천인 북천도 바로 알천이다. 《동국여지승람》〈경주부 고적조〉에 보면 '동천은 북천이라고도 하고 알천이라고도 하는데 경주부의 동쪽 5리에 위치하고 있다'라고 하였다.

북천은 신라인에게 신성한 냇물로 여겨졌으며 때로는 신라의 정치적 문제와 관계되기도 하였다. 이는 알천이 원성왕의 즉위와 관련되었다는 전설이 전해 내려오는 데서도 알 수 있다. 원성왕의 이름은 경신으로 내물왕의 12세손이었다. 그는 일찍이 선덕왕이 상대등으로 있을 때 그를 도와 왕위에 오르는 데 큰 공을 세워 상대등이 되었다. 그는 왕위 계승권 자가 아니었으나 상대등 김주원을 제치고 신라 제38대 임금이 되는 영예

를 누렸다. 《삼국유사》에는 그의 즉위에 얽힌 재미있는 이야기가 전해
온다.

어느 날 그는 머리에 쓴 두건을 벗고 흰 갓을 썼으며 12현금을 들고
천관사 우물 속으로 들어가는 꿈을 꾸었다. [왕은] 꿈에서 깨어 사람
을 시켜 점을 쳤다. 점쟁이가 말하기를, "두건을 벗는 것은 관직을
잃을 징조요, 가야금을 든 것은 칼을 쓸 징조요, 우물 속으로 들어간
것은 옥에 갇힐 징조입니다."라고 하였다. 왕은 그것을 듣고 매우
근심하여 문을 잠그고 밖으로 나오지 않았다.
그때 아찬 여삼, 어떤 책에는 여산이라고 하는 이가 와서 뵙기를 청
했으나, 왕은 병을 핑계로 사양하고 나오지 않았다. [아찬이] 다시
연락하여 말하기를, "꼭 한번 뵙기를 청합니다."라고 하므로 왕이 이
를 허락하였다. 아찬이 묻기를, "공께서 꺼리는 것은 무엇입니까?"
라고 하니, 왕이 꿈을 점쳤던 사유를 자세히 말하였다. 아찬은 일어
나 절하고 말하기를, "이는 매우 좋은 꿈입니다. 공이 만일 큰 자리
에 올라서 저를 버리지 않으신다면 공을 위해서 꿈을 풀어 보겠습
니다."라고 하였다. 왕이 이에 좌우 사람들을 물리치고 해몽을 청하
였다. [아찬이] 말하기를, "두건을 벗은 것은 위에 앉는 이가 없음이
요, 흰 갓을 쓴 것은 면류관을 쓸 징조요, 천관사 우물에 들어간 것
은 궁궐로 들어갈 상서입니다."라고 하였다. 왕이 말하기를, "위에
주원이 있는데 내가 어떻게 왕위에 오를 수 있단 말이오?"라고 하였
다. 아찬이 말하기를, "비밀리에 북천의 신에게 제사를 지내면 가능

할 것입니다."라고 말하였다. [왕은] 그대로 따랐다.

얼마 안 되어 선덕왕이 세상을 떠나자 나라 사람들은 김주원을 받들어 왕으로 삼아 장차 궁으로 맞아들이려고 하였다. 그의 집이 북천의 북쪽에 있었는데 갑자기 냇물이 불어 건널 수가 없었다. [이에] 왕이 먼저 궁에 들어가 왕위에 오르자, 상재의 무리들이 모두 와서 따르고 새로 오른 임금에게 축하를 드리니, 이가 원성대왕이다.

_《삼국유사》 〈기이〉 '원성대왕조'

선덕왕이 아들이 없이 죽자 신하들은 의논을 하여 왕의 조카뻘인 주원을 왕으로 세우려 하였다. 그러나 북천신이 냇물이 불어나는 조화를 부려 김주원의 발목을 묶어 놓은 사이 경신이 궁에 들어가 왕위에 올랐다고 한다.

이와 같이 알천은 신라 사람들에게는 신성한 공간으로 새로운 왕을 옹립하는 데 관여하기까지 하였다. 그렇게 때문에 《삼국사기》에 보면 신라 왕들이 가을철에 알천에서 군대를 사열하는 기록이 자주 나타난다. (《삼국사기》 〈신라본기〉 파사왕 15년(94) 가을 8월, 일성왕 5년(138) 가을 7월, 나해왕 5년(200), 애장왕 5년(804) 7월에는 임금이 알천 가에서 군대를 크게 사열하였다는 기록이 있다) 알천의 알은 위대함 또는 신성함을 의미하는 용어로, 알천은 국가의 시조 탄생에 얽힌 신성한 정소이자 신라 왕들이 나라를 지키는 호국 의례를 행하던 신성한 영역이었다.

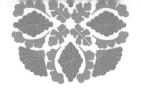

# 오릉과 뱀

신화에 의하면 혁거세는 나라를 다스린 지 61년이 되어 하늘로 올라 갔으나 7일 뒤에 몸뚱이가 땅에 흩어져 떨어졌고, 이때 왕후도 세상을 떠났다 한다. 이에 사람들이 시신을 모아 장례를 지내려고 하자 큰 뱀이 가로막아 하는 수없이 다섯 군데에 나누어 매장했다는 것이다. 혁거세 의 죽음은 참으로 신이한 모습이다. 그러나 이러한 장례법은 농경 문화 에서는 그리 낯선 것이 아니다.

프레이저의 《황금의 가지》에 따르면 농경 문화권에서 곡물신은 죽은 뒤 곡물 파종의 신화적 방법으로 분산 매장된다. 하나의 이삭에 붙은 낱 알들이 새로운 싹으로 자라려면 각각 흩어져 땅에 묻혀야 한다. 희랍의 생산신 오시리스의 시신이 열네 조각이 나서 널리 뿌려지고, 그의 아내 이시스가 오시리스의 유해 조각을 발견하는 대로 매장하여 묘지가 많이 생겼다고 한 것은 그가 바로 곡물의 신이었기 때문이다.✛프레이저 지음, 김상일

역,《황금의 가지》, 을유문화사, 1975, 452~458쪽

그러므로 혁거세왕의 몸뚱이가 다섯 부분으로 나뉘어 흩어진 것은 바로 농경의 풍요를 바라는 의미였을 것이다. 이러한 의미에서 본다면 혁거세는 농경 생산신의 성격도 가지고 있다. 이때 큰 뱀이 합장을 방해하여 땅에 흩어져 떨어진 혁거세의 유체를 각각 매장한 것은 바로 곡물 파종의 신화적 방법인 셈이다. 이는 곧 풍요를 보장하는 신화 주인공이 죽어서까지 풍요를 보장해 주리라는 신념에서 나온 것이다. 혁거세의 다섯 무덤은 곧 동서남북 그리고 중앙이라는 다섯 방위의 무덤을 의미한다. 따라서 이 무덤은 신라 전 지역의 풍요를 보장하는 상징이 된다.[*]김문태, 위의 책, 161쪽

혁거세가 죽자 왕비 알영도 죽었다고 한다. 이는 혁거세가 태어난 날 왕비 알영이 태어나는 것을 연상시킨다. 우물인 알영정에서 계룡의 갈비뼈에서 태어난 왕비 알영도 수신으로서 농업의 풍요를 가져다주는 존재였다. 이는《삼국사기》〈신라본기〉'혁거세 거서간 17년조'의 '왕이 6부를 두루 돌면서 위무했는데, 왕비 알영이 따라 갔다. 농사와 누에치기에 힘쓰도록 권장하여 토지의 이로움을 다 얻도록 하였다'라는 기록에서도 알 수 있다.

신화에서 혁거세의 합장을 방해하는 뱀은 단순한 뱀이 아니라 혁거세의 유체를 보호하는 존재이다. 곡식의 풍요를 가져오고자 하는 신의 뜻을 대리하는 사자로서 수신 계열의 뱀이 등장한 것인지도 모른다. 이 뱀은 수로왕이 죽은 뒤 사당을 보호하는 큰 뱀과 같다.《삼국유사》〈기이〉'가락국기'에 의하면 '며칠 뒤 도둑 떼가 다시 오니 길이가 30여 자나

오릉 혁거세의 무덤으로, 신화에서는 혁거세의 시신이 다섯 부분으로 나뉘어 땅에 흩어져 이를 합장하려
하자, 뱀이 가로막아 그대로 매장하였다고 전한다.

되고 눈빛이 번개 같은 큰 뱀이 능묘 옆에서 나와 8, 9명을 물어 죽이니, 겨우 죽음을 면한 사람들도 모두 넘어지면서 흩어져 버렸다. 그러므로 능원의 안팎은 반드시 신이 보호하고 있음을 알 수 있다'라고 쓰고 있다. 또 《삼국사기》에 의하면 나해이사금 34년 여름 4월, 뱀이 남쪽 창고에서 3일 동안 울고 나서 1년 후 왕이 승하했다고 한다. 아마도 뱀이 왕의 죽음을 예견했던 것 같다.

신화적 의미에서 사당을 보호하고 죽음을 예견하는 능력을 지닌 뱀은 생태적으로 허물을 벗고 재생하는 과정을 주기적으로 반복한다. 이러한 뱀의 신비로운 재생 능력이 바로 생명의 재생과 농작물의 풍요를 의미하게 되었을 것이다. 오릉을 사릉이라 불렀다는 구절에서도 뱀의 역할을 추측해 볼 수 있다.

신화에서는 오릉을 모두 혁거세의 무덤이라고 보지만, 오늘날 학자들은 오릉을 신라 초기 왕과 왕비였던 시조 혁거세와 알영부인, 제2대 남해왕, 제3대 유리왕, 제5대 파사왕 등 5명의 무덤이라고 보기도 한다. 이 무덤들은 경주 시내에 있는 신라 무덤들처럼 흙을 둥글게 쌓아 올린 원형 봉토분인데, 아직 발굴 조사가 이루어지지 않아 무덤 내부에 대해 알려진 바가 없다. 게다가 경주 일대에서는 아직 이런 대형의 원형 봉토분 중 3세기 이전에 만들어진 무덤이 발견되지 않아 피장자에 대한 논란이 계속되고 있다.

하지만 이 무덤들이 원형 봉토분이어서 신라 초기 왕들의 무덤이 아니라고 단정 짓기도 이르다. 만약 신라 초기 왕들과 알영부인의 무덤이라면, 지금과 같은 원형 봉토는 후대에 조성되었을 것이다. 신라의 김씨 왕실에서는 오묘제를 시행하면서 박씨들도 오묘를 만들었는데 무덤에 사당을 만들어 오릉을 오묘로 한 것*최광식, 《한국사》7, 국사편찬위원회, 1997, 18쪽 이라는 견해도 있다. 즉 신라가 삼국을 통일한 뒤 강력한 왕권이 필요해지자 신문왕은 중국식 묘제인 오묘제를 수용하면서 왕권 강화를 꾀하였다. 그러자, 박씨들도 시조묘가 있는 오릉에 사당을 만들어 오묘로 만들었다는 것이다. 과연 무엇이 역사적인 진실인지 알기 위해서는 고고 발굴과 연구가 더 진행되어야 할 것이다.

# 혁거세와 알영의 어머니는
# 선도산 성모

혁거세 신화에 의하면 혁거세는 하늘이 내려 보낸 알에서 태어났다. 그런데 《삼국유사》〈감통편〉에는 혁거세의 어머니가 선도산 성모라고 쓰고 있다.

성모는 원래 중국 황실의 딸로, 이름은 사소였다. 일찍이 신선의 술법을 얻어 우리나라에 와서 머물러 오랫동안 돌아가지 않더니, 아버지 되는 황제가 서신을 [솔개의] 발에 매어 보내면서 이르기를, "솔개가 머무는 곳을 따라 집을 삼아라."라고 하였다.
사소는 서신을 보고 솔개를 놓았더니 날아서 이 산에 이르러 멈췄으므로 따라와서 [이곳을] 집으로 삼고 지선(신선)이 되었다. 그러므로 이름을 서연산이라고 한다.
신모가 오랫동안 이 산에 웅거하여 나라를 진호하였는데 신령스런 이적이 아주 많았다. 나라가 건립된 이래로 언제나 3사(대사, 중사, 소사)의 하나로 삼았고, [그] 차례도 여러 망제(명산대천에 지내는 제사)의 위에 있었다. ……

그가 처음 진한에 이르러 성자를 낳아 동국의 처음 임금이 되었다고 하니 아마 혁거세왕과 알영부인 두 성인의 유래일 것이다. 그러므로 계룡, 계림, 백마 등으로 부르는 것은 닭이 서쪽에 속하기 때문이다. [그는] 일찍이 제천의 선녀들에게 비단을 짜게 해서 붉은 색으로 물들여 조복을 만들어 그 남편에게 주었으므로 나라 사람들이 이로 인해 비로소 [그의] 신비한 영험을 알았다.

_《삼국유사》〈감통〉 '선도성모수희불사조'

'선도성모수희불사조'에 의하면, 진한 땅에 온 사소는 신성한 아이를 낳았는데, 이 아이가 바로 혁거세와 알영이라 한다. 혁거세는 자라서 동쪽 나라의 첫 임금이 되었지만, 사소는 줄곧 신라에 머물며 돌아가지 않았다. 아무리 기다려도 딸이 돌아오지 않자, 중국 황제였던 아버지는 편지를 써서 솔개의 발에 매달아 사소에게 전했다. 편지에는 '솔개가 머무는 곳을 따라 집을 삼거라'라는 이야기가 쓰여 있었다.

편지를 읽은 사소가 솔개를 풀어 주자, 솔개는 기다렸다는 듯이 날아 선도산으로 가서 멈추었다. 이에 사소는 선도산으로 들어가 그곳의 신선이 되었다. 그 뒤부터 사람들은 선도산에 사소를 모시는 사당을 세우고 성모사라 불렀다  사람들이 이 사당에 제사를 지내면 매우 효험이 있었다고 한다.

선도산 성모는 가끔 사람들 앞에 나타나곤 했는데, 진흥왕 때는 안흥사라는 절에 살던 지혜라는 비구니에게 나타났다. 지혜는 불당을 깨끗하게 고치고 싶었으나 돈이 모자랐다. 그러던 어느 날 밤 꿈에 머리에 구슬을 장식한 예쁜 선녀가 나타나 말했다.

"나는 선도산의 성모이다. 정성이 나를 감동시켰으니, 내 자리에서 금열 근을 꺼내 불전을 수리하라."

지혜는 성모가 시킨 대로 사당의 신령이 모셔진 자리 아래쪽을 파자 그곳에 황금 160냥이 있었다. 지혜는 이 돈으로 불전을 새로 만든 후 부처님이 모셔진 뒷벽에 신모의 형상을 그려 붙이고 함께 기도를 드렸다고 전해진다.

선도산 성모가 영험했다는 것은 제54대 경명왕과의 일화에서도 알 수 있다. 경명왕은 매사냥을 즐겨 일찍이 이 산에 올라 매를 놓았다가 잃어버렸다. 그는 신모에게 기도하기를, "만약 매를 찾으면 봉작해드리겠습니다."라고 하였다. 그러니 조금 있다가 매가 날아와서 궤 위에 앉았다. 이에 경명왕은 성모를 대왕으로 봉하였다 한다.

# 나정은 왕실 제사를
# 지내던 신궁터

혁거세가 죽은 뒤 왕위를 계승한 제2대 남해왕은 즉위 3년 춘정월에 시조묘를 세웠다. 이 시조묘는 혁거세의 묘로 《삼국사기》〈잡지〉 '제사 조'에는 1년에 네 번 제사를 지냈는데 누이 아노로 하여금 제사를 주관하게 하였다고 전한다. 이후 제8대 아달라왕은 시조묘를 중수하였으며, 제21대 소지왕은 시조묘에 수묘 20가를 추가로 늘렸다. 그리고 2년 뒤인 소지왕 9년<sup>(487)</sup> 봄 2월에 시조가 처음 태어난 곳인 나을(奈乙)에 신궁을 설치하고 제사를 지냈다고 한다.

남해 차차웅 이후 신라의 왕들은 왕위에 오른 뒤 시조묘에 제사를 지내곤 하였다. 그 이유는 왕권 강화와 관련이 있을 것이다. 나라를 세운 지배자들은 강력한 왕권을 가지고자 자신이 하늘의 자손임을 강조할 필요성을 느꼈다. 따라서 신라는 천강 신화를 가진 혁거세를 위한 시조묘를 세우고, 이에 대한 제사를 통하여 왕권 강화를 꾀하였다. 따라서 시조

경주 **나정** 혁거세가 탄생했다고 전해지는 우물터이다.

묘 제사는 고대 국가 형성을 알려 주는 가장 중요한 징표의 하나였다.[+]최

광식, 《고대 한국의 국가와 제사》, 한길사, 1995, 174쪽

그럼 남해왕 때 세웠다고 전해지는 시조묘는 어디에 있었을까? 지금
의 경북 경주시 탑동에 있는 오릉에서 남동쪽을 바라보면 소나무숲 가운
데 시조유허비가 있고, 그 옆에 혁거세가 태어났다고 전해지는 나정 우
물이 있다. 이 우물은 2002년부터 2005년까지 연차적으로 발굴이 이루
어져, 나정과 직접적으로 관련된 시설인 우물지, 초석을 사용한 원형의
건물지, 팔각 건물지, 1열의 석열과 적심 등이 발굴되었다. 또 북쪽 일대
에서는 청동기 시대 주거지가 발굴되었으며 남서쪽에서는 초기 철기 시
대의 수혈유구가, 북서쪽 담장 하층에서는 삼국 시대 수혈유구가 확인되
었다.[+]이문형, 〈경주 나정(사적 제245호) 발굴조사 개요〉 《제1회 중앙문화재연구원 학술대회 경주 나정》,

중앙문화재연구원, 2005, 17쪽

팔각 건물지는 1차 발굴에서 확인되었는데, 각 변의 길이가 8미터인
대형 건물지이며, 5~6세기 통일 신라기에 개축된 것으로 보인다. 이후
추가 발굴에서 그보다 더 오래된 초기 철기 시대의 작은 원형 건물터
가 그 안에서 발굴되었으며, 두 건물터의 중앙에서 우물터가 발견되었
다. 이렇게 팔각 건물지 하부에서 나정으로 추정되는 우물터가 발견됨
으로써 신라의 혁거세 신화는 허구가 아닌 역사적 사실로 밝혀졌다. 그
리고 발굴에서 드러난 철기 시대 원형 건물터가 시조묘 설치의 흔적이
며, 5~6세기 팔각기단 건물터는 소지왕 때 세웠다고 하는 신궁의 흔적
일 가능성이 크다.

나정 발굴에서는 신라 시대에 만들어진 기와들이 많이 출토되었는데,

여러 가지 신라 토기 신라 토기는 기원전후에 성립하여 9세기까지 발전하였으며, 토기의 형태로는 굽다리접시와
뚜껑접시, 긴목항아리, 짧은목단지가 기본적이며, 손잡이 달린 잔, 그릇받침 등도 많이 만들어졌다. (국립중앙박물
관 소장)

이들 기와의 연대를 추정해 보니 고신라에서 통일신라에 이르기까지 다양했다. 이는 나정이 오랜 기간 동안 지속적으로 관리되고 있었음을 알려 준다. 이곳에서 출토된 기와 중 연화문을 새긴 막새기와는 신라의 궁궐이나 황룡사 같은 큰 사찰에만 사용하던 기와였다. 또한 '생(生)' 자 명문 기와도 발굴되어서 이곳이 혁거세의 탄강 설화와 관련된 유적일 가능성을 더해 주고 있다.

나정의 수혈유구와 우물지, 팔각 건물지 등은 이곳이 신라 시대에 신성하게 여겨지던 장소로써 제사가 거행되던 곳임을 알려 준다. 특히 우물지 남쪽 초기 철기 시대에 해당하는 수혈유구에서 두형토기편이 출토되었는데, 이는 제사용 토기로 이곳에서 일찍부터 제사가 이루어졌음을 알 수 있다. 또 나정 유적의 북서모서리에는 삼국 시대의 수혈 6기가 분포하고 있다. 평면은 말각장방형 또는 원형으로 내부에서는 고배, 장경호, 개배, 원통형 토기, 완, 토제구슬, 방추차, 어망추, 원반형 토제품, 토우편, 수정 등이 출토되었다. 이 역시 제사와 관련된 유구와 유물로 판단된다. 따라서 나정은 유적 전체가 제사와 관련있다고 할 수 있다.[*]최광식,
《한국 고대의 토착신앙과 불교》, 고려대학교출판부, 2007, 176쪽

# 신라의 왕호

혁거세는 왕위에 오른 뒤 거슬한이라 불렸다. 이 구절에서 《삼국유사》는 세주를 달아 '또는 거서간이라고도 하니, 이것은 그가 처음 말할때 스스로 일컬어, '알지거서간이 한번 일어났다'라고 했으므로, 그 말로인해 부른 것인데, 이로부터 왕자의 존칭이 되었다'라고 하였다. 거서간은 어떤 집단의 대표자를 뜻하는 말이다. 한 집단의 대표자이자 사로국을 대표하는 우두머리란 뜻이다.

혁거세가 자칭 알지라고 하였다는 것이 흥미롭다. 알지라는 이름은김알지의 알지에 대하여 《삼국유사》가 말하듯이 단순히 '어린아이의 칭호'는 아닐 것이다. 알지(閼智)는 존자의 칭호이며 '지(智)/지(支)'는 인명에 붙은 접미어이다.✛천소영, 《고대 국어의 어휘 연구》, 고대민족문화연구소, 1990, 128쪽 신라어, 고구려어 등 고대 국어에서는 존귀한 인물의 이름이나 신성시되는 존재의칭호에 '알(閼)'을 넣어서 지은 것이 많았다. 그 예로 알지, 알천공, 알영, 알평 등이 있는데, 이러한 현상으로 보아 신라인들은 '알(卵)'을 존귀하게 여겼음을 알 수 있다.

이 밖에도 신라 시대에는 여러 가지 왕호가 쓰였다. 유리왕과 탈해왕은 '이사금'이라 불렸으며, 남해왕은 '차차웅'이라 불렸다. 《삼국사기》〈신라본기〉 '남해 차차웅조'에 의하면 '차차웅은 혹은 자충이라고도 하였다. 김대문이 말하였다. 차차웅은 방언에서 무당을 일컫는 말이다. 무당은 귀신을 섬기고 제사를 받드는 까닭에 세상 사람들이 그를 두려워하고 공경하여 마침내 존장자를 일컬어 자충이라 하였다'라고 하였다.

무당은 인간과 신 사이에서 신의 뜻을 인간에게 전해 주는 특별한 사람이다. 아마도 남해 차차웅 당시에는 왕이 하늘의 뜻을 알아 백성에게 전해 주는 일이 아주 중요했던 모양이다. 왕은 하늘의 자손으로 일컬어졌으므로 기후와 천재지변을 미리 알아 백성이 농사를 짓는 데 도움을 주어야 했다. 그래서 왕은 하늘과 산천에 제사를 지내며 하늘의 뜻을 묻곤 하였다.

이사금은 나이가 많은 지혜로운 사람을 뜻한다. 옛날에는 이가 많은 사람이 지혜로운 사람이라고 믿었기 때문이다. 이사금이란 왕호와 관련하여 유리왕과 탈해왕의 내기 이야기는 잘 알려져 있다.

남해가 죽자 누가 왕위를 이을 것인가가 문제가 되었다. 이에 탈해는 "임금의 자리는 용렬한 사람이 감당할 수 있는 바가 아니다. 내가 듣건대 성스럽고 지혜로운 사람은 이가 많다고 하니 떡을 깨물어서 시험해 보자."라고 했다.

이에 유리의 잇금(치아)이 많았으므로 좌우의 신하와 더불어 그를 받들

금관 경북 경주시 황남대총에서 출토된 금관으로, 신라 왕족의 권위와 존엄성을 상징한다. (국립중앙박물
관 소장)

어 세우고 이사금이라 불렀다 한다. 《삼국사기》〈신라본기〉'유리이사
금조'에는 김대문의 말을 빌려 다음과 같이 쓰고 있다.

> 이사금은 방언으로 잇금을 일컫는 말이다. 옛날에 남해가 장차 죽
> 을 즈음에 아들 유리와 사위 탈해에게 일러 말하기를 "내가 죽은 후
> 에 너희 박(朴), 석(昔) 두 성 가운데 나이가 많은 사람이 왕위를 이어
> 라."라고 하였다. 그 후에 김씨 성이 또한 일어나 3성에서 나이가 많
> 은 사람이 서로 왕위를 이었던 까닭에 이사금이라 불렀다.

이외에도 신라의 왕호에 '마립간'이 있었는데, 마립간은 최고의 우두
머리란 뜻이다. 여러 집단이 의논하여 왕의 자리에 오른 이사금보다 정
치적으로 더 강한 왕이라는 뜻이 숨어 있다. 신라는 내물왕 대에 이사금
에서 마립간이라는 왕호로 바꾸었다. 내물왕은 신라를 한반도 동남쪽
전체를 아우르는 고대 국가로 변모시켰다. 국가 체제가 정비되자 왕권
이 강화되어 왕의 권위와 존엄성을 드러낼 필요가 있었다. 이에 수장, 통
치자, 군왕이란 뜻의 마립간이라 부른 것이다. 신라에서 왕이라는 칭호
를 사용한 것은 지증왕 때부터이다. 지증왕은 503년에 나라 이름을 사로
국에서 '왕의 덕업이 나날이 새로워지고, 사방의 영역을 두루 망라한다'
라는 뜻의 '신라'로 바꾸었다. 또한 왕이라는 중국식 칭호를 사용하여 신
라를 고대 국가 체제로 변모시켰다.

# 제6장

# 탈해 신화와 알지 신화

탈해<sup>(脫解)</sup> 치질금<sup>(齒叱今)</sup>. 남해왕 때 가락국 바다 가운데 배가 와서 머물렀다. 그 나라의 수로왕이 신하와 백성과 함께 북을 울리면서 맞아서 머물도록 하였으나, 배는 그만 빨리 달아나 계림의 동쪽 하서지촌 아진포에 이르렀다. 그때 갯가에 한 노파가 있어 이름을 아진의선이라고 하였다. 혁거세왕의 고기잡이 어멈이다. 배를 바라보고 말하기를, "이 바다 가운데 원래 바위가 없었는데 어찌하여 까치가 모여 울고 있는가?"라고 하고, 배를 끌어당겨 살펴보니, 까치가 배 위에 모여 있었고 배 안에 궤 하나가 있었는데 길이는 20자요, 폭은 13자였다. 그 배를 끌어서 한 나무 숲 아래 두었는데, 흉한 지 길한 지 알 수 없어서 하늘을 향해 맹세하였다. 조금 있다가 열어 보니 단정한 사내아이가 있고, 일곱 가지 보물과 노비도 그 안에 가득 실려 있었다.

7일 동안 대접하였더니, 이에 [사내아이는] 다음과 같이 말하였다. "나는 본래 용성국 사람입니다.<sup>(또는 정명국, 혹은 완하국이라고도 한다. 완하는 혹 화하국이라고도 한다. 용성국은 왜의 동북쪽 1천 리에 있다)</sup> 우리나라에는 일찍이 28용왕이 있었는데 사람의 태에서 태어났고, 5~6세부터 왕위에 올라 만민을 교화하여 성명을 닦아 바르게 하였습니다. 8품의 성골이 있으나 선택하는 일이 없이 모두 왕위에 올랐습니다. 그때 나의 부왕인 함달파가 적녀국의 왕녀를 맞아 비를 삼았는데, 오래도록 자식이 없었으므로 기도하여 자식을 구하였더니, 7년 후에 큰 알 하나를 낳았습니다. 이에 대왕은 여러 신하들을 모아 묻기를, '사람이 알을 낳은 일은 고금에 없으니, 아마도 좋은 일이 아닐 것이다'라고 하였습니다. 이에 궤를 만들어 나를 [그 안에] 넣고 칠보와 노비를 함께 배에 실어 바다에 띄우면서 빌기를, '인연 있는 땅에 이르러 나라를 세우고 집을 이루라'라고 하였습니다. 문득 붉은 용이 나타나 배를 호위하여 여기에 이르게 되었습니다." 말을 마치고 그 동자는 지팡이를 끌고 두 종을 거느리고 토함산 위에 올라가 석총을 쌓았다.

[그곳에서] 7일을 머물면서 성 안에 살 만한 땅이 있는가 하고 바라보았다. 초승달 같은 한 산봉우리가 보이는데 지세가 오래 살 만한 땅이었다. 내려가 그곳을 찾으니 바로 호공의 집이었다. 이에 속이는 꾀를 써서 숫돌과 숯을 그 집 곁에 몰래 묻어 놓고, 이튿날 아침 [그 집] 문 앞에 가서 말하기를, "이는 우리 조상 때의 집이다."라고 하니, 호공은 그렇지 않다고 하여 서로 다투었으나 결판을 내지 못하였다. 이에 관가에 고하니, 관에서 말하기를, "무엇으로 이것이 너의 집이라는 것을 증명하겠느냐?"라고 하니, 동자가 말하기를, "우리는 본래 대장장이였는데 잠시 이웃 마을에 나간 사이에 다른 사람이 차지하여 살고 있으니, 땅을 파서 조사해 보

시기 바랍니다."라고 하였다. 그 말대로 하니 과연 숫돌과 숯이 나왔으므로 이에 그 집을 빼앗아 살게 되었다.

이때 남해왕은 탈해가 지혜로운 사람임을 알고 첫째 공주를 그의 아내로 삼게 하니, 이가 아니부인이다. 하루는 토해(탈해)가 동악에 올라갔다가 돌아오는 길에 하인에게 시켜 물을 구해 오라고 하였다. 하인이 물을 떠오다가 도중에 먼저 마시고 [탈해에게] 드리려고 했더니 물잔이 입에 붙어 떨어지지 않았다. [탈해가] 이로 인해 꾸짖으니, 하인이 맹세하기를, "이후에는 가깝거나 멀거나 감히 먼저 마시지 않겠습니다."라고 하니 그제야 [물그릇이] 떨어졌다. 그로부터 하인은 [탈해를] 두려워하여 감히 속이지 못하였다. 지금 동악에 우물 하나가 있어, 사람들이 요내정이라고 하는 것이 이것이다.

노례왕이 세상을 떠나니, 광무제 중원 2년 정사[57] 6월에 [탈해가] 왕위에 올랐다. 옛날 내집이라고 하면서 남의 집을 빼앗은 까닭으로 성을 석씨라고 하였다. 혹은 까치로 인해 궤를 열었으므로 [작(鵲)자에서] 조(鳥)자를 떼어 버리고 성을 석씨라고 했고, 궤를 열고 알을 벗고 나왔으므로 이름을 탈해라고 했다고도 한다.

왕위에 있은 지 23년만인 건초 4년 기묘[79]에 세상을 떠났다. 소천구 속에 장사를 지냈는데, 후에 신의 명령이 있어 "내 뼈를 조심해서 묻으라."
라고 하였다. 그 두개골의 둘레는 3자 2치이고, 몸의 뼈 길이는 9자 7치
였다. 이는 엉켜 하나로 된 듯하고, 뼈마디는 모두 연결되어 있어 이른바
천하무적의 역사다운 골격이었다. 뼈를 부서 소상을 만들어 대궐 안에
모셔 두었더니, 신이 또 말하기를, "내 뼈를 동악에 안치하라."라고 하였
으므로 그곳에 모시게 하였다. (혹은 왕이 세상을 떠난 뒤 그 제27대 문무왕 때인 조로 2년 경진
(680) 3월 15일 신유 밤에 태종의 꿈에 모습이 사나운 노인이 나타나 말하기를, "나는 탈해인데, 내 뼈를 소천구
에서 파내 소상을 만들어 토함산에 안치하라."라고 하여 왕이 그 말대로 했다고 한다. 그런 까닭에 지금까지 국
사가 끊이지 않았으니, 곧 [이를]동악신이라고 한다)

_《삼국유사》〈기이〉'탈해왕조'

# 용성국의 왕자, 탈해

탈해는 신라 제4대 왕으로 신라의 왕성 중 하나인 석씨의 시조이다. 그는 박씨 성을 가진 제3대 유리왕의 뒤를 이어 서기 57년부터 80년까지 23년 동안 신라를 다스렸다. 탈해 신화는 석씨의 시조 신화로, 신라 초기 역사에 있어서 건국 신화만큼이나 중요한 의의를 가진다. 탈해는 외부에서 온 유이민으로 신라에 성공적으로 정착했는데, 신화에 나타난 출신지를 보면 여러 곳이 있다. 위의 《삼국유사》에서는 '용성국의 함달파왕의 아들'이라 하고 주를 달아 '용성국은 왜의 동북쪽 1천 리에 있다'라고 하였다. 또한 《삼국사기》〈신라본기〉 '탈해이사금조'에서는 '탈해는 본래 다파나국에서 태어났는데, 그 나라는 왜국의 동북쪽 1천 리 되는 곳에 있다'라고 하였다.

용성국 혹은 다파나국의 위치는 '왜의 동북쪽 1천 리'라는 막연함 때문인지 정확한 고증에 이르지 못하고 있다. 심지어 탈해 신화의 계통을 분석하는 데 있어 남방 유입설과 북방 유입설 두 가지로 나뉘기까지 하였다. 남방 유입설은 탈해가 궤짝에 넣어져 배를 타고 표류하다가 신라에 도착한 것으로 보아 남방에서 해로를 통해 왔다고 보는 견해이다. 이러한 주장을 근거로 다파나국의 현재 위치에 대해 다파나와 음이 비슷한 일본의 단마(但馬, 다지마)국 혹은 비후국(肥後國) 옥명(玉名, 다마나)군에 비정하는 견해[+미시나 아키히데(三品彰英), 《삼국유사고증》 상, 1975, 490쪽]가 제시되었다. 그러나 탈해 신화에서 그가 호공의 집을 빼앗을 때 숫돌과 숯을 집 곁에 몰래 묻어 놓고, 자기 조상이 대장장이라고 주장하는 내용을 근거로하는 견해도 있다. 이는 탈해가 고대 시베리아 계통의 야장무 성격이 강하다고 하여 북방 유입설이 주장되기도 하였다. 이 밖에도 다파나국은 서역의 소국이며, 함달파는 불교의 음악신인 점으로 미루어 용성국이 서역에 있었던 나라라고 보는 견해[+강인구, 〈신라왕릉의 재검토2 – 탈해왕릉〉, 《윤무병박사회갑기념논총》, 1984, 307~308쪽]도 있다.

탈해의 고향이 어디든지 간에 신화에 나타난 탈해의 성격은 해양 세력의 성격과 북방의 야장무 성격을 동시에 갖는다. 신화에서 드러나는 대로 용성국에는 일찍이 28용왕이 있었는데, 사람의 태에서 태어나 5~6세부터 왕이 되었다. 용왕이란 바다의 신이면서 수신을 가리킨다. 그리고 용성국이 왜의 동북쪽 1천 리에 있다는 막연한 위치 설명으로 보아 섬나라일 것으로 추측된다. 어머니는 적녀국의 왕녀 또는 여국왕의 딸이라고 하는데, 이 나라 사람들도 어로족이면서 해신을 신봉하는 집단일 가능성이 있다. 그렇다면 탈해는 용신이나 수신의 후예로 천신의 혈통과 무관한 존재였다. 그런 탈해가 알의 형태로 태어난 것은 불가사의한 일이었다. 알은 태양신의 혈통을 의미하기 때문이다. 주몽, 혁거세, 수로가 모두 난생이고 이들의 부계 혈통은 태양신 또는 천신이었다. 그런데 천신이나 태양신과 아무 관계도 없는 적녀국의 왕녀가 태양신의 혈통을 출산하였으니, 이는 부계 혈통이 바뀌었음을 의미한다. 알을 낳았고 이를 불길한 징조로 판단한 것은 함달파 집단이 신성시하는 혈통과는 다른 혈통의 남성과 관계를 맺어 아이를 가졌다고 볼 수밖에 없다. 이 때문에 함달파왕은 7년이나 기다려 낳은 알이지만 불길한 징조라고 하여 바다에 띄워 보냈다. 함달파 집단이 용신의 후예를 자처하는 용신 숭배 집단이라면 이와 다른 신성 혈통은 태양신이거나 천신일 가능성이 있다. 결국 탈해의 출산과 기아 과정에서도 주몽 신화에서 발견되는 부계 혈통의 상위로 인한 주인공의 박해를 발견할 수 있다.[+]서

대석, 〈신라신화〉, 《한국신화의 연구》, 집문당, 2010, 113쪽

어머니는 알을 비단으로 싸서 칠보와 노비들과 함께 궤에 넣은 후 배에 싣고 "인연 있는 땅에 이르러 나라를 세우고 집을 이루라."라고 축원을 하고 바다에 띄웠다. 노비와 보물을 배에 가득 실은 것으로 보아 어머니는 탈해가 새로운 터전을 찾아 잘 적응하기를 간절히 바란 모양이다. 다행히 탈해가 항해하는 동안 용이 곁에서 호위를 해주어 어떤 집단도 탈해 집단을 건드릴 수 없었다.

탈해는 태어날 때 알의 모습이었지만 항해하는 동안 궤 속에서 동자의 모습으로 변하여 세상에 나왔다. 탈해의 난생은 고주몽이나 혁거세, 수로와 비슷한 형태로써 태양신, 천신의 후예일 가능성을 말해 준다. 그러나 이들 신화와 달리 탈해는 하늘에서 직접 하강한 것이 아니라 먼저

용성국 왕비의 몸을 빌려 태어났다가, 함달파왕이 괴이한 일이라 하여 버려졌다. 탈해에게 난생은 신성한 일이었지만 신성시되지 않고 오히려 불길하게 여겨져 버림받았다. 이 때문에 탈해는 모국을 떠나는 고난을 겪었고, 결국 신라에 이르러 지략과 능력을 발휘하여 왕위에까지 오른다. 이와 같이 탈해 신화는 건국 신화가 아니지만, 탄생부터 고난이 강조되고 왕이 되고자 지략과 투쟁이 중시되는 과정은 다른 건국 신화들과 비슷한 구조를 가지고 있다.

# 탈해와 수로와의 대결

　탈해가 신라로 가기 전 가락국 해변으로 가서 수로왕의 왕위를 빼앗으려 했음이 《삼국유사》〈기이〉 '탈해왕조'와 《삼국유사》〈기이〉 '가락국기'에서 보인다. '탈해왕조'에는 탈해가 가락국 바다 가운데 와서 머물렀는데 수로왕이 신하와 백성과 함께 북을 울리며 맞이하고 머물게 하였으나, 배는 그만 빨리 달아나 계림의 동쪽 하서지촌으로 갔다고 한다. 반면 '가락국기'는 이와는 다른 분위기의 내용을 전하는데 다음과 같다.

　갑자기 완하국 함달왕의 부인이 임신하여, 10개월을 채우고 알을 낳았는데, 알이 변하여 사람이 되니, [그의] 이름을 탈해라고 불렀다. [탈해는] 바다로부터 왔는데 키가 9자 7치였고 머리 둘레가 3자 2치나 되었다. 즐거운 마음으로 대궐에 가서 왕에게 말하기를, "나는 왕위를 빼앗으러 왔소."라고 하였다. 왕이 대답하기를, "하늘이 나에게 명하여 왕위에 오르게 했고, [나는] 장차 나라 안을 안정시키고 아래로 백성을 평안하게 하려고 하오. 감히 천명을 어기고 왕위를 [그대에게] 줄 수 없으며, 또 감히 나의 나라와 백성을 그대에게 맡길 수도 없소."라고 하였다. 탈해가 말하기를, "그러면 술수로 다툴 수 있다."라고 하니, 왕이 말하기를, "좋다." 하였다. 잠깐 사이에 탈해가 변하여 매가 되니 왕이 변하여 독수리가 되었다. 또 탈해가 변하여 참새가 되니, 왕은 변하여 새매가 되었다. 이렇게 하는 것이 매우 짧은 시간이었다. 탈해가 본래의 몸으로 돌아오니, 왕도 역시 그렇게 회복되었다. 탈해가 마침내 항복하여 말하기를, "제가 술수를 다투는 마당에서 매가 독수리에게, 참새가 새매에게 죽음을 면한 것은 아마도 성인이 살생을 싫어하는 인자함 때문일 것입니다. 제가 왕과 더불어 왕위를 다투는 일은 진실로 어렵겠습니다."라고 하였다. 곧 [탈해는] 작별을 고하고 나가 변두리 교외 나루에 이르러, 중국에서 오는 배가 닿는 물길을 따라가려고 하였다. 왕은 [탈해가] 머물면서 반란을 꾀할까 슬그머니 염려하여 급히 수군을 실은 배 500척을 발진시켜 그를 추격하였다. 탈해가 도망하여 계림 땅 경계로 들어가니, 수군은 모두 돌아왔다.

_《삼국유사》〈기이〉'가락국기'


이와 같이 두 기록에 차이가 나는 이유는 '탈해왕조'가 신라의 입장에서 쓰였고, '가락국기'는 가야의 입장에서 쓰였기 때문이다. '가락국기'의 내용이 더욱 상세한 것으로 보아 아마도 탈해는 신라에 이르기 전 가락국에 가서 수로와 왕위를 다투었을 것으로 추측된다. 이 싸움에서 수로와 탈해는 동물로 변신하여 실력을 겨루는데, 변신 기술은 불교적으로 윤색되었지만 본래는 주술적인 내용이었다. 탈해는 호기롭게 수로와 변신술로 겨루었다. 탈해가 매로 변하자 왕은 독수리로 변하였다. 탈해가 참새가 되니 왕은 새매가 되어 탈해를 쫓았다. 탈해는 수로가 이기기 힘든 상대임을 깨닫고 중국에서 오는 배가 닿는 물길을 따라서 도망갔다. 수로왕은 혹시나 탈해가 떠난다고 말하고는 가락국에 몰래 머물면서 반란을 꾀할까 염려하여 급히 수군을 실은 배 500척을 발진시켰다. 수군은 추격하다 탈해가 도망하여 계림 땅 경계로 들어가는 것을 보고서야 뱃머리를 돌렸다고 전한다.

비록 탈해는 수로에게 패해 도망쳤지만, '탈해왕조'를 보면 상당한 초능력을 지닌 인물이다. 하루는 탈해가 동악에 올라갔다가 돌아오는 길에 하인 백의에게 시켜 물을 구해 오라고 하였다. 하인이 물을 떠오는데 목이 말라 도중에 한 모금 먼저 마시고 탈해에게 주려고 했더니 물잔이 입에 붙어 떨어지지 않았다. 탈해가 이 사실을 알고 꾸짖으니 하인이 이제부터 가깝거나 멀거나 감히 먼저 물을 마시지 않겠다고 맹세하였다. 그제야 물그릇이 입에서 떨어졌다. 이후부터 하인은 탈해를 두려워하여 감히 속이지 못했다고 한다. 하인이 물을 마신 것을 보지 않고도 신통력을 발휘할 정도로 초능력을 가진 탈해가 수로왕에게 패한 것은 아마도 세력의 열세 때문으로 보인다. 수로왕처럼 탈해도 혼자가 아닌 일정한 정치 세력을 지닌 집단이었다. 그랬기 때문에 수로가 수군을 실은 500척의 배를 보내 탈해의 뒤를 쫓은 것이다.

하지만 탈해와 수로가 대결을 펼친 이야기에서, 우리는 탈해가 수로왕에게 대결을 청할 정도로 자신감 있는 인물이었음을 알 수 있다. 이는 그가 속한 집단이 어느 누가 보아도 결코 만만한 세력이 아니었음을 추측할 수 있다. 그러면 탈해 집단이 가진 자신감의 배경은 무엇이었을까? 탈해는 야철이라는 특수 기술을 가진 사람이었다. 신라로 가서 호공의 집을 빼앗을 때 스스로 조상이 대장장이임을 주장한 내용이나 죽어서 동악의 산신이 되어 야장신으로 숭배된 내용에서 알 수 있다. 따라서 '가락국기'에 나오는 수로와 탈해의 싸움은 야철 기술을 가진 부족끼리의 권력 쟁탈전이었다.

고대 사회에서 철기 제련술을 익힌 사람은 사회적으로 높은 지위를 누렸다. 야장은 검은 돌이나 모래로 철을 만드는 신비한 기술을 가진 사람으로 여겨졌다. 때문에 많은 자료에서 샤먼과 형제 관계로 나타나거나 존경의 대상이었다. 탈해도 역시 야철이라는 특수 기술을 배경으로 왕위에까지 오른 야장왕이었는데, 이는 고대 제철 기술이 갖는 정치적 의미가 결코 적지 않았음을 시사한다.

# 호공의 집을
# 빼앗아 차지하다

신라에 도착한 탈해의 배는 아진의선이라는 한 노파에게 발견되었다. 이때는 시조 혁거세가 왕위에 오른 지 39년 되는 해였다. 노파는 혁거세 왕의 고기잡이 어멈으로 이름까지 아진의선이라 전해질 만큼 중요한 인물이었다. 노파는 멀리 까치가 모여 울고 있는 모습을 보고 바다 가운데 원래 바위가 없음을 기억해 내고는, 예사로운 일이 아님을 알아차려 배를 끌어당겼다. 배 안에는 큰 궤가 하나 있었는데 길이는 20자요, 폭은 13자였다. 노파는 배를 끌어서 나무 숲 아래 두었는데, 궤짝을 열기 전에 흉한 지 길한 지 알 수 없어서 하늘을 향해 맹세하였다.

노파가 하늘을 향해 맹세를 한 것으로 보아 노파는 무당으로서 새 생명을 탄생시키는 존재였음을 알 수 있다. 노파는 알영을 데려다 기른 노구와 같은 존재로, 혁거세의 고기잡이 할멈이라 불린 것으로 보아 왕실의 여러 가지 문제에 관여하여 어려운 문제를 해결하는 해결사였을 것이다. 탈해의 등장을 알리는 존재가 까치인데, 이는 혁거세의 등장을 알리는 말과 같은 존재이다. 신이한 인물의 등장에는 그것을 알리는 동물의 소리가 있는 것이 특징이다.[*]최광식, 〈신라의 건국 신화와 시조 신화〉《한국 고대의 토착신앙과 불교》, 고려대학교출판부, 2007, 92쪽

탈해 신화에서 주목되는 점은 탈해가 내림한 배가 나무숲 아래에 머물렀다는 것이다. 이는 다른 건국 신화의 주인공들이 한결같이 산이나 숲으로 강림하는 것과 다를 바 없다. 환웅은 태백산 신단수로, 해모수는 웅심산으로, 수로는 구지봉으로, 혁거세는 양산으로, 알지는 시림으로 강림하여 신성성을 보장받는다. 내림하는 탈해 역시 잠시나마 나무 숲 아래 안치됨으로써 강림하는 신화 주인공과 신성성을 공유하고 있다.[*]김문태, 위의 책, 195쪽 이는 해양 세력인 탈해가 천신 내지 태양신의 성격도 가지고 있음을 말해 주는 내용이다.

탈해의 탄생 이후 성장 과정은 《삼국사기》에서 사실적인 모습으로 그려진다.

장성하자 신장이 아홉 자나 되고 풍채가 빼어나고 환했으며 지식이 남보다 뛰어났다. 어떤 사람이 말하였다. …… 탈해는 처음에 고기잡이를 업으로 하여 그 어머니를 봉양하였는데, 한번도 게으른 기색이 없었다. 어머니가 말하기를 "너는 보통 사람이 아니다. 골상이 특이하니 마땅히 학문을 하여 공명을 세워라."라고 하였다. 이에 오로지 학문에만 힘써 지리까지도 겸하여 알았다. 양산 아래 호공의 집을 바라보고는 길지라고 여겨 속임수를 써서 그곳을 빼앗아 넣었

는데, 그 땅은 후에 월성이 되었다.

_《삼국사기》〈신라본기〉'탈해이사금조'

탈해는 고기잡이를 하여 노모를 봉양하였는데 탈해의 재능을 아낀 어머니가 학문을 하여 공명을 세우라고 하자, 보통의 젊은이들처럼 학문과 지리를 익히는 등 열심히 노력하여 실력을 갈고 닦았다.

그러나 《삼국유사》의 기록에 의하면, 계림의 땅으로 들어온 탈해는 지팡이를 끌고 종 2명을 거느리고 토함산 위에 올라가 석총을 쌓고는 7일 동안 머물렀다고 한다. 이는 곰이 어두운 동굴에서 삼칠일간 머문 뒤 여인이 되어 단군을 잉태한 웅녀의 경우와 비슷하다. 곰은 삼칠일간 동굴에 기거했는데 탈해는 7일 동안 토함산의 석총에서 머문다. 그는 어머니와 아버지가 결혼한 지 7년 만에 낳은 아들인데, 다시 토함산에 와서 7일을 머무는 것은 탈해가 육지에서 생활하고자 재탄생의 과정을 거치는 것으로 보인다.

실제로 그는 이 기간 동안 성안에 살 만한 땅이 있는지 바라보고는 초승달 같은 산봉우리에 있는 호공의 집을 눈여겨보았다. 그가 보기에 이 땅은 풍수지리상으로 지세가 좋아 오래 터전을 잡고 살 만한 땅이었다. 어떻게 이 집을 차지할까 궁리하던 탈해는 꾀를 써서 숫돌과 숯을 그 집 곁에 몰래 묻어 놓고, 이튿날 아침에 찾아가서 다짜고짜 우리 조상이 살던 집이니 내놓으라고 으름장을 놓았다. 당시 호공도 신라에서 힘깨나 있는 사람이었던 만큼 호락호락 물러서지 않았다. 결국 두 사람은 관가에까지 갔는데, 탈해의 말대로 땅을 파서 조사해 보니 과연 숫돌과 숯이 나왔으므로 그 집을 빼앗아 살았다.

　당시 호공은 신라의 고위 관리로 권력을 가진 인물이었다. 그럼에도 어린아이인 탈해에게 집을 빼앗긴 이유는 무엇일까? 탈해는 호공의 집을 빼앗을 때 숫돌과 숯을 사용하였다. 이 물건들은 철을 다루는 대장장이에게 꼭 필요한 것으로, 탈해가 우수한 철기 문화를 소유하고 있는 집단이었음을 알려 준다. 그는 당시 신라의 기술보다 더 선진적인 철기 제련 기술을 보유하고 있었기 때문에 호공을 누르고 그의 집을 차지했다. 이는 처음 탈해가 가락국에서 수로와 대결하다 패하여 도망친 것과 대비된다. 당시 신라는 가야보다 철기 문화의 수준이 낮았던 것 같다. 기지를 발휘하여 호공의 집을 빼앗은 탈해는 남해왕의 눈에 띄어 그의 딸과 결혼하였고, 유리의 뒤를 이어 제4대 신라의 왕이 되었다.

# 동악의 산신이 된 탈해

탈해왕은 왕위에 오른 지 23년 만인 건초 4년 기묘[79]에 세상을 떠났다. 《삼국유사》〈기이〉'탈해왕조'에는 신하들이 소천구(疏川丘)에 정성 들여 장사를 지냈다 한다. 《삼국사기》〈신라본기〉'탈해이사금조'에는 양정구(壤井丘)에 장사 지냈다 하고, 《삼국유사》〈왕력편〉에서는 미소소정구중(未[召]疏井丘中)에 수장했다고 한다. 그런데 얼마 후 탈해왕의 혼령이 나타나서 "내 뼈를 조심해서 묻으라."라고 하여 신하들이 깜짝 놀라 파 보니 두개골의 둘레가 3자 2치였고, 몸의 뼈 길이는 9자 7치였다. 이는 엉켜 하나로 된 듯하고, 뼈마디는 모두 연결되어 있어 이른바 천하무적의 역사다운 골격이었다.

그리하여 신하들이 그 뼈를 부숴 진흙과 함께 빚어 조각상을 만들어 대궐 안에 모셨다. 그러자 또 탈해의 혼령이 나타나 "내 뼈를 동악에 안치하라."라고 하였으므로 그곳에 모셨다고 한다. 《삼국유사》'탈해왕조'

**탈해왕릉** 경북 경주시 북서쪽 표암 근처에 있는 탈해왕릉은 흙을 둥글게 쌓아올린 원형의 봉토무덤으로, 봉분 이외에는 아무런 시설이 없다.

에는 이후 주석을 달아 "혹은 왕이 세상을 떠난 뒤 제27대 문무왕 때인 조로 2년 경진(680) 3월 15일 신유 밤에 태종의 꿈에 몹시 사나운 모습의 노인이 나타나 말하기를, '나는 탈해인데, 내 뼈를 소천구에서 파내 소상을 만들어 토함산에 안치하라'라고 하여 왕이 그 말대로 했다고 한다. 그런 까닭에 지금까지 국가 제사가 끊이지 않았으니, 곧 이를 동악신이라고 한다."라고 쓰고 있다. 이후부터 탈해는 토함산의 산신이 되어 동악신으로서 국가 제사인 중사에 편제되었다.

탈해가 죽어서도 지켰다는 토함산은 경주 동쪽을 둘러싸고 있는 가장 높은 산이다. 높이 745미터로 옛날부터 신령스러운 다섯 산 중 하나로 숭배를 받았다. 성스러운 다섯 산을 오악이라 하는데, 이는 신라가 중사를 지내던 신라 강역의 다섯 방위에 위치한 성산을 말한다. 동쪽은 동악(토함산), 서쪽은 계룡산, 북쪽은 태백산, 남쪽은 지리산, 중간은 부악(팔공산)이다. 이 산에는 산신이 기거하며 신라의 국운을 진호한다고 믿어, 신라 왕들은 해마다 이 산에 제사를 지내며 나라와 왕실이 두루 평안하기를 빌곤 하였다.

동악이 토함산이라 불린 데는 여러 가지 이야기가 전해진다. 그중 하나는 이 산과 인연이 깊었던 탈해에서 유래했다는 주장이다. 《삼국사기》나 《삼국유사》에서는 탈해를 '토해'라고도 쓰는데, 토해와 토함은 발음이 비슷하여 토함산이 되었다는 이야기이다.

토함산은 탈해 이외에도 문무왕과 김대성의 호국에 대한 염원이 서려 있는 산이기도 하다. 신라 제30대 문무왕은 김춘추와 김유신의 여동생 문희 사이에서 태어난 맏아들이다. 무열왕의 왕업을 이어받아 김유신과 함께 고구려를 멸망시키고 중국 당나라 세력을 몰아내어 삼국통일을 이룬 왕이다. 통일 후 백성들의 생활을 안정시키는 데 힘썼던 문무왕은 죽어서도 용이 되어 왜구로부터 나라를 지키겠다며 토함산 너머 동해에 자신의 묘를 써 달라고 부탁하였다. 왕이 죽자 신하들은 유언을 받들어 동해의 큰 바위 위에 장사를 지냈는데 이곳을 대왕암이라 한다.

신라의 재상이었던 김대성이 나라를 지키고 부모님의 은혜에 보답하고자 지은 불국사와 석굴암도 토함산에 있다. 석굴암이 있는 토함산 정상에서는 동쪽으로 푸른 바다가 하늘 끝과 맞닿아 있는 듯이 보인다고 한다. 석굴암의 방위는 문무왕의 해중릉인 대왕암과 일치하고 있어 나라를 지키고자 했던 신라인들의 호국 염원을 느낄 수 있다.

# 김씨의 시조,
# 알지의 탄생

신라에는 탈해 신화 이외에도 왕조 신화가 하나 더 있는데 바로 알지 신화이다. 알지는 탈해왕 대에 하늘에서 시림의 숲으로 하강한 인물이다. 《삼국사기》〈신라본기〉 '탈해이사금조'와 《삼국유사》〈기이〉 '김알지 탈해왕대조'에는 알지의 하강 모습을 이렇게 전하고 있다. 때는 탈해가 왕위에 오른 지 4년이 지난 영평 3년 경신(60) 8월 4일이었다.

호공이 밤에 월성 서쪽 마을을 가다가 시림(또는 구림) 가운데에서 커다란 밝은 빛을 보았다. 자주색 구름이 하늘로부터 땅에 뻗쳤고, 구름 속에는 황금 궤짝이 나뭇가지에 걸려 있었고, 궤짝에서 빛이 흘러나왔다. 또한 흰 닭이 나무 아래에서 울고 있었다. [호공이 이러한] 상황을 왕에게 아뢰자, 왕이 그 숲에 행차하여 궤를 열어 보니, 동자가 있어 누워 있다가 바로 일어났다. 혁거세의 고사와 같으므로 그 말로 인해 알지라고 이름 하였다. 알지는 곧 우리말의 어린아이를 말하는 것이다. [그를] 안고 대궐로 돌아오는데 새와 짐승들이 서로 뒤따르며 기뻐서 뛰며 춤을 췄다. 왕이 길일을 택하여 [그를] 태자로 봉했으나, 후에 파사에게 사양하고 왕위에 오르지 않았다. 금궤에서 나왔으므로 성을 김씨로 하였다. 알지는 열한을 낳고, 열한은 아도를 낳고, 아도는 수류를 낳고, 수류는 욱부를 낳고, 욱부는 구도를 낳고, 구도는 미추를 낳아, 미추가 왕위에 오르니, 신라의 김씨는 알지로부터 시작되었다.

_《삼국유사》〈기이〉'김알지 탈해왕대조'

이와는 달리 《삼국사기》〈신라본기〉'탈해이사금 9년조'에는 탈해왕이 금성 서쪽 시림의 숲에서 닭 우는 소리를 듣고 호공을 시림의 숲으로 보냈다고 한다.

봄 3월에 왕이 밤에 금성 서쪽 시림의 숲에서 닭 우는 소리를 들었다. 날이 새기를 기다려 호공을 보내 살펴보게 하였더니, 금빛이 나는 조그만 궤짝이 나뭇가지에 걸려 있고 흰 닭이 그 아래서 울고 있었다. 호공이 돌아와서 아뢰자, 사람을 시켜 궤짝을 가져와 열어 보았더니 조그만 사내아이가 그 속에 있었는데, 자태와 용모가 기이하고 컸다. 왕이 기뻐하며 좌우의 신하들에게 말하기를 "이는 어찌 하늘이 나에게 귀한 아들을 준 것이 아니겠는가?" 하고는 거두어 길렀다. 성장하자 총명하고 지략이 많았다. 이에 알지라 이름하고 금

궤짝에서 나왔기 때문에 성을 김(金)이라 하였으며, 시림을 바꾸어 계림이라 이름하고 그것을 나라 이름으로 삼았다.

_《삼국사기》〈신라본기〉 '탈해이사금조'

신라 김씨 왕실의 시조인 알지가 하늘로부터 내려온 현장은 신성한 숲인 시림이다. 알지 신화에는 혁거세 신화와 수로 신화의 모습이 모두 담겨 있다. 알지가 하늘에서 내려올 때 시림의 숲에 큰 광명이 비치고 자색 구름이 하늘에서 땅까지 드리운 가운데 황금 궤짝 밑에서 흰 닭이 울고 있었다는 내용은 혁거세가 하늘에서 내려온 모습과 비슷하다. 또 황금 궤짝이 자줏빛 구름에 싸여 하늘에서 내려오는 것은 수로의 탄강 때와 비슷하다. 다만 알지는 알의 형태가 아니라 어린아이로 직접 내려온 점이 두 신화와 다를 뿐이다.

이 아이를 알지라고 불렀는데, 알지는 '어린아이를 가리키는 말'로 보통명사이다. 그럼에도 알지라고 부른 이유는 혁거세에 견줄 만한 신성한 인물임을 나타내기 위해서였다. 이는 궤를 열자 사내아이가 누워 있다가 곧 일어나니 혁거세가 탄강하여 처음 입을 열 때 "알지 거서간 한번 일어났도다."라고 말했다는 고사와 같으므로, 알지라고 이름 지었다는 기록에서도 알 수 있다. 알지는 궤 속에서 어린아이의 형태로 출생하였고, 태생이 분명한데도 혁거세나 수로처럼 어머니가 없이 하늘에서 직접 내려왔으므로 본디 알로 태어난 것이라고 보는 견해*조태영, 〈한국 난생 신화와 한국문학의 원형〉, 《한신인문학연구》2, 한신대학교 학술원 인문학연구소, 2001, 22쪽도 있다.

알지가 난생이라는 표현은 없지만 그가 태어날 때 흰 닭이 울고 있었

**계림** 경북 경주시 월성 서쪽에 있는 계림은 김씨 시조인 알지가 하늘에서 내려온 곳으로, 울창한 숲을 이루고 있다.

던 점으로 미루어 닭의 후손으로 볼 수 있다. 닭은 다산을 하는 난생 조류로, 특히 시간을 잘 알아서 새 날의 시작을 알려 주는 신령한 능력을 가진 새이다. 고대 사회에서 새는 태양을 상징하는 동물인데, 그중에서도 닭은 새벽과 빛, 생명의 새이며 태양조의 세속적 화신으로 여겨진다. 모든 새가 그렇지만 그중에서도 닭이 태양의 화신으로 취급되는 이유는 사람으로 하여금 새 날의 시작을 알려 주는 울음소리 때문일 것이다. 닭 중에도 금계는 더욱 소중하게 여겨졌는데, 닭의 후손인 알지의 성이 김인 이유도 이와 관련이 있어 보인다.✛권오영, 〈한국 고대의 새 관념과 제의〉, 《역사와 현실》

32, 한국역사연구회, 1999, 110~111쪽

# 월성은 탈해가 터를 잡은
# 신라의 왕성

탈해가 호공에게 빼앗은 집터는 경주시 인왕동에 위치한 월성이다. 탈해는 토함산에 올라 서쪽의 여섯 마을을 바라보고 반월 모양의 땅이 마음에 들었다. 그는 그 땅이 호공의 집터임을 알고는 빼앗아 자신의 근거지로 삼았다.

《동국여지승람》〈경주부 고적조〉에 의하면 월성은 '부의 동남쪽 5리에 있다. 파사왕 22년에 쌓았으며, 모양이 반월 같아서 이렇게 부른 것이다. 이 성은 흙으로 쌓았는데, 그 둘레가 3천 23척이다'라고 적고 있다.

제5대 파사왕은 즉위 22년인 101년, 월성에 성을 쌓고 금성에서 이곳으로 도성을 옮겼다. 그 후로 월성은 신라의 왕들이 거처하는 대표적인 궁성이 되었다. 월성 성벽의 동서북면은 반달 모양의 구릉을 깎아 흙과 돌로 기초를 다지고 그 위에 점토를 덮어 쌓았다. 반면에 남면은 절벽의 자연 지형을 그대로 이용했기 때문에 축성을 하지 않았던 것으로 보

안압지 월성의 북동쪽에 인접한 안압지는 신라의 대표적인 별궁이다.

인다.

이 성은 생김새가 꼭 초승달 같다고 하여 신월성, 반월성이라고 하며 임금이 사는 궁궐이 있었기 때문에 재성이라고도 불렀다. 《삼국사기》 〈신라본기〉 '유례이사금조'에 의하면 '7년<sup>(290)</sup> 여름 5월 홍수가 나서 월성이 무너졌다'라고 하는데, 무너진 부분은 다음 해에 보수된 것으로 보인다. 이후 자비왕은 즉위 18년<sup>(475)</sup>에 명활성으로 거처를 옮겼는데, 소지왕이 즉위 9년<sup>(487)</sup>에 월성을 수리하고 다음 해 정월 월성으로 다시 거처를 옮겼다고 한다.

반월성은 남쪽 성벽 아래로 남천이 흘러 자연적으로 적을 방어할 수 있다. 또 동쪽으로는 성벽을 따라 해자를 파고 물을 채워 성을 방어했으며, 성벽 전체를 돌아 물이 흐르고 있어 적군이 쉽게 접근할 수 없었다. 동쪽의 명활산성, 서쪽의 서형산성<sup>(선도산성)</sup>, 남쪽의 남산성, 북쪽의 북형산성이 나성으로 버티면서 월성을 호위하며 지켰다.

월성은 홍수 등 자연재해로 여러 차례 성벽을 수리하였으며, 반란에 시달리기도 했다. 선덕여왕 16년<sup>(647)</sup> 1월, 상대등 비담은 여자 임금이 나라를 잘 다스리지 못한다는 구실로 난을 일으켰다. 이때 왕의 군대는 월성에 주둔했고 반란군은 명활성에 주둔했다. 전투는 10여 일이 지나도 결말이 나지 않았다. 그러던 중 한밤에 월성에 큰 별이 떨어지니 비담 등이 이를 보고 여왕이 패할 징조가 틀림없다며 병사들을 선동하였다. 이에 선덕여왕이 두려움에 떨자, 김유신이 기지를 발휘하여 허수아비를 만들어 불을 붙인 다음 연에 실려 띄워 하늘로 올라가듯이 하였다. 그리고 다음 날 사람을 시켜 간밤에 떨어진 별이 다시 하늘로 올라갔다는 소문

을 퍼뜨렸다. 유신은 흰 말을 잡아 별이 떨어진 곳에 제사를 지낸 다음
여러 장수와 병졸들을 독려하여 반란군을 힘껏 공격했다. 그러자 군사
들의 사기가 올라 쉽게 적군을 물리칠 수 있었다.

　원래 월성에는 왕이 정사를 돌보던 남당, 신하의 조하를 받고 사신을
접견하던 조원전을 비롯하여 임해전, 안압지, 동궁, 강무전, 좌사록관,
우사록관, 동관, 고문, 귀정문 등 많은 궁실과 전각들이 세워져 있었다.
그러나 지금은 모두 사라지고 다만 1741년, 월성 서쪽에서 이곳으로 옮
겨 만든 석빙고만 남아 있다.

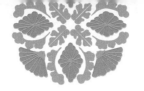

# 대대로 신라의 왕이 된
# 경주 김씨

알지는 신라의 왕족이었던 경주 김씨의 시조이다. 경주 김씨는 제13대 미추왕(재위 262~284)이 처음으로 왕이 된 뒤 제17대 내물왕(재위 356~402) 때부터 계속해서 신라 왕위를 계승하였다. 그러나 알지 대부터 김씨가 왕위에 올랐던 것은 아니다. 《삼국유사》에는 알지가 왕이 되지 못한 이유를 그가 양보했기 때문이라고 한다. 그러나 알지 때에는 김씨 세력이 석씨 세력보다 힘이 약했기 때문에 왕이 되지 못했을 것이다.

하지만 김씨 세력이 아주 미미한 세력 집단은 아니었던 것 같다. 제5대 파사이사금의 부인은 사성부인으로 김씨이고, 제6대 지마이사금의 부인도 김씨 애례부인이었으며, 탈해왕의 아들 구추 각간의 아들인 제9대 벌휴이사금의 어머니가 김씨였던 것만 보아도 알 수 있다. 이는 김씨가 왕위를 계승하기에는 미약했지만 왕위를 결정하는 데는 상당한 힘을 가졌음을 말해 준다. 이렇게 왕족과 계속 혼인하며 왕비속으로 행세하던 김씨 집단은 세력을 불려 마침내 미추 대에 이르러 왕의 자리에 올랐다. 《삼국사기》〈신라본기〉'미추이사금조'에는 '알지는 세한을 낳고 세한 은 아도를 낳았으며, 아도는 수류를 낳고 수류는 욱보를 낳았다. 그리고 욱보는 구도를 낳았는데 구도는 곧 미추왕의 아버지이다. 첨해는 아들이 없었으므로 나라 사람들이 미추를 왕으로 삼았다'라고 쓰고 있다. 미추 왕의 어머니는 박씨로 갈문왕 이칠의 딸이고 왕비는 석씨 광명부인으로 조분왕의 딸이다. 이후 김씨는 미추왕의 조카인 내물왕 대부터 계속해서 신라의 왕위를 계승하였다.

《삼국유사》〈기이〉'미추왕 죽엽군조'를 보면 김씨로서 최초로 왕이 된 미추왕이 죽어서도 신라를 지키는 마음이 남달랐음을 알 수 있다. 제 14대 유리왕 때 이서국의 군사들이 금성을 공격해 왔다. 신라는 크게 군 사를 동원하여 막았으나 오랫동안 버티기에는 힘이 모자랐다. 이때 어 디선가 이상한 군사들이 몰려와 신라 군사들을 돕기 시작했다. 군사들 은 모두 한결같이 귀에 대나무 잎 하나씩을 꽂고 있었다. 신라군은 대나 무 잎 군사들의 도움으로 무사히 적군을 물리칠 수 있었다.

싸움이 끝나자 댓잎 군사들은 홀연히 연기처럼 사라져 버렸다. 이상 하게 생각한 사람들이 이곳저곳을 찾아보니, 홍륜사 동쪽 미추왕릉 앞에 군사들이 꽂고 있던 댓잎이 수북하게 쌓여 있었다. 그제야 사람들은 미 추왕이 신라군을 도우려고 저승 군사들을 보냈다는 사실을 알았다. 미 추왕은 제37대 혜공왕 때에도 나라의 어려움을 걱정하는 등 신라에 대한 애국심이 남달랐다고 한다.

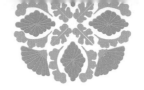

# 수수께끼 인물,
# 호공

호공은 초기 신라의 역사에 여러 번 등장하는 신비로운 인물이다. 호공은 조롱박을 나타내는 '박 호(瓠)' 자에 남자를 높여 부르는 접미사 '공(公)'을 붙인 이름이다. 《삼국사기》에는 '호공이라는 사람은 그 종족과 성은 자세히 알 수 없으나 본래는 왜인이었다. 처음에 박을 허리에 매고서 바다를 건너와서 호공이라 불렀다'라고 한다.

호공이 신라 역사에 등장한 것은 혁거세 때부터이다. 《삼국사기》〈신라본기〉 '혁거세 거서간 38년조'에는 호공이 혁거세의 사신으로 마한에 갔던 일이 기록되어 있다.

마한 왕이 호공을 꾸짖어 말하기를, "진한과 변한 두 나라는 우리의 속국인데 근년에 공물을 보내지 않으니, 큰 나라를 섬기는 예의가 이와 같은가?"라고 하였다. 이에 호공이 대답해 말, "우리나라는 두 성인이 일어나서부터 인사(人事)가 잘 다스려지고 천시(天時)가 순조로워, 창고는 가득 차고 백성은 공경하고 겸양할 줄 압니다. 그래서 진한의 유민으로부터 변한, 낙랑, 왜인에 이르기까지 두려워하는 마음을 품지 않음이 없습니다. 그러나 우리 임금님은 겸허하게 신하인 저를 보내 안부를 묻게 하였으니, 예가 지나치다고 할 수 있습니다. 그런데도 대왕께서는 크게 노하여 군사로서 위협하니 이것이 무슨 마음입니까?'라고 했다. [마한]왕이 격분하여 그를 죽이려고 하였으나 좌우의 신하들이 간언하여 말리니 이에 돌아갈 것을 허락했다.

_《삼국사기》〈신라본기〉'혁거세 거서간조'

옛날 중국 사람들은 진(秦)나라의 난리를 괴로워하여 동쪽으로 오는 사람이 많았는데, 그 다수가 마한의 동쪽에 터를 잡고 진한 사람들과 더불어 살았다고 한다. 그런데 혁거세 때에 이르러 점점 신라가 번성해진 까닭에 마한이 그것을 꺼려 사신을 불러다 놓고 책망한 것이다. 그러나 호공은 기죽지 않고 당당하게 혁거세가 나라를 세운 후 여러 나라가 신라를 따르는데도 구태여 자신을 마한에 보낸 것은 왕이 예의 바른 사람이기 때문이라고 말했다. 이와 같이 당시로서는 상당히 중요한 외교 문제를 해결하기 위해 호공을 사신으로 보낼 만큼 호공은 혁거세의 신임을 받았다.

그런데도 호공은 탈해왕에게 자신의 집터를 빼앗기는 어이없는 일을 당하고 만다. 이는 당시 상당한 세력으로 자리를 잡고 있던 호공보다 탈해 세력이 더욱 강했기 때문이다. 탈해가 호공의 집터에 숯과 숫돌을 묻어 놓은 후 자신의 조상이 대장장이라고 우긴 사실이 관가에서 통했던 것은 탈해 집단이 상당한 수준의 철기 문화를 소유했기 때문이다. 그러므로 왜인으로 신라에 자리 잡고 있던 호공 세력이 탈해에게 집터를 양보할 수밖에 없었다. 하지만 호공은 탈해왕 2년(58) 봄 정월에 대보(大輔)가 되는 것으로 조금이나마 위안을 받았다.

호공은 신라의 역사에 다시 한번 등장하는데, 탈해왕 대에 시림의 숲에서 알지를 발견하는 역할이다. 탈해에게 집터를 빼앗기고도 그의 신하가 된 호공은 밤중에 월성 서쪽 시림에서 닭 우는 소리를 듣고 황금 궤짝을 발견하였다. 호공은 즉시 이를 탈해왕에게 전했고, 탈해왕은 아이를 데려다가 태자로 삼았다.

《삼국사기》의 호공 기사를 보면, 호공은 혁거세 즉위 38년인 기원전 20년부터 탈해왕 9년인 서기 65년까지 무려 85년 동안이나 신라 초기 역사에 등장하여 큰 역할을 담당하고 있다. 호공은 알지를 발견하던 해에 적어도 100세가 넘은 노인이었을 것이다. 그러므로 호공은 한 인물이 아니라 호공 집단의 우두머리를 가리키는 보통명사로 추측된다.

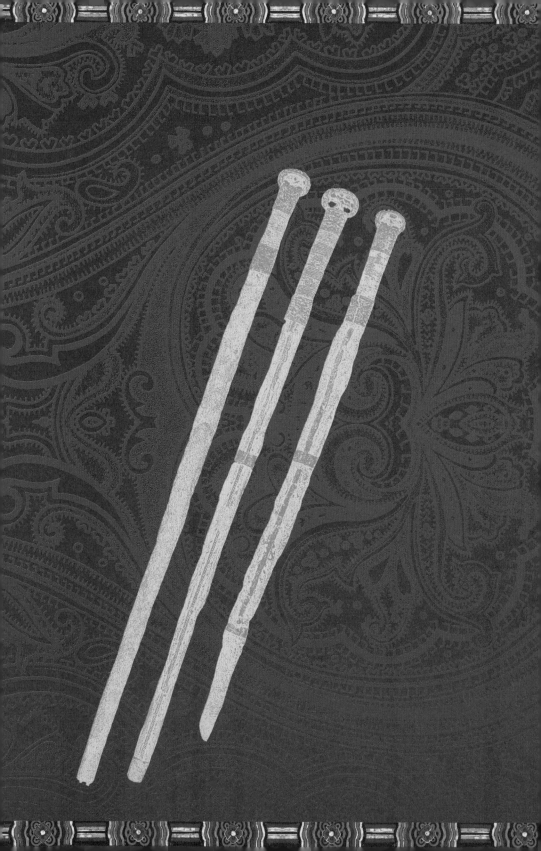

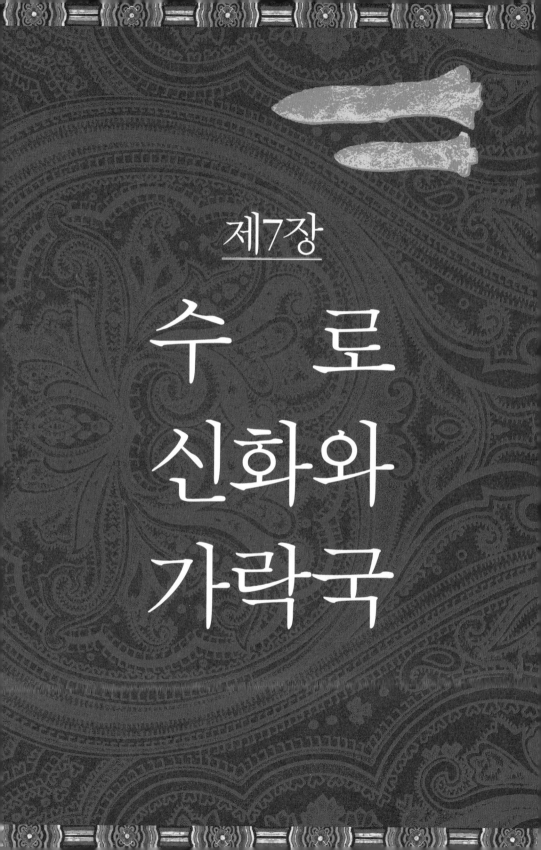

제7장

수　로
신화와
가락국

[천지가] 개벽한 뒤에 이 땅에는 아직 나라 이름이 없었고, 또한 임금과 신하의 호칭도 없었다. [그때를] 지나서 아도간, 여도간, 피도간, 오도간, 유수간, 유천간, 신천간, 오천간, 신귀간 등 9간이라는 것이 있었고, 이들 추장이 백성을 거느렸는데, 무릇 100호에 [인구] 7만 5천 명이었다. 많은 사람들이 스스로 산야에 도읍을 정하고, 우물을 파서 물을 마시고 밭을 갈아 곡식을 먹었다.

마침 [그때] 후한의 세조 광무제 건무 18년 임인년(42) 3월 계욕일에 사는 곳의 북쪽 구지(이것은 작은 산봉우리의 이름인데, 여러 마리의 거북이 엎드린 모양과 같으므로 그렇게 불렀다)에서 무엇이 수상한 소리로 부르는 기척이 있었다. 무리 2~300명이 이곳에 모이고, 사람의 소리 같은 것이 있었는데, 그 모습은 숨기고 소리만 내어 이르기를, "여기에 누가 있느냐?"라고 하니, 구간들이 말하기를, "우리들이 있습니다."라고 하였다. 또 말하기를, "내가 있는 곳은 어디냐?"라고 하니, 대답하기를, "구지입니다."라고 하였다. 또 말하기를, "황천이 나에게 명하기를, '이 곳에 가서 새로이 나라를 세우고 임금이 되라.'라고 하였기 때문에 내려왔다. 너희들은 곧 산 정상의 흙을 파면서 노래를 부르기를, '거북아 거북아, 머리를 내놓아라. 만약 내놓지 않으면 구워 먹겠다!' 하면서 발을 굴러 춤을 추어라. 그러면 대왕을 맞이하여 즐거워하면서 팔짝팔짝 뛰게 될 것이다."라고 하였다.

구간들은 그 말대로 모두 기쁘게 노래하고 춤을 추었다. 얼마 뒤 우러러 바라보니 단지 자주색 줄만이 하늘에서 드리워져 땅에 닿아 있었다. 줄 끝을 찾아보니 붉은 보자기로 싸여 있는 금합이 보였다. 열어 보니 황금 알 6개가 있었는데, 둥글기가 해와 같았다. 무리는 모두 놀라고 기뻐서 함께 몸을 펴서 백 번 절하였다. 조금 있다가 다시 행전에 싸안아 가지고 아도간의 집으로 돌아와 평상 위에 놓고, 무리는 각기 흩어졌다.

12일이 지난 이튿날 아침에 무리가 다시 모여 합을 열어 보니 여섯 알이 변하여 어린아이가 되어 있었는데, 용모가 매우 위대하였다. 곧 평상에 앉으니, 무리들이 절하며 치하하고 공경의 예절을 다하였다. [그들은] 나날이 커져서 10여 일이 지나니 키가 9자나 되어 은나라 천을<sup>(탕왕)</sup>과 같았고, 얼굴은 용처럼 생겨서 한나라 고조<sup>(유방)</sup>와 같았다. 눈썹이 여덟 가지 색깔인 것은 당의 요 임금과 같았고, 눈이 겹동자인 것은 우의 순 임금과 같았다. 그달 보름날에 왕위에 올랐다. 처음 나타났다고 하여 이름을 수로<sup>(首露)</sup>, 혹은 수릉이라고 하였다. 나라는 대가락<sup>(大駕洛)</sup> 또는 가야국<sup>(伽耶國)</sup>이라고도 불렀으니, 6가야 중의 하나이다. 나머지 다섯 사람은 5가야의 주인이 되었다.

_《삼국유사》〈기이〉'가락국기'

# 가야의 건국을 전하는
# 수로 신화와 정견모주 신화

　가야는 6세기 중반까지 고구려, 백제, 신라와 자웅을 겨루던 나라로, 우리 고대사 연구에 중요한 몫을 차지하고 있다. 그러나 가야는 통일 국가를 이루지 못한 채 제일 먼저 역사에서 사라졌기 때문에 삼국에 비해 중요성을 덜 인정받는다. 가야의 건국을 전하는 사료로는《삼국유사》〈기이〉'가락국기'의 수로 신화와《신증동국여지승람》〈고령현 건치연혁조〉에 기록된 정견모주 신화가 있다. 이 두 기록은 설화적이며 후대에 윤색이 가해져 역사적 사실로 인정하기 어려운 부분도 있다. 하지만 모든 신화나 설화가 일정한 역사적 사실을 반영하고 있는 것처럼 두 가지 신화에도 신비의 왕국 가야사의 실체를 밝혀 줄 사실이 담겨 있다. 가야사는 남겨진 문헌이 적어서 두 신화 연구에서 큰 도움을 받고 있는 실정이다.

　수로 신화는 가락국의 건국 신화이고, 정견모주 신화는 대가야의 건국 신화이다. 가락국은 낙동강 유역에 자리 잡은 나라로 철을 주변의 여러 나라에 수출하여 막대한 이득을 얻었다. 그리하여 가락국은 전기 가야 연맹의 맹주국으로서 주변 나라의 이익과 요구를 조정하는 역할을 하였다. 이러한 가락국의 위상이 담겨 있는 신화가 바로 수로 신화이다. 가락국은 한때 신라를 유협할 정도로 성장하였으나 400년, 광개토대왕의 남정 때 큰 타격을 입어 국력이 급격히 쇠퇴하였다.

이러한 가락국의 쇠퇴를 틈타 광개토대왕의 남정 때 비교적 타격을 덜 입은 대가야가 가야 연맹체 내에서 힘을 얻기 시작하였다. 대가야는 주변 세력들을 잘 아우르면서 국력을 키웠고, 가야 연맹의 맹주 역할을 담당하였다. 이러한 대가야의 위상을 반영한 신화가 바로 정견모주 신화이다. 정견모주 신화에는 가락국의 수로왕과 대가야의 이진아시왕이 형제 관계로 등장하고 있다. 때문에 대가야가 전기 가야 연맹의 맹주였던 가락국의 위상을 계승하고자 이러한 신화를 체계화했다고 여기기도 한다.

# 구지봉에 내려온
# 하늘의 자손, 수로

수로 신화의 첫 구절을 보면, 천지가 개벽한 뒤에 이 땅에는 아직 나라 이름이 없었고, 또한 임금과 신하의 호칭도 없었다. 이는 수로가 가락국을 세우기 이전의 지역 사정을 말해 주는 것으로, 신화 시대의 혼돈 상태를 나타낸다. 자연스럽게 모둠 살이가 시작되어 9개의 집단이 취락을 이루고 살았는데 각 취락에는 이들을 다스리는 우두머리 '간(干)'이 있었다. '간'은 우두머리를 나타내는 몽골 계통의 말 '칸'의 소리에서 따온 것으로, 국가 이전 단계의 공동체 지도자를 일컫는다.

칭기즈 칸의 '칸'과 같은 말이면서 그와 비슷한 소리를 내는 한자말이 많음에도 굳이 간(干)자를 쓴 데에는 그만한 이유가 있다. 간은 '방패'라는 뜻과 '구한다, 간섭한다'라는 뜻을 함께 지닌 말이다. 아홉 마을의 지도자를 보면 아도간(我刀干), 여도간(汝刀干), 피도간(彼刀干), 오도간(五刀干)과 같이 칼솜씨가 탁월한 지도자가 있는가 하면 유천간(留天干), 신천간(神天干), 오천간

**구지봉** 경남 김해시 구산동에 있는 작은 산봉우리이다. 수로왕 탄생 설화의 중심지로, 하늘에서 여섯 알이 담긴 금궤가 내려온 곳이다.

⒜天干처럼 하늘의 천기를 잘 살피며 천신께 빌기를 잘하는 지도자도 있었다. 그리고 유수간(留水干)은 물을 잘 다스리고 이용할 줄 아는 지도자, 신귀간(神鬼干)은 신령을 잘 섬기고 잡귀들을 잘 다스리는 능력을 갖춘 지도자였다. 따라서 당시의 지도자는 칼을 잘 만들고 말솜씨가 좋아 백성을 잘 보호하고 다스려야 했다. 또 하늘의 기상을 잘 살피고 물을 잘 다스려 생업에 이용했으며 신을 잘 섬기고 귀신들을 제압하는 종교적 사제 역할까지 했다.

이런 사회에 후한 광무제 건무 18년(42) 3월, 드디어 새로운 변화가 찾아왔다. 구지봉에서 수상한 소리가 들려서 9간과 마을 사람 2~300명이 모여들었는데, 얼마 뒤 하늘에서 자주색 줄이 드리워져 땅에 닿은 것이다. 줄 끝에는 붉은색 보자기에 싸인 금합이 있었다. 사람들이 열어 보니 해처럼 둥근 황금알 6개가 있었다. 무리들이 기뻐하며 싸안고 아도간의 집에 두었더니 12일이 지난 이튿날 아침에 여섯 알이 모두 어린아이가 되어 있었는데, 용모가 매우 빼어났다. 그리고 또 10여 일이 지나니 키가 9자나 되어 군왕의 자태를 풍겼다. 그리하여 그달 보름날에 왕위에 올라 이름을 수로라고 하였으며, 나머지 다섯 사람도 각각 돌아가 5가야의 주인이 되었다.

이와 같이 수로 신화에는 아직 국가 단계에 접어들지 못했던 가야 지방에 수로가 등장하여 나라가 세워지는 과정이 보인다. 여기서 수로는 하늘에서 내려왔다는 신화 내용으로 볼 때 북쪽에서 내려온 유이민 집단으로 보인다. 이러한 내용은 진수가 《삼국지》〈위서〉 '동이전'에서 《위략》을 이용해 주석을 단 '그들(가야인)은 [외지에서] 옮겨 온 사람이 분명하다'라는 기록을 통해서도 유추할 수 있다. 수로 집단은 발달된 문명을 가진 이주민 집단으로 남쪽으로 이주하다가 9간들이 우두머리로 있는 김해 지역에 들어와 토착 집단과 함께 살았다. 수로 집단이 토착 사회에 받아들여진 이유는 아마도 철기를 잘 다루는 단야족이었기 때문이다. 예로부터 김해 지역은 철이 풍부하여 한, 예, 왜를 비롯하여 낙랑에서도 철을 사가기로 유명하였다. 그런 지역에서 철을 제련하는 기술이 풍부한 수로가 정치 세력을 이끌고 내려왔으니 수로 집단은 당연히 지역 발전에 큰 보탬이 되었다. 이에 토착민들은 여섯 알이 어린아이로 변하고 성장하기까지 하례하고 극진히 섬기며 보살피다가 수로 집단이 그들 사회에 적응하자, 마침내 왕으로 추대하여 가락국이라는 나라를 세웠다. 이러한 역사적 사실이 수로 신화에 담겨 오늘날까지 전해진다.

# 구지가와 거북이

    수로 신화에 의하면 수로는 황천<sup>(하늘)</sup>이 "구지봉에 내려가 새로이 나라를 세우고 임금이 되라." 하고 명령해서 내려왔다. 여기서 구지봉은 거북이가 머리를 내민 것 같은 형상을 하고 있기 때문에 붙여진 이름이며, 황천은 단군 신화의 환인, 주몽 신화의 천제와 같은 일반적인 하느님을 뜻한다. 단군 신화에서 단군의 아버지 환웅은 천제 환인의 아들이고, 주몽 신화에서 주몽은 황천의 아들이라고 기록되어 있다. 그러나 수로는 황천의 명령으로 내려왔다고 전할 뿐 황천의 자손이라는 직접적인 언급이 없어 신성성이 약해 보이기도 한다. 하지만 수로는 자주색 줄 끝에 매달린 붉은 보자기에 싸인 금빛 상자에 담겨 하늘로부터 내려왔으며, 상자 안에는 해 모양을 닮은 황금알 6개가 담겨 있었다. 알이 해 모양을 닮았다는 것은 수로가 태양의 아들로서 천신의 혈통임을 말해 주는 징표이다.

황천은 9간과 백성에게 말하기를 수로가 내려올 때 산 정상의 흙을 파면서 "거북아 거북아, 머리를 내놓아라. 만약 내놓지 않으면, 구워 먹겠다!"라는 노래를 부르고 발을 굴러 춤을 추라고 명하였다. 구간들이 그 말대로 모두 기쁘게 노래하고 춤을 추자 하늘에서 수로를 내려 보냈다.

그런데 시조가 인간 세상에 내려올 때 매개하는 동물이 거북이라는 점은 수로 신화의 큰 특징이다. 혁거세 신화에서 천신의 후예인 혁거세를 지상으로 운반하는 존재는 백마이다. 백마는 나정 우물곁에 무릎을 꿇고 앉아 있다가 사람들에게 혁거세의 존재를 긴 울음으로 알리고 하늘로 올라갔다. 그런데 수로 신화에서 거북은 실제 모습을 드러내지 않는다. 다만 노랫말 가운데 거북에게 '머리를 내놓아라'라는 명령만 있을 뿐이다. 여기서 거북과 수로의 관계를 암시할 수 있다. 수(首)는 바로 수로왕을 뜻하며 거북은 시조를 지상에 드러내게 하는 신성한 동물로, 혁거세 신화에 나오는 백마나 알지 신화의 흰 닭과 같은 역할을 한다.

거북은 아마도 가락국의 신일 가능성이 크다. 즉 거북은 구지봉이란 산의 산신을 말하면서 9간 집단이 숭앙하는 재래의 신일 가능성이 있다. 신은 9간 등에게 구지봉의 꼭대기를 파고 흙을 돋우면서 노래를 부르라고 하였다. 땅을 파내고 파낸 흙을 모아 돋우는 행위는 흙으로 무엇을 만드는 공사 행위를 의미한다. 산정에서 토목공사를 하였다면 그것은 신이 머무는 사당이나 신에게 제향을 드리는 제단을 만들었을 가능성이 있다. 새로운 신의 하강과 신사의 축조를 재현하면서 신이 있는 곳을 찾아내는 노래가 바로 구지가였다.+서대석, 〈가락국 건국 신화〉, 《한국의 신화》, 집문당, 2010, 135쪽

구지가는 구간씨신 노래인 수사의 특징을 온전히 지니고 있다. '내밀

어라'와 같은 강한 명령법, '거북아'와 같은 환기, '아니하면'과 같은 조건절, '거북'과 같은 주술적 동식물의 등장이 바로 그러하다. 4행에 주사의 특징 전체가 압축되어 있어 주사의 전형이라 불리는 노래이다.[+]김문태, 위의 책, 107쪽

구지가와 비슷한 노래는 《삼국유사》 〈기이〉 '수로부인조'에 전해지고 있다. 이 노래는 해가라고 불리는데, 성덕왕 때 순정공의 부인과 얽힌 이야기가 전한다. 순정공이 강릉 태수로 부임할 때 수로부인과 함께 갔다. 임해정에 다다른 두 사람은 잠시 휴식을 취할 겸 점심을 먹고 있는데, 갑자기 용이 나타나 부인을 잡아채 바닷속으로 들어가 버렸다. 그러나 순정공은 아무런 계책도 없이 발만 동동 구를 뿐이었다. 이때 곁에 있던 한 노인이 말하기를 "옛날 사람 말에 뭇 사람의 말은 쇠 같은 물건도 녹인다 했는데 바닷속의 용이 어찌 뭇 사람의 입을 두려워하지 않겠습니까? 마땅히 경내의 백성을 모아 노래를 지어 부르고 막대기로 언덕을 치면 부인을 찾을 수 있을 것입니다."라고 하였다. 순정공은 노인의 말대로 백성을 모아 막대기로 언덕을 치면서 노래를 부르게 하였다.

거북아 거북아 수로부인을 내놓아라.
남의 부녀를 빼앗아 간 죄가 얼마나 큰가.
네가 만약 거역하고 내놓지 않으면
그물로 잡아 구워 먹으리라.

노래를 들은 용은 수로부인을 받들고 바다에서 나왔고, 부부는 다시

재회하였다. 순정공이 바닷속 일을 물으니 부인은 "일곱 가지 보물로 장식한 궁전에 음식은 달고 향기로운데 인간의 음식은 아닙니다."라고 대답하였다. 해가는 주술적인 노래로 거북이를 부르는 내용이나 말을 듣지 않으면 구워 먹는다는 내용이 구지가와 흡사하다. 이로 보아 구지가를 바탕으로 하여 만들어진 노래로 추측된다. 그러나 구지가는 사구체인데 비해 해가는 팔구체로 내용이 더 구체적이다.

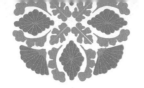

# 하늘이 점지해 준 배필
# 허황옥

어느덧 수로가 왕위에 오른 지도 7년이 흘렀다. 그동안 도읍을 새로 정하여 웅장한 궁궐을 지어 이사하였고, 나라의 기틀도 점점 잡혀 가고 있었다. 다만 한 가지 부족한 것은 아직 왕비가 없다는 사실이었다. 그러자 9간은 마땅히 자신들의 딸 가운데 예쁜 처녀를 골라 왕비로 들이라고 간하였다. 이에 수로왕은 자신의 배필은 하늘이 점지해 줄 것이라며 신하들의 권유를 물리쳤다. 《삼국유사》〈기이〉 '가락국기'에는 수로왕의 배필 허황옥이 가락국으로 오게 된 내력이 쓰여 있다.

마침 건무 24년 무신년[48] 7월 27일, 9간 등이 조회 때 말씀을 올리기를, "대왕이 하늘에서 내려오신 이래로 좋은 배필을 아직 얻지 못했습니다. 청컨대 신 등이 둔 처녀 중 가장 좋은 사람을 골라 궁중에 들여서 짝을 삼으시기 바랍니다."라고 하였다. 왕이 말하기를,

"짐이 이곳에 내려온 것은 하늘이 명한 것이다. 짐에게 왕후를 삼는 것도 역시 하늘이 명할 것이니 경 등은 염려하지 말라."라고 하였다. 마침내 유천간에게 가벼운 배를 마련하고, 빠른 말을 가지고 망산도에 이르러 서서 기다리게 하고, 신귀간에게 승점<sup>(망산도는 서울 남</sup> <sup>쪽에 있는 섬이고, 승점은 서울의 중심이다)</sup>으로 나가도록 명령하였다. 홀연히 바다의 서남쪽 모퉁이에서 [배가] 붉은 비단 돛을 달고, 적황색기를 펄럭이면서 북쪽을 향해 왔다. 유천간 등이 섬 위에서 먼저 불을 올리니, [배에 탄 사람들이] 경쟁하며 [배에서] 육지로 내려 다투어 뛰어왔다. [승점에 있던] 신귀간이 그것을 바라보고는 궁궐로 달려 들어가 왕께 아뢰니 왕이 듣고 좋아하였다. 곧 구간 등을 보내 목란으로 만든 노를 정돈하고, 계수나무로 만든 아름다운 돛대를 펴서 영접하여 빨리 [대궐] 안으로 모시고 들어가려고 하니, 왕후가 말하기를, "나는 너희들을 평생에 처음 보는데 어찌 감히 경솔하게 따라가겠느냐?"라고 하였다. 유천간 등이 돌아가서 왕후의 말을 전달하였다. 왕은 그럴 것이라고 여겨 관리를 거느리고 어가를 타고 앞으로 나아가, 궁궐 아래로부터 서남쪽으로 60여 보 거리의 땅 산자락에 장막으로 친 궁전을 설치하고 [왕후를] 공경히 기다렸다. 왕후는 산 밖 별포 나루에 배를 매고 뭍으로 올라 높은 언덕에서 쉬었다. [그리고] 입었던 비단 바지를 벗어서 예물로 삼아 산신령에게 보냈다. 그 나라에서 시종하여 따라온 신하 두 사람은 이름을 신보와 조광이라고 하였고 [또] 두 사람의 처는 모정과 모량이라고 하였고, 노비를 합해

서 20여 명이었다.

운 패옥이 달린 옷, 보배로운 기물 등은 다 기록할 수 없었다. 왕후가 점점 행궁으로 가까이 가니, 왕이 나와 맞이하여 함께 장막을 친임시 궁으로 들어갔다. 따라온 신하 이하 무리가 계단 아래에 나아가 뵙고 곧 물러나왔다. 왕이 관리에게 명하여 왕후를 따라온 신하 부처에게 말하기를, "사람은 각각 한 방에 있게 하고, 이하 노비는 각기 한 방에 5~6명씩 있게 하라."라고 하였다.

[왕은] 그들에게 난초로 만든 음료와 난초로 빚은 좋은 술을 주고 무늬가 있는 자리와 무늬가 있는 짚자리에서 자게 하였다. 심지어 의복, 필단, 보화 류는 많은 군인을 가려 모아 지키게 하였다. 이에 왕과 왕후는 함께 궁궐의 침전에 있으면서, [왕비는] 왕에게 조용하게 말하기를, "저는 아유타국의 공주로서 성은 허씨요 이름은 황옥이며 나이는 16세입니다. 본국에 있을 때 금년 5월 중에 부왕이 황후와 더불어 저를 돌아보시며 말씀하기를, '애비 어미가 어젯밤 꿈에 함께 하늘의 상제를 뵈오니 [상제께서] 말씀하시기를, '가락국의 훌륭한 왕인 수로는 하늘에서 내려 보내 왕위에 오르게 하였으니, 신성함은 그분이로다. 또 새롭게 국가를 다스림에 배필을 정하지 못하였으니, 경 등은 곧 공주를 보내 짝이 되게 하라'라고 하시고, 말을 마치자 하늘로 올라가셨다. 꿈을 깬 후에도 상제의 말씀이 오히려 귀에 남아 있으니 너는 곧 부모를 하직하고, 그곳[가락국]을 향해 가라'라고 하셨습니다. 저는 바다에 떠서 멀리 증조를 찾고 하늘로 멀리 가서 반도를 찾아 아름다운 모습을 감히 탐하여 용안을 가까이하게 되었습니다."라고 하였다. 왕이 답하기를, "짐은 나서부터 자

못 성스러워 공주가 멀리서 오시는 것을 미리 알고, 아래 신하들이 왕비를 들이라는 청을 감히 따르지 않았소 지금 또한 현숙한 공주가 스스로 오시니, 나로서는 무척 다행이오."라고 하였다.

마침내 동침하여 맑은 밤 이틀을 지내고 또 하루 낮을 보냈다. 이에 드디어 [그들이] 타고 돌아온 배를 돌려보냈는데, 뱃사공 총 15명에게 각각 식량 10석과 베 30필을 주고 본국으로 돌아가게 하였다.

_《삼국유사》〈기이〉'가락국기'

자신의 딸을 왕비로 들이라는 9간의 권유를 물리치고 기다린 수로는 마침내 허황옥을 맞이하였다. 수로는 허황옥이 올 것을 알고 유천간과 신귀간을 미리 바닷가에 보내 기다리게 하였다. 신하들이 보니 홀연히 바다의 서쪽 모퉁이에서 붉은 비단 돛을 단 배가 적황색 깃발을 펄럭이면서 다가오고 있었다. 붉은색은 해나 빛과 더불어 천상과 지상을 잇는 매개 역할을 하는 신성한 빛깔이다. 수로왕도 하늘에서 내려올 때 붉은색 끈이 드리워진 가운데 붉은색 보자기에 싸인 금합 안에 담겨 내려왔다. 그러므로 신하들은 이 배가 장차 수로왕의 비가 될 신성한 인물이 탄 배임을 알아보았다. 배는 도착하였으나 허황옥은 바로 배에서 내리지 않고 수로왕이 산자락까지 와서 장막으로 궁전을 설치하기를 기다렸다.

신랑이 신부 맞을 준비를 끝내자, 허황옥은 비로소 별포진에 배를 대고 내려올 때 입고 있던 비단 바지를 벗어 산신령께 바쳤다. 이는 육지에 오른 허황옥이 토속신에게 제를 올림으로써 정식으로 이주 의례를 치른 것이며, 배필인 수로왕과 만나기에 앞서 성인 의례 또는 혼인 의례를 행한 것이다.[+김문태, 위의 책, 133쪽] 뿐만 아니라 허황옥이 바지를 벗은 것은 수로가 알을 깨고 나온 것에 대응하는 이중 탄생의 모티프이기도 하다. 예를 들어 단군 신화에서 신모가 될 곰이 동물의 탈을 벗고 여성이 되었던 것과 마찬가지로 허황옥도 비슷한 과정을 밟아 수로와 성혼에 이르렀다.

그렇다면 수로왕은 왜 9간들의 요구를 물리치면서까지 허황옥을 기다렸을까? 이는 자신의 지배력을 뒷받침해 줄 정치 세력이 필요했기 때문이다. 허황옥은 수로왕과 같은 이주민 집단의 우두머리로 일정한 세력을 거느리고 가락국에 왔다. 이는 '그 나라에서 시종하여 따라온 신하 두 사람은 이름을 신보와 조광이라고 하였고 [또] 두 사람의 처는 모정과 모량이라고 하였고, 노비를 합해서 20여 명이었다'라는 구절로도 추측된다.

허황옥은 올 때 금수능라, 의상필단, 아름다운 패옥이 달린 옷, 보배로운 기물 등 모두 기록할 수 없을 만큼 진귀한 물건들을 많이 싣고 왔다. 이에 비해 수로왕은 식량 10석과 베 30필 등 생필품으로 답례를 하고 있는 것으로 보아 허황옥 집단이 수로 집단보다 훨씬 발달된 문화를 향유하고 있었음을 알 수 있다. 허황옥 집단이 가진 높은 수준의 문화와 정치력은 수로가 가락국을 다스리는 데 큰 도움이 되었다. 때문에 두 사람은 건국 신화에서 결혼에까지 이르고 있다. 건국 신화에서 왕과 왕비족의 결합이 정치적인 이해관계에 따른다고 해석되는 점을 생각할 때 이러한 해석은 무리가 없다.

이후 허왕후 집단은 가락국 내에서 왕비족으로서의 위치를 튼튼히 하였다. 수로 집단과 허왕후 집단은 이후에도 계속적으로 교혼하기 때문이다. 태자 거등왕은 허왕후가 데리고 온 신하 천부경 신보의 딸 모정과 결혼했으며, 거등왕의 태자인 마품왕도 역시 허왕후가 데리고 온 종정감 조광의 손녀인 호구와 결혼하는 등 허왕후 집단은 가락국에서 왕비족으로써 계속하여 기득권을 누렸다.

# 탈해의 도전을 물리친
# 수로왕

하늘이 점지해 준 배필과 결혼한 수로왕은 나라를 잘 다스렸다. 아도간, 여도간 등 토속적인 관직 명칭을 아궁, 여해로 바꾸고, 신라의 직제를 취해 각간, 아질간, 급간의 등급을 두고, 그 아래 관료는 주나라의 법률 관례와 한나라의 직제로 나누어 정했다. 그리하여 《삼국유사》에서는 수로의 다스림을 '나라를 다스리고 집안을 고르게 하고 백성을 자식과 같이 사랑하니, 그 교화는 엄숙하지 않아도 위엄이 있고, 그 정치는 엄하지 않아도 다스려졌다'라고 쓰고 있다.

가락국의 국력은 날로 강성하여 수로왕은 신라에게도 당당하게 행동했다. 《삼국사기》〈신라본기〉 '파사이사금 23년조'에 의하면, '8월에 음즙벌국과 실직곡국이 국경을 두고 서로 다투다가 왕에게 와서 판결을 청하였다. 왕이 처리하기 난처하여 생각하기를 '금관국 수로왕이 연로하여 아는 것이 많을 것이다'라고 하여 불러서 물었더니 수로가 의견을 내어 다투던 땅을 음즙벌국에게 붙이게 하였다라는 기록이 있다. 신라의 파사이사금이 국내의 국경 문제를 수로왕에게 자문할 만큼 수로왕은 지혜롭고 정치력이 뛰어난 인물로 묘사된다. 수로왕이 음즙벌국과 실직곡국의 국경 분쟁을 해결해 주었더니, 신라의 파사왕은 6부에 명하여 수로왕을 융숭하게 접대하였다. 이때 수로왕은 예의를 갖추지 않은 한기부주인 보제를 죽이고 그를 숨겨 준 음즙벌국을 쳐서 항복을 받았다.

이 같은 사건이 일어난 102년은 수로왕 재위 61년째가 되는 해로, 수로왕은 연로한 나이였다. 그럼에도 신라의 6부 중 하나인 한기부주를 죽이고 음즙벌국을 징벌할 만큼 금관국과 신라 사이에서 정치 지도력을 장악하고 있었다. 신라 왕은 자신의 신하와 영토가 금관국에 유린을 당했음에도 아무런 조치를 취하지 않았다. 이로 보아 수로왕은 재위 후반에 이미 대내적으로나 대외적으로 강한 국력을 자랑하였던 것 같다.

수로왕이 단단한 왕권을 누렸음은 《삼국유사》〈기이〉 '가락국기'의 내용 중 탈해와의 싸움에서도 드러난다. '가락국기'에 따르면 신라의 제4대 왕인 탈해가 신라로 가기 전 가락국에 왔지만 수로와의 싸움에서 패해 바다로 도망쳤다고 한다. 앞장의 탈해 신화에서 살펴보았던 것처럼 탈해는 바다를 통하여 가락국에 와서 수로왕에게 왕위를 빼앗으러 왔다고 당당하게 이야기했다. 그러자 수로왕은 하늘의 명으로 왕위에 오른 것이니 감히 천명을 어기고 왕위를 줄 수 없다고 당당하게 말하였다. 그리하여 두 사람은 술수로 겨루어 승패를 가르기로 하였다.

순간 이씨해 널해가 변하니 매가 되니 왕이 변하여 독수리가 되었다. 또 탈해가 변하여 참새가 되니, 왕은 변하여 새매가 되었다. 이렇게 하는 것이 매우 짧은 시간이었다. 탈해가 본래의 몸으로 돌아오니, 왕도 역시 그렇게 회복되었다. 탈해가 마침내 항복하여 말하기를, "제가 술수를 다투는 마당에서 매가 독수리에게서, 참새가 새매에게서 죽음을 면한 것은 아마도 성인이 살생을 싫어하는 인자함 때문일 것입니다. 제가 왕과 더불어 왕위를 다투는 일은 진실로 어렵겠습니다."라고 하였다. 곧 [탈해는] 작별을 고하고 나가 변두리 교외 나루에 이르러, 중국으로부터 오는 배가 닿는 물길을 따라가려고 하였다. 왕은 [탈해가] 머물면서 반란을 꾀할까 슬그머니 염려하여 급히 수군을 실은 배 500척을 발진시켜 그를 추격하였다. 탈해가 도망하여 계림 땅 경계로 들어가니, 수군은 모두 돌아왔다.

_《삼국유사》〈기이〉 '가락국기'

이 사건은 탈해왕(재위 57~79)이 신라의 왕위에 오르기 전에 일어났다. 실제 탈해 집단이 가락국을 경유하여 신라로 이동했다는 기사는 《삼국사기》〈신라본기〉 '탈해이사금조'에도 보인다. 탈해와 수로왕의 싸움은 단순한 설화가 아니라 두 세력 집단 사이의 무력 충돌이었던 것이다. 탈해는 군대를 이끌고 수로(水路)를 따라 왔는데 이를 물리친 수로 집단은 탈해보다 더 우세한 무력을 가졌음이 분명하다. 싸움에 져서 떠나가는 탈해를 수로왕이 수군 500척을 보내서 쫓고 있는 점은 수로의 가락국이 이미 상당한 군대를 거느린 강력한 세력이었음을 추측케 한다.

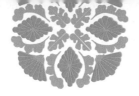

# 가야는 철의 왕국

수로왕이 탈해를 물리치고 신라의 국경 분쟁을 중재할 만큼 강력한 국력을 키울 수 있었던 배경에는 가야 지방의 철이 있었다. 가야는 철의 왕국이라 불릴 정도로 철이 많이 나는 나라였다. 김해 지역에서는 철과 관련된 유적지들이 많이 발굴된다. 경남 창원시 성산의 조개더미 중 네 곳에서는 철이 녹아 흐른 흔적이 발견되었다. 직접 야철한 중요한 근거가 되는 야철 송풍관과 노지에서 만든 철재가 발굴되었으며 쇳물이 잘 흘러내릴 수 있게 한 경사지 홈통 등이 확인되었다. 이로써 초기 철기 시대에 김해에서 야철이 행해졌음을 알 수 있다.

실제로 김해는 인근의 김해군 본생철 부락, 상동면 장척 부락, 대동면 감내 부락 등에 분포된 철광 자원을 비롯하여 의창군 다호리 고분군, 김해 양동리 고분군 등에서 많은 철기 유물이 출토되어 일찍부터 철을 생산했을 가능성이 높은 지역으로 추정되었다. 기원전 1세기경부터 만들어진 창원 다호리 유적에서는 주조한 철기뿐만 아니라 발전된 기술인 단조 기술로 만든 각종 철기가 다량 발굴되었다. 또한 칼, 창, 화살촉 등의 무기류와 도끼, 괭이, 따비, 낫 등 농기구들이 발견됨으로써 이미 철기가 실생활에 밀접하게 사용되었음을 알려 준다. 이 밖에도 가야 지역의 고분들에서는 철제 갑옷, 철제 칼 등이 출토되었는데 그중에 환두대도가 많이 출토되었다. 환두대도의 원형 손잡이에는 칼 주인의 권력을 상징하는 봉황 머리나 용 무늬, 날개 펼친 독수리 무늬가 새겨져 있다. 뿐만 아니라 무사가 타던 말에 씌우던 철제 말얼굴가리개와 같은 말 보호 기구가 발굴될 정도로 가야는 철이 풍부했다.

가야는 낙동강이라는 큰 강과 항만을 끼고 있던 지정학적 위치를 이용하여 외국에 철을 수출하여 돈을 벌었다. 이렇게 가야가 외국과 철을 교역했던 내용이 《삼국지》〈위서〉 '동이전 한조'에 실려 있다.

[변진의] 나라에서는 철이 생산되는데 한, 예, 왜인들이 모두 와서 사 간다. 시장에서의 모든 매매는 철로 이루어져 마치 중국에서 돈을 쓰는 것과 같으며, 또 [낙랑과 대방의] 두 군에도 공급한다.

《후한서》〈동이열전〉 '한조'에도 '무릇 모든 무역에 있어서 철을 화폐로 사용한다'라고 기록되어 있다. 이와 같이 화폐로 사용되고 수출도 된 철은 덩이쇠(철정)의 형태로 오늘날 김해 대성동, 부산 복천동 고분 등에서 많이 출토된다. 철정은 대부분 기다란 직사각형의 판자 모양을 하고 있는데 규격이 일정하다. 철판 중간을 약간 잘록하게 만들어서 노끈으로

**용봉 무늬 환두대도** 경남 합천군에서 출토된 것으로, 손잡이에 둥근 고리를 부착하고 고리 안에 용과 봉황 무늬를 새긴 칼이다. 손잡이를 금은으로 장식하여 권력의 상징물 역할을 하였으며 가야 지역에서 출토된 것이 가장 많다. (국립중앙박물관 소장)

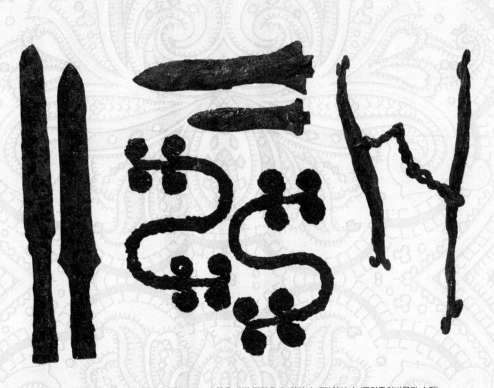

**철제 무기** 철은 무기뿐만 아니라 농기구로도 쓰여 철을 가진 집단은 그 위력이 대단하였다. (국립중앙박물관 소장)

묶어 가지고 다니기에 편리하게 되어 있다. 실제로 고분에서 발굴된 것을 보면 철판을 묶어서 무덤에 부장한 형태로 발굴되기도 하는데, 이 모습이 마치 중국의 연나라 화폐인 명도전이 노끈으로 묶인 채 발굴된 것과 같다.

우수한 철기 제련술을 보유하고 있던 수로왕이 가야 지역의 풍부한 철과 만났으니, 가락국의 발전은 예고된 것과 마찬가지였다. 왜냐하면 고대 사회에서 철을 장악한 세력은 권력을 장악하게끔 되어 있었기 때문이다. 고대 사회에서 철제 무기를 지닌 세력은 청동 무기를 지닌 세력과 상대가 되지 않을 정도로 그 위력이 대단했다. 청동기의 원료인 주석, 아연은 많이 채취할 수 없어서 대량 생산이 불가능했으며, 철처럼 단단하지 않아 장신구로는 제격이었으나 무기로는 효율적이지 못했다. 또한 청동기는 흔하지 않아 청동기 시대 사람들은 신석기 시대와 마찬가지로 돌이나 나무로 만든 농기구를 이용했기 때문에 농업 생산력도 그다지 높지 않았다.

반면 철기는 무기뿐만 아니라 농기구로도 아주 적합했다. 쇠로 만든 괭이와 삽, 따비, 낫 등을 농사에 사용하자 농업 생산력이 비약적으로 증가했다. 농업 생산력의 발전은 먹고도 남을 만큼의 잉여 생산물을 낳았는데, 이를 둘러싸고 개인 간, 집단 간에 싸움이 일어났다. 또한 잉여 생산물을 누가 차지하느냐에 따라 지배자와 피지배자로 계급이 분화되었는데, 이런 투쟁에서 가장 큰 역할을 한 것이 철제 무기였다. 싸움에서 이기려고 칼, 창, 화살촉과 같은 공격용 무기를 개발하였고, 방패, 투구, 갑옷 등의 방어용 무기도 생겨났다. 전쟁의 방식이 너욱 발달하여 발을 이용하자 이에 따라 철로 만든 마구류도 개발되었다.

　이제 전쟁에서 승리한 집단은 전쟁 포로나 노예들까지 동원하여 철광석을 캐내고 철기를 만드는 우수한 기술자들을 독점함으로써 다른 집단과의 경쟁에서 우위를 차지하였다. 그들은 철을 독점하고 이를 다른 나라와 교역하면서 선진 문물과 발전된 정치 형태를 받아들여 나라를 발전시켰다. 수로왕도 이런 과정을 거쳐 가락국의 국력을 신장시켰으며 전기 가야 연맹의 맹주로 군림할 수 있었다.

# 수로왕의 어머니는
# 정견모주

　가야의 건국 신화는《삼국유사》〈기이〉 '가락국기'이외에도《신증동
국여지승람》〈고령현 건치연혁조〉에 전해진다. 이 기록은 신라의 명문
장가 최치원이 쓴《석이정전》을 이용하여 가야왕국 중의 하나였던 대가
야의 건국 신화를 전한다.

　본래 대가라국이었다. [《신증동국여지승람》〈김해부 산천조〉에 자
세히 보인다] 시조 이진아시왕<sup>(伊珍阿豉王)</sup>[내진주지<sup>(內珍朱智)</sup>라고도 한
다]에서 도설지왕에 이르기까지 모두 16세, 520년이었다. 최치원의
《석이정전》에 이르기를 "가야산신 정견모주가 천신 이비가지에게
감응되어 대가야왕 뇌질주일과 금관국왕 뇌질청에 두 사람을 낳았
다."라고 하였다. 그러므로 뇌질주일은 곧 이진아시왕의 별칭이 되
고 뇌질청은 수로왕의 별칭이 된다. 그러나 [최치원의 말은] 가락국 고

기의 여섯 알 전설과 더불어 모두 허황되어 믿을 수 없다.

_《신증동국여지승람》〈고령현 건치연혁조〉

최치원이 찬술한《석이정전》의 인물 이정은 대가야 왕족의 후예로 고령, 합천 출신이며, 순응과 비슷한 5두품에 준하는 신분이었다. 이정은 멸망한 대가야 왕족의 후예로 신분적 한계를 극복하려는 목표를 가지고 출가하여 승려가 되었다. 766년경, 깨달음을 얻으리라는 큰 뜻을 품고 순응과 함께 당에 들어가서 불교 공부를 하고 돌아왔다. 802년에는 순응과 함께 해인사 창건을 주도하였으며, 순응이 선림원으로 떠나자 해인사 창건을 마무리하였다. 해인사가 창건된 100여 년 후인 900년 즈음에 해인사에 머물던 최치원은 순응과 이정의 업적을 높이 평가하여《석이정전》과《석순응전》을 지었다. 이 책들은 현재 전해지지 않으며《신증동국여지승람》에 일부가 인용되어 전할 뿐이다.

이 글에서 대가야왕을 '뇌질주일'이라 하였는데, 뇌질은 막연히 족장을 의미하는 토착어이다. 그리고 '뇌질청예'의 청예는 청양 또는 청양예를 지칭하는 말로, 황제 헌원의 맏아들인 현효를 말하며 소호금천씨의 후손이다.

대가야 시조 신화의 특징은 가야산신 정견모주를 강조하는 데 있다. 즉 천신 이비가지가 나오기는 하나 수로 신화와 달리 하늘에서 천신이 강림하는지가 분명히 나타나지 않고 단순히 천신에게 감응하여 아이를 낳았다고 쓰고 있다. 또한 가야산신의 권위가 더 강조된다는 점에서 삼한 시대 이래 고령 지방의 토착 재지 세력이 중시되고 있음을 알 수 있

다.[+]김태식, 《가야 연맹사》, 일조각, 1997, 109쪽

고구려, 백제, 신라와 달리 가야 지역의 건국 신화로 가락국의 수로 신화와 함께 대가야의 정견모주 신화가 전하는 것은 특이한 현상이다. 그런데 이 신화에 의하면 대가야의 이진아시왕과 금관가야의 수로왕은 형제 사이로 표현된다. 두 사람은 실제로 형제가 아니었으나 신화에서 형제로 표현된 데는 다른 이유가 있을 것이다. 이러한 현상은 비단 가야뿐만 아니라 백제에서도 나타난다. 백제에는 온조 신화를 전한 뒤 주를 달아 비류 신화를 전하는데, 여기서 온조와 비류는 형제 관계로 표현된다.

보통 신화에서 혈연관계가 없는 두 나라가 형제 관계로 표현될 때는 정치적인 현상과 관련이 있는 경우가 많다. 수로왕이 세운 가락국은 전기 가야 연맹의 주도권을 장악하고 있었다. 그러나 400년, 고구려 광개토대왕이 군대를 보내 가야를 정벌한 후 가락국은 연맹의 주도권을 잃어버렸다. 이후에는 대가야가 연맹의 맹주로 등장하여 가야 연맹을 다스렸다. 이때 고령의 대가야 세력이 가야 초기의 수장이었던 가락국의 수로왕과 형제 관계임을 자칭하여 대가야의 정통성을 내세우고, 주변 소국을 통합하여 옛 가야의 동질감을 회복하고자 하였다.

가야는 통일된 왕국이 아니었기 때문에 각 나라마다 건국 신화가 있었다. 그러나 지금까지 전하는 건국 신화는 가락국과 대가야의 건국 신화만 남아 있다. 그 이유는 후대에 건국 신화를 전할 만큼 다른 나라의 정치력이 강하지 못했기 때문이 아닐까 생각된다. 예를 들어 함안의 안라국도 가락국이나 대가야와 더불어 손색이 없을 정도의 국력을 자랑하였다. 안라국은 문헌 자료로 볼 때 가야 전 시기에 제법라는 기록을 간히

고 있다. 삼한 시기에는 변진안야국으로 중국에 알려질 만큼 유력한 정치 집단이었고, 광개토대왕릉비에도 안라인수병이 등장하며,《일본서기》에도 안라국이 가야 사회에서 중심적 역할을 하고 있었음을 보여 준다. 5세기 이후 안라국의 정치적 성장을 보여 주는 말산리 고분군은 고고학 자료로써 고령 지역의 지산동 고분군 못지않다. 그러므로 안라국에도 건국 신화가 전해졌을 것이고, 이는 암각화를 통해서 추정해볼 수 있다. 고대 사회에서 건국 신화는 시조에 대한 제의를 통해 전해지는데, 암각화가 고대 제의에 접근하는 데 근거를 제공하기 때문이다.

안라국의 영토였던 도항리를 흐르는 남강 지류인 함안천 유역의 낮은 구릉지대에는 많은 고인돌이 무리 지어 있고, 가야 시대의 대형 고분들도 흩어져 있다. 이곳에 고인돌이 무리 지어 있는 것으로 보아 함안 지역에도 안라국으로 성장하기 이전에 가락국의 구간 사회나, 신라의 6촌 사회에 해당하는 지석묘 사회가 있었음을 알 수 있다. 지석묘 중 나, 다 호의 상석에서 성혈, 음각선, 동심원, 화살 무늬가 발견되었다. 이 모습들은 태양이나 별, 천체의 모습을 표현한 것으로 이해되며, 특히 동그라미와 겹동그라미는 태양신 숭배의 표상으로 이해되기도 한다. 따라서 안라국에도 대가야나 가락국과 같이 정치 집단이 형성되는 초기에 천신, 지신 형태의 신화가 있었을 것이다.＋남재우, 〈가야의 건국 신화와 제의〉, 《한국고대사연구》 39, 한국고대사학회, 2005, 99~102쪽 그리고 안라국에서도 국가나 왕실 차원에서 시조에게 제사를 지내고, 이때 구술되는 시조에 대한 건국 신화가 전승되었으나 신라에게 멸망당하면서 전승력을 잃고 사라졌을 것이다.

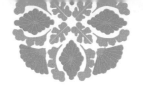

# 허왕후는 과연
# 인도에서 온 사람일까?

　신비에 싸인 가야사를 더욱 신비롭게 만드는 것 중 하나가 바로 수로왕의 부인 허왕후의 출신지이다. 《삼국유사》〈기이〉'가락국기'에 의하면, 수로왕의 부인 허황옥은 인도 아유타국의 공주라고 한다. 허황옥은 자신을 소개할 때, "저는 아유타국의 공주로 성은 허요, 이름은 황옥이며 나이는 16세입니다."라고 하였다. 이외에도 제8대 질지왕 2년(452)에 허왕후의 원찰로 건립된 호계사 파사석탑의 연기 설화를 전하는 《삼국유사》〈탑상〉'금관성파사석탑조'에도 허왕후의 출신지를 서역, 즉 인도의 아유타국이라고 쓰고 있다.

　금관성 호계사의 파사석탑은 옛날 이 읍이 금관국으로 되어 있을 때, 세조 수로왕의 비 허왕후 황옥이 동한 건무 24년 갑신에 서역의 아유타국에서 싣고 온 것이다. 처음에 공주가 어버이의 명을 받들고 동쪽으로 오려고 하다가 파신(波神)의 노여움에 막혀서 할 수 없이 돌아가 부왕에게 아뢰니 부왕이 "이 탑을 싣고 가라."라고 하였다. 그제야 순조로이 바다를 건너 [금관국의] 남쪽 해안에 와서 정박했다. 배는 붉은 비단 돛과 붉은 깃발 및 주옥으로 아름답게 꾸몄는데, [그곳을] 지금 주포라고 하고, 처음 언덕 위에서 비단 바지를 벗던 곳을 능현이라 하고, 붉은 기가 처음 해안에 들어온 곳을 기출변이라고 한다. ······ 탑은 사면이 모가 나고 5층인데, 그 조각이 매우 기이하며 돌에는 조금씩 붉은 반점이 있고 석질이 매우 부드럽고 좋아서 이 지방에서 구할 수 있는 돌이 아니다. 《본초》에서 말하는 닭의 벼슬 피를 찍어서 시험한다는 것이 이것이다.

_《삼국유사》〈탑상〉 '금관성파사석탑조'

허황옥이 올 때 싣고 왔다는 파사석탑은 지금도 김해 구산동에 있는데, 인도 지방에서만 나는 파사석으로 만들어진 것이라 한다. 닭의 벼슬 피를 가루로 만든 파사석과 일반 돌에 묻히는 실험한 결과, 파사석 부분은 물기가 계속 남아 있는 반면에 일반 돌은 건조하여 말라 버렸다는 이야기가 전해지는 것으로 보아 이 땅에서 나는 돌은 아닌 것 같다. 이 탑은 원래 호계사에 있었는데 조선 시대에 이르러 김해 부사로 있던 정현석이 "이 탑은 허왕후께서 아유타국에서 가져온 것이니 허왕후릉에 두어야 한다."라고 하여 현재의 자리에 옮겨 놓았다. 현재 남아 있는 석탑은 사각형의 지대석 상면에 높직한 굄대가 있어 그 위에 6개의 돌을 받치고 있는데, 이들 돌의 옆면과 아랫면에서 다양한 조각의 흔적이 발견

파사석탑 허왕후가 인도 아유타국에서 건너올 때 싣고 왔다는 석탑이다.

된다. 그러나 전체적으로 크게 파손되어 연구에 안타까움을 주고 있다.

허왕후의 출신지라고 하는 아유타국은 인도의 갠지스 강 중류에 있는 아요디아 읍이라는 게 통설이다. 실제로 인도에는 기원전 6세기경에 번성했던 16개 도시국가 중 가장 강력한 나라로 코살라(Kosala)가 있었고, 이 나라의 첫 수도가 아요디아였다. 아요디아는 갠지스 강 지류인 사르유 강 기슭에 자리 잡고 있었는데, 기원전 4세기 이후부터는 라마 신의 본거지가 되었으며, 그 나라의 왕자였던 라마는 태양신의 화신으로 숭배받았다. 그래서 인도 문화의 영향을 받은 동남아에서는 왕권을 정당화시킬 때 자신들의 왕조를 라마나 아요디아와 연결시키기도 한다.

중국의 승려 현장은 7세기 전반에 아유타국을 방문하고 《대당서역기》를 썼다. 그는 이 책에서 '아유타국은 주위가 5천여 리이고, 나라의 대도성은 둘레가 20여 리이며, 가람이 100여 군데나 되고, 승려가 3천여 명이다. 그 성의 북쪽 항하가의 대가람에 아소카왕(재위 기원전 270년경~230년경)이 세운 200여 척 높이의 탑이 있으며 그 탑 옆에 과거 4불이 앉았던 자리와 수행했던 유적이 있다'라고 쓰고 있다.

그런데 허왕후가 인도에서 직접 배를 타고 건너왔다고 보기에는 어렵다는 측면에서, 기존의 제한된 사료를 근거로 허왕후 출신지에 대해 여러 추측이 있다. 일찍이 아동문학가 이종기는 허왕후를 아요디아 왕국이 태국 메남 강 유역에 건설한 식민국 아유티아 출신의 왕녀라고 하였다. 실제로 최근에 아요디아 왕가는 왕후가 출발하던 서기 48년보다 20~30년 전인 서기 20년경 쿠샨 왕조에게 왕도를 잃고 어디론가 떠났다는 사실이 밝혀졌다. 이 설은 《삼국유사》 '금관성파사석탑조'의 본국을 출발한 공주의 배가 격랑 때문에 항해가 어려워 일단 귀향해서 배의 무게를 고쳐 재출발했다는 기록에 주목한다. 왜냐하면 아요디아에서 재출발하려면 갠지스 강을 거슬러 올라가야 하는데 6월의 풍향이 갠지스 강의 흐름과 동일하여 범선이 강물을 짧은 기간 내에 거슬러 올라가는 일은 불가능하기 때문이다. 그러므로 공주의 출발지를 오늘날 태국의 메남 강가에 있는 고도 아유티아로 추정할 수밖에 없다는 것이다. 이 가설은 특히 김해에 남아 있는 수로왕릉 정문에 있는 현판 좌우의 장식판에 그려진 쌍어문이 바로 아요디아국의 문장이라는 사실에 근거한다.

김병모 교수는 조선 시대에 허왕후의 후손인 허적이 세운 허왕후 능비의 보주태후라는 글귀에 착안하여 출신지를 유추하였다. 그에 의하면, 허왕후 일행은 쌍어문을 나라의 문장으로 삼았던 인도의 아요디아국에서 난을 피해 중국의 옛 보주(현 사천성 안악현) 일대로 와서 터를 잡고 살았다. 그러다가 서기 47년, 한나라에 대항해 봉기를 일으키고 실패하여 추방당했는데, 이때 허황옥 일행은 오늘날의 상해에 이르렀으며, 서기 48년경에 상해에서 해류를 타고 가락국에 이르렀다는 것이다. 이로 인해 수로왕릉 정문에 쌍어문이 그려져 있고, 허왕후 능비에는 보주태후라는 칭호가 새겨져 있다고 보았다.

허왕후의 고향이 인도 아요디아인지, 태국 아유티아인지, 아니면 중국 사천성 보주인지 쉽게 단정할 수 없다. 세 주장들은 시기 차이가 있지만 허왕후나 그 선조 중 하나가 인도의 아요디아 지방에서 이주했다고 추측하고 있다. 이는 고대 인도어인 드라비다어에서 '가락'이나 '가야'가 물고기를 뜻하는데, 마침 가야의 국명이 가락국이며, 또 가락국의 영토였

**쌍어문** 수로왕릉 정문의 쌍어문은 허왕후가 인도 아유타국의 공주였다는 것을 입증이라도 하듯, 아유타국의 고유 문양인 물고기 두 마리가 대칭으로 새겨져 있다.

던 곳에서 물고기 문양이 많이 사용되었다는 데서도 근거를 찾는다. 그러나 허황옥의 고향을 쌍어문으로 고증하는 것에 대한 반론도 만만치 않다. 수로왕릉 정문의 쌍어문은 정조 17년의 신축 때나 헌종 8년 이전 때, 안향각의 쌍어문은 순조 24년에 그려졌다는 근거를 들어, 쌍어문으로 허왕후의 출자를 논의하는 것은 무리라고 주장한다.

허황옥의 출신지가 어딘지 확실히 결론을 내릴 수 없으나 그녀가 중국을 거쳐 왔음은 분명한 것 같다. '가락국기' 중 허황옥이 가져온 금수능라, 의상필단, 금은주옥, 아름다운 패옥이 달린 옷, 보배로운 기물 등을 '한나라의 저자에서 산 여러 종류의 물건'으로 표현하고 있기 때문이다. 당시 가락국에는 중국에서 오는 뱃길이 있어, 가락국과 중국 사이에 배가 오가곤 하였다. 수로왕과 대결에서 패한 탈해가 이 뱃길을 따라 신라 지방으로 도망을 쳤다는 탈해 신화도 이를 뒷받침한다. 최근 김해 대성동 57호분의 발굴에서 출토된 인골의 유전 형질을 조사한 결과, 남방계 인도 계통의 형질이 나타났다는 보고가 있는 것으로 보아 더 많은 고고학 발굴이 이루어진다면 허왕후의 출신지가 어디인지 알 수 있으리라 기대해 본다.

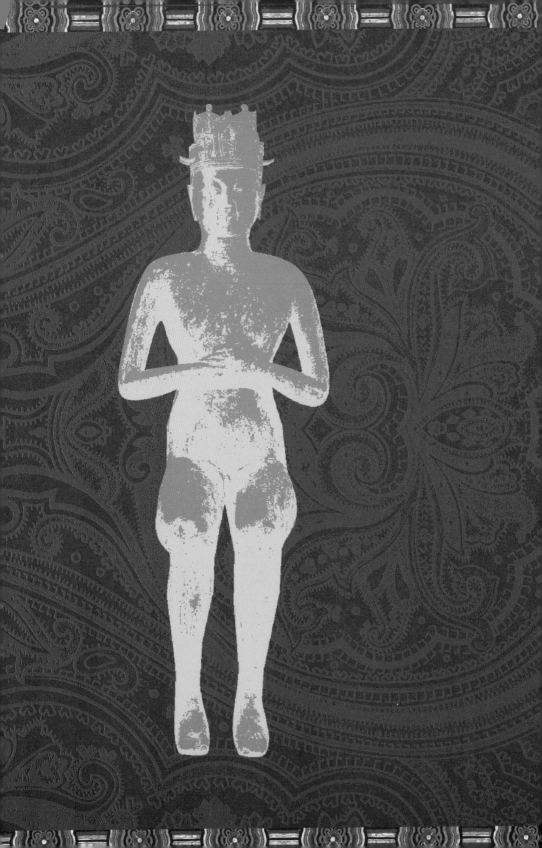

# 제8장

# 왕 건
# 신화와
# 고 려

(1) 김관의의 《편년통록》에 다음과 같이 기록되어 있다.

호경이라고 하는 사람이 있어서 스스로 성골장군이라고 하고, 백두산으로부터 유력하여 부소산 좌곡에 이르러 장가를 들어 살림을 하고 있었는데, 집은 부유하였으나 자식이 없었다. 활쏘기를 잘하여 사냥을 일삼아 오더니 하루는 같은 마을에 사는 아홉 사람과 함께 평나산에서 매사냥을 하다가 마침내 날이 저물자 바위틈 굴에서 밤을 새우려고 하는데, 호랑이가 나와 바위 굴 어구에서 크게 울부짖었다. 열 사람이 서로 "호랑이가 우리들을 잡아먹으려 하니 시험 삼아 관을 던져 잡힌 자가 감당하기로 하자." 하고 말하였다. 드디어 모두 관을 던졌는데, 호랑이가 호경의 관을 잡았다. 호경이 나와서 호랑이와 싸우고자 하였으나 호랑이는 보이지 않고 바위굴이 무너져서 아홉 사람은 모두 나올 수 없게 되었다.

호경이 돌아와 평나군에 알리고 와서 아홉 사람을 장사 지낼 때, 먼저 산신에게 제사 지내니 산신이 나타나서 말하기를, "나는 과부로서 이 산을 맡아보고 있는데 다행히 성골장군을 만나 같이 부부가 되어 함께 신정을 다스리고자 하니 청컨대 이 산의 대왕이 되어 주소서." 하고 말을 마치자 호경과 함께 숨어 버리고 보이지 않았다. 군인들이 호경을 봉하여 대왕이라 하고, 사당을 세워 그를 제사 지냈다. 아홉 사람이 함께 죽었으므로 산 이름을 고쳐 구룡산이라 하였다.

호경이 옛 부인을 잊지 못하여 밤마다 항상 꿈같이 와서 교합하여 아들을 낳으니 강충이라 하였다. 강충은 체모가 단정 근엄하고 재예가 많았는데, 서강 영안촌의 부잣집 딸 구치의에게 장가들어 오관산 마가갑에서 살았다. 그때 신라 감간 팔원이 풍수술을 잘하여 부소군에 왔다가 군이 부소산 북쪽에 자리 잡고 있어 산의 형세는 좋으나 초목이 없음을 보고 강충에게 말하기를, "만약에 군을 산의 남쪽으로 옮기고 소나무를 심어 암석이 드러나지 않게 하면 삼한을 통합하는 자가 태어나리라."라고 하였다.

이에 강충이 군 사람들과 함께 산의 남쪽으로 옮겨 살며 소나무를 온 산에 심었다. 이로 인하여 송악군이라고 개명하고 드디어 군의 상사찬이 되었으며, 또 마가갑의 제택을 영업지로 삼아 왕래하였다. 집에 천금을 축적하고 두 아들을 낳아 막내아들을 손호술이라 하였다가 보육이라고 바꿨다.

(2) 보육은 성품이 자혜로웠으며 출가하여 지리산에 들어가 도를 닦고 평나군의 북갑에 돌아와 살다가 또 마가갑으로 옮겼다. 일찍이 곡령에

올라가 남쪽을 향해 소변을 보았더니, 삼한 산천에 오줌이 넘쳐흘러 문득 은해로 변한 꿈을 꾸었는데, 이튿날 그의 형 이제건에게 말했더니 이제건이 말하기를, "그대는 반드시 큰 인물이 될 사람을 낳으리라." 하고 그의 딸 덕주를 아내로 주었다. 그는 뒤에 거사가 되어 마가갑에 목암을 지었다. 신라의 술사가 이를 보고 말하기를, "이곳에서 살면 반드시 대당 천자가 와서 사위가 될 것이다."라고 하였다. 후에 두 딸을 낳으니 막내딸을 진의라 하였는데 아름답고 재주가 많았다.

나이 겨우 15세에 그의 언니가 오관산 꼭대기에 올라가 소변을 보니 소변이 흘러 천하에 넘치는 꿈을 꾸었다. 깨어서 진의에게 이야기 했더니 진의가 말하기를, "청컨대 비단 치마로써 이 꿈을 사게 하여 주오." 하거늘, 언니가 이를 허락하였다. 진의는 언니에게 다시 꿈 이야기를 하라 하고 이것을 잡는 시늉을 하여 품에 안기를 세 번 하니, 이윽고 몸이 무엇을 얻은 것처럼 움쭉거리고 마음이 자못 든든하였다.

당나라 숙종 황제가 황자로 있을 때 산천을 두루 유람하고자 하여 당나라 명황(당나라 현종, 712~755) 천보 12년 계사 봄에 바다를 건너 패강의 서포에 이르렀는데, 조수가 물러가자 강기슭이 진흙투성이가 되는지라 종관이 배 안에서 돈을 꺼내어 깔고 언덕에 올라갔다. 뒤에 그 포구를 이름 하여 전포라고 하였다. 드디어 송악군에 이르러 곡령에 올라가 남쪽을 바라보고 말하기를, "이 땅은 반드시 고읍이 되리라."라고 하니 종자가 아뢰되 "이곳은 팔진선이 사는 곳입니다."라고 하였다.

마가갑 양자동에 이르러 보육의 집에 머무를 제 두 딸을 보고 기뻐하며 옷 따진 곳을 꿰매 주기를 청하였다. 보육은 중화의 귀인임을 알아차리고 마음속에 '과연 술사의 말과 부합된다'라고 생각하고 곧 장녀로 하여금 명에 응하게 하였더니 문턱을 넘다가 코피가 나므로 진의를 대신하여 드디어 천침하게 하였다. 기월 동안 머무르다가 임신하였음을 깨닫고 작별할 때 말하기를, "나는 대당의 귀성이라." 하고 활과 화살을 주며 "아들을 낳거든 이것을 주라."라고 하였다. 과연 아들을 낳으니 작제건이라 하였다. 뒤에 보육을 추존하여 국조 원덕대왕이라 하고 그의 딸 진의를 정화왕후라고 하였다.


(3) 작제건은 어려서 총명하여 지혜롭고 용맹이 있었다. 나이 5~6세에 어머니에게 묻기를, "나의 아버지는 누구입니까?" 하니 어머니는 "당나라 사람이시다."라고만 말하였는데 대개 그 이름을 알지 못하는 까닭에서였다.

성장함에 이르러 재주는 육예를 겸하였으며 서(書)와 사(射)에 더욱 절묘하였다. 나이 16세가 되자 어머니는 아버지가 남겨 준 활과 화살을 주니 작제건이 크게 기뻐하여 이를 쏘니 백발백중인지라 세상 사람들이 신궁이라 일렀다. 아버지를 찾아 뵈옵고자 상선을 타고 항해하다가 해중에 이르니 구름과 안개가 끼어 어두컴컴해져 배가 3일 동안 나아가지 못하였다.

배에 탄 사람이 점을 쳐 보고 말하기를 "마땅히 고려 사람을 제거해야 한다."라고 하는지라 작제건이 활과 화살을 잡고 스스로 바다에 몸을 던졌는데 밑에 바위돌이 있어 그 위에 섰더니 안개가 개이고 순풍이 불어 배는 나는 듯이 가버렸다.

이윽고 한 늙은이가 나타나 절하며 말하기를, "나는 서해 용왕인데 매일 신시에 늙은 여우가 치성광여래상이 되어 하늘에서 내려와 일월성신을 구름과 안개 사이에 벌여놓고 패라를 불고 북을 치며 풍악을 잡히고 와서 이 바위에 앉아 옹종경을 읽으면 나의 머리가 심히 아파집니다. 듣자하니 낭군은 활을 잘 쏜다니 원컨대 나의 재해를 물리쳐 주오."라고 하는지라 작제건이 이를 허락하였다.

때가 됨에 공중에서 풍악 소리가 들리더니 과연 서쪽에서 오는 자가 있기에 작제건이 진불이 아닌가 의심하여 감히 쏘지 못하고 있는데 늙은이가 다시 와서 말하기를, "이것이 바로 늙은 여우이니 다시는 의심하지 마시오."라고 하거늘 작제건이 활을 들고 화살을 먹여서 겨누어 쏘니 활시

위 소리와 함께 떨어지는 것은 과연 늙은 여우였다. 늙은이가 크게 기뻐하여 궁으로 맞아들이고 감사하며 말하기를, "낭군의 힘에 의하여 나의 재해와 우환은 이미 덜어졌으니 그 큰 은덕에 보답하고자 합니다. 장차 서쪽 대당에 들어가서 천자이신 아버지를 뵈오려 하십니까? 부(富)에는 칠보가 있으니 동쪽으로 돌아가 모친을 봉양하려 하십니까?"라고 하므로 말하기를, "나의 바라는 바는 동토에서 왕이 되는 것입니다."라고 하니 늙은이가 말하였다. "동토에서 왕이 되려면 반드시 그대의 자손 삼건을 기다려야 합니다. 그 밖의 것이라면 오직 명하시는 대로 하겠습니다."라고 하였다.

작제건이 그 말을 듣고 시명(時命)이 도래하지 않았음을 알고 우물쭈물하며 미처 대답을 못하고 있는데 자리 위에서 한 노파가 희롱 삼아, "어찌하여 그의 딸에게 장가들지 않고 가려 하는가?"라고 하였다. 작제건이 이를 알아차리고 장가들기를 청하니 늙은이가 맏딸 저민의로 아내를 삼게 하였다.

작제건이 칠보를 가지고 돌아가려 하니 용녀가 말하기를, "아버지에게 양장(楊杖)과 돼지가 있는 바 칠보보다 훌륭한데 어찌 청하지 않으십니까?"라고 하였다. 작제건이 칠보를 돌려주고 양장과 돼지를 얻어 가기를 바라니 늙은이가 말하기를, "이 두 가지 물건은 나의 신통한 것이다.

그러나 그대가 청하는데 감히 따르지 않을 수 있겠는가?"라며 돼지를 더 주었다.

이에 칠선을 타고 칠보와 돼지를 싣고 바다를 건너 순식간에 언덕에 이르니 곧 창릉굴 앞 강변이었다. 백주(白州)의 정조(正朝) 유상희 등이 듣고 말하기를, "작제건이 서해의 용녀에게 장가들고 돌아왔으니 참으로 큰 경사라고 하며, 개(개성), 정(풍덕), 염(연안), 백(백주)의 4주와 강화, 교동, 하음 세 현의 사람을 거느리고 그를 위하여 영안성을 쌓고 궁실을 지었다. 용녀가 처음에 오자마자 개주 동북산 기슭에 가서 은 주발로 땅을 파고 물을 길어 썼는데 지금 개성의 큰 샘이 이것이다."

1년을 살았는데도 돼지가 우리에 들어가려 하지 않으므로 이에 돼지에게 말하기를, "만약에 이 땅이 살 만한 곳이 못된다면 나는 장차 네가 가는 곳을 따라 가겠노라."라고 하였더니 이튿날 아침에 돼지가 송악 남쪽 기슭에 이르러 드러누웠다. 거기에 새로이 집을 지으니 곧 강충의 옛 거소이다. 영안성을 왕래하면서 산지 30여 년이 되었는데, 용녀가 일찍이 송악의 새집 침실 창밖에다 우물을 파고 우물 속으로 해서 서해 용궁에 왕래하였던 것이니, 곧 광명사 동상방의 북쪽 우물이다. 평소에 작제건과 더불어 약속하기를 "내가 용궁에 돌아갈 때는 삼가 엿보지 마십시오. 그렇지 않으면 다시는 돌아오지 않겠습니다."라고 말하였는데 작제건이 이를 몰래 엿보았다. 용녀가 소녀와 함께 우물에 들어가 같이 황룡이 되어 오색구름을 일으키는지라 이를 기이하게 여겨 감히 말을 하지 않았는데 용녀가 돌아와 노하여 말하기를, "부부의 도는 신의를 지키는 것이 귀한 것이거늘, 이제 이미 약속을 어겼으니 저는 이곳에 살 수 없나이다." 하고 드디어 소녀와 함께 다시 용이 되어 우물로 들어가 버린 다음 다시는 돌아오지 않았다. 작제건은 만년에는 속리산 장갑사에 살며 항상 불경을 읽다가 죽었다. 후에 추존하여 의조 경강대왕이라 하고 용녀를 원창왕후라 하였다.

(4) 원창왕후가 4남을 낳았는데 장남을 용건이라 하였다가 후에 융이라고 고쳤다. 자는 문명이라 하였는데 이 사람이 세조이다. 용모가 특이하고 수염이 아름다우며 기국과 도량이 넓고 커서 삼한을 병탄하려는 뜻을 가지고 있었다. 일찍 꿈에 한 미인을 보고 배필 되기를 약속하였는데 뒤에 송악에서 영안성으로 가다가 길에서 한 여인을 만나니 용모가 같은지라, 드디어 혼인을 하였으나 온 곳을 알지 못하므로 세상에서는 이름을 몽부인이라 하였다. 어떤 이는 이르기를 "그 여인이 삼한의 어머니가 되었으므로 드디어 성을 한씨라 하였다."라고 하니 이 사람이 위숙왕후이다.

세조가 송악의 옛집에서 여러 해 살다가 또 새집을 그 남쪽에다 창건하고자 하였으니, 이것이 곧 연경궁 봉원전의 터였다. 그때 동리산의 조사 도선이 당에 들어가 일행의 지리법을 알고 돌아와 백두산에 올라갔다가 곡령에 이르러 세조가 새로이 이룩한 집을 보고 말하기를, "메기장을 심어야 할 땅에 어찌하여 삼을 심었는가." 하는 말을 마치고는 가 버렸다. 부인이 이 말을 듣고 알리니 세조가 신발을 거꾸로 신고 그를 쫓아가 만나 보니 전부터 알고 지내던 사이와 같았다. 드디어 함께 곡령에 올라가 산수의 맥을 추려보며 위로는 천문을 보고, 아래로는 시수를 살펴어 말하기를, "이 지맥이 임방(북방)의 백두산 수모목간(水母木幹)으로부터 와서 마두명당(馬頭明堂)에 떨어졌는데 그대는 또한 수명(水命)이니까 마땅히 물의 대수(大數)를 따라 육륙(六六)으로 지어 삼십육구로 하면 천지의 대수에 부응하여 명년에는 반드시 성자를 낳을 것이니 마땅히 왕건이라고 이름 하라." 라고 하면서 실봉을 만들어 그 겉봉에 쓰기를 "삼가 글월을 받들어 백배하고 미래에 삼한을 통합할 임금이신 대원군자의 발아래에 올리나이다."라고 하였다. 때는 당 희종 건부 3년 4월이었다. 세조가 그 말대로 집을 짓고서 살았는데 그달에 위숙왕후가 임신하여 태조를 낳았다.

민지의 《편년강목》에는 다음과 같이 기록되어 있다.

태조의 나이 17세가 되었을 때에 도선이 다시 와서 만나기를 청하고는, "그대는 이 혼란한 때[百六之運]에 상응하여 하늘이 명한 터에서 만났으니 삼국 말세의 백성들은 그대가 구제해 주기를 기다리고 있다."라고 말하였다. 그러고는 전쟁에 나가 진을 칠 때 유리한 지형과 적합한 시기를 선택하는 법, 산천을 차례로 제사 지내어 신과 교통하고 도움을 받는 법을 알려 주었다.

건녕 4년<sup>(887)</sup> 5월에 세조가 금성군<sup>(金城郡)</sup>에서 죽으니 영안성 강변의 석굴에 장사 지내고 능의 이름을 창릉<sup>(昌陵)</sup>이라고 했으며, 뒤에 위숙왕후를 합장하였다.

실록에는 다음과 같이 나와 있다.

현종 18년<sup>(1027)</sup>에 세조의 시호를 올려 원렬<sup>(元烈)</sup>을 더하고 위숙왕후는 혜사<sup>(惠思)</sup>를 더하였으며, 고종 40년<sup>(1253)</sup>에는 세조에게 민혜<sup>(敏惠)</sup>를 더하고 위숙왕후에게는 인평<sup>(仁平)</sup>을 더했다.

_《고려사》〈고려세계〉

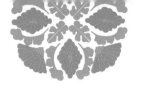

# 여러 신화가 뒤얽힌
# 고려 건국 신화

    고려의 건국 신화는 《고려사》및《동국여지승람》에 기록되어 있는데, 이 중 신화적 내용이 더 풍부한 기록이 바로 《고려사》이다. 《고려사》에 실린 〈고려세계〉는 김관의가 쓴 《편년통록》을 인용하였는데, 왕건의 육 대조 호경에서 태조 왕건에 이르기까지 총 6대에 걸친 인물들의 신이한 행적을 실었다. 이에 따라 연원이 오래되고 신이한 가문의 인물인 왕건이 고려를 건국한 것은 당연한 일이었음을 강조하고 있다.

    고조선이나 부여, 고구려의 건국 신화는 시조가 모두 하늘의 자손으로 신성한 핏줄임을 강조한다. 그러나 고려의 건국 신화에는 이런 내용이 없다. 고려의 건국 신화가 만들어진 때에는 이미 유교나 불교가 널리 퍼져 있어서 시조를 하늘의 자손으로 만들기 어려웠기 때문이다. 대신 고려 태조 왕건과 그의 조상들은 신의 자손과 비슷한 신성한 능력을 가진 인간으로 표현된다. 6대조 호경은 여산신과 결혼하여 평나산의 산신으로 좌정하였다. 이는 산악 설화를 차용하여 호경을 신성시한 것으로 호경은 뒤에 강충을 낳았다. 강충의 손녀 진의는 당나라의 황제로 여겨지는 대당귀성과 결혼하여 아들 작제건을 낳았다. 작제건은 활쏘기에 뛰어난 재주를 보이는 인물로, 뒤에 아버지를 찾아 당나라로 가다가 바닷속 용왕의 부탁을 들어주고 용녀와 결혼하여 송악군에 정착한다. 작제건과 용녀 사이에서 아들 넷이 태어나는데, 그중 큰 아들이 용건이다. 용건은 몽부인과 결혼한 후 집을 지으려 하자 풍수지리의 대가 도선이 나타나 집 짓는데 충고를 해 주며 앞으로 삼한을 통일한 인물이 탄생할 것임을 예언한다.

이렇게 고려의 건국 신화는 왕건의 조상들이 신비한 능력을 가진 인물로 그려지며, 산신, 용왕 등 신비로운 존재들이 나타나 이들을 도와 고려를 세울 왕건이 탄생할 조건이 무르익어 가고 있다. 그런데 고려의 건국 신화에 등장하는 인물의 이야기는 독창적인 내용이 아니라 고구려나 신라의 여러 신화나 전설을 차용하여 만들어졌다. 고구려의 건국 신화에 등장하는 주몽과 유리왕, 신라의 설화 속 영웅인 거타지, 김유신의 여동생으로 뒤에 김춘추와 결혼하는 문희 이야기 등을 차용하여 왕건 조상들의 신성한 스토리를 만든 것이다.

고려 건국 신화의 또 하나의 특징은 고려를 세운 왕건에 대한 이야기가 거의 없어서 왕건 신화라 부르기 어렵다는 것이다. 〈고려세계〉에 등장하는 여러 시조에 대한 전승들은 고려 왕권의 권위와 창업의 당위성과 필연성을 신화적 담론으로 구축하였다. 그러나 신화적 담론의 한가운데 인세기 민봉 버진의 주민인 왕건이 은유석으로 실재하고 있었다. 이 점에서 종전의 건국 왕에 관한 신화들과 차원이 다르다고 하겠다. 6대조의 모든 사건들은 비록 당대 그 자신의 일회적, 한시적 사건처럼 보인다. 하지만 결국 후대 언젠가에 올 일통삼한의 주인 왕건의 출현, 그의 일통삼한의 위업으로 귀착되는 구조를 완성시켜 가고 있다.[＋왕]

패강, 〈왕건 설화와 고려 건국〉,《한국신화의 연구》, 새문사, 2006, 275쪽

# 왕건의 6대조
# 호경과 여산신

고려의 건국 신화는 왕건의 6대조인 호경의 이야기에서 시작된다. 호경은 성골장군으로 우리 민족의 시원인 백두산에서 유람을 떠나 전국을 돌다가 개성의 부소산 왼쪽 골짜기에 이르러 집을 짓고 결혼해서 살고 있었다. 그가 성골장군이라 칭한 것은 신라 시대 왕족의 골품인 성골을 연상시킨다. 성골은 신라에서 가장 으뜸으로 여기던 신분층으로, 왕이 될 수 있는 최고의 신분이었다. 신라에서 성골은 진덕여왕을 끝으로 사라졌으며, 태종무열왕부터 마지막 경순왕까지 진골 출신이 왕이 되었다. 그러므로 호경이 스스로 성골장군이라고 칭한 것은 고귀하고 왕이 될 만한 신분임을 암시하는 말이다.

그런 호경이 어느 날 평나산으로 마을 사람 9명과 함께 매사냥을 갔다. 그런데 그만 날이 저물어 굴속에서 하룻밤을 보내게 되었다. 그때 굴 밖에 호랑이가 나타나 크게 울부짖으므로 서로 머리에 쓰고 있던 관을 밖으로 던져 호랑이가 누구의 관을 무는가를 보고 그 관의 주인이 밖에 나가 싸우자고 했다. 그러자 호랑이가 호경의 관을 물어서 호경이 굴 밖으로 나왔는데, 그사이 동굴이 무너져 내려 남아 있던 사람들이 모두 죽고 말았다.

호경을 살려 낸 호랑이는 이 산의 신령이다. 뒤에 호경이 평나군으로 돌아와 이를 알리고 9명을 장례 지낼 때 먼저 산신에게 제사를 지냈는데, 그때 산신이 나타나 "나는 과부로서 이 산을 주재하였는데, 다행히 성골장군을 만났으니 서로 부부가 되어 함께 신정을 베풀고 싶다."라고 말한 데서도 알 수 있다. 산신제를 통해 호랑이가 산신임이 암시되었으며 결국 호경은 산신의 남편으로 대왕에까지 봉해졌다.

그러나 호경은 산신의 남편임에도 옛 부인을 잊지 못하여 밤마다 꿈같이 와서 잠자리를 하니, 부인은 후에 강충을 낳았다. 호경은 원래 자식이 없었는데 산신과 결혼한 뒤에야 옛 부인에게서 아들을 얻는 행운을 누렸다. 이는 대를 이을 자식이 없는 호경에게 산신이 나타나 그의 문제를 해결해 준 것으로 이해된다. 결국 호경은 산신의 뜻에 따랐기 때문에 전에 낳지 못했던 아들을 낳는 영광을 누렸다. 여산신의 개입은 호경을 평범한 인물에서 신과 교통하는 신비한 인물로 만들었다. 그리고 더 나아가 당 숙종과 결연을 맺는 진의의 혈통을 신성한 것으로 만들었다.

왕건의 6대조 호경의 이야기는 《삼국유사》〈기이〉 '태종춘추공조'와 비슷한 구조를 가진다. 《삼국유사》〈기이〉 '김유신조'를 보자. 김유신이 백석의 꾐에 빠져 길을 가다가 골화천에 이르러 유숙을 하게 되었다. 이때 내림, 혈례, 골화의 세 호국신이 각각 낭자로 변신하여 나타나 김유신이 적국 첩자인 백석의 함정에 빠졌음을 알려 주고는 자취를 감추었다. 이러한 구조는 호경이 평나산으로 매사냥을 갔다가 굴속에서 잠을 청하자 굴이 무너질 것을 안 산신이 호랑이로 변신하여 호경을 구해 내는 것과 같다. '김유신조'에서 김유신은 백석의 함정에 빠졌으나 그것을 알아차리지 못하고 있다. 〈고려세계〉의 호경도 막 무너지려는 굴에 있으나 위기 상황을 간파하지 못한다. 이 순간에 구원자로 등장한 존재가 내림, 혈례, 골화의 호국신과 호랑이다. 그 구원자는 신이거나 신적 존재이다. [+]이강옥, 〈고려국조 신화 〈고려세계〉에 대한 신고찰〉, 《한국학보》13, 일지사, 1987, 101쪽 뒤에 호경의 2대 손녀인 진의는 언니의 꿈을 사 당성 귀족과 인연을 맺어 작제건을 낳았는데, 이 또한 《삼국유사》 '태종춘추공조'의 문희 설화를 차용하였다.

이와 같이 왕건의 선조들과 김유신, 김춘추가 관련된 것은 아마도 다음과 같은 이유에서 일 것이다. 먼저 왕건으로부터 5~6대 거슬러 올라갔을 때 왕건의 조상은 김유신, 김춘추의 생존 시기와 가까워진다. 또 왕건의 고려 건국과 자연스럽게 연결될 수 있는 것은 신라의 삼국통일이며, 삼국통일에 결정적 기여를 한 인물들과 서로 통하는 선조에게서 왕건과 같은 창업주가 태어났다는 발상은 그럴 듯하게 여겨지기 때문이다. 아울러 김춘추는 청병을 위해 당나라를 다녀온 적이 있으며 마침내 왕위를 계승했다는 역사적 사실에 의해 당 숙종과 쉽게 연관될 수 있었을 것이다. [+]이강옥, 위의 논문, 103쪽

# 보육의 선류몽과
# 진의의 매몽

　왕건의 5대조 강충은 서강 영안촌의 부잣집 딸 구치의와 결혼하여 오
관산 마가갑에서 살았다. 이때 마침 풍수에 능한 신라 감간 팔원이란 사
람이 찾아와 만약 군을 산의 남쪽으로 옮기고 산에 소나무를 심어 암석
들이 드러나지 않게 하면, 이곳에서 삼한을 통합할 사람이 태어날 것이
라고 충고를 했다. 이에 강충은 고을 사람들과 함께 고을을 산 남쪽으로
옮긴 뒤 산에 두루 소나무를 심고 고을 이름을 송악군으로 바꾸었다. 그
리하여 상사찬이라는 벼슬에까지 오르고 천금을 헤아리는 부자가 되었
다. 팔원의 충고는 풍수 사상이 신화 속에 들어와 장차 이곳에서 건국 시
조 왕건을 낳으리라는 암시를 해 준다.

　강충은 아버지 없이 홀어머니에게서 태어났다. 이는 신화적인 출생
요소에 부합하는 내용으로 주몽이나 견훤, 무왕처럼 홀어머니에게서 비
정상적인 방법으로 태어난다. 강충은 두 아들을 두었는데, 둘째가 보육

이다. 보육은 젊어서 집을 떠나 지리산에 가서 도를 닦은 영험한 인물이었다. 그는 뒤에 평나군 북갑에 돌아와 살다가 마가갑으로 옮겨서 살았다. 그러던 어느 날 꿈을 꾸었는데, 곡령에 올라가 남쪽을 향해 오줌을 누니, 오줌이 삼한에 넘치고 산천이 은빛 바다로 변하는 것이었다. 다음 날 보육은 형을 찾아가 꿈 이야기를 들려주었다. 그러자 형은 "네가 필연 하늘을 받칠 기둥감 인재를 낳을 것이다."라며 자신의 딸 덕주를 아내로 주었다.

보육의 꿈 이야기를 선류몽이라 하는데, 이러한 꿈은 나중에 보육의 딸에게서 한 차례 더 반복된다. 결혼한 보육은 거사가 되어 마가갑에 암자를 짓고 살았는데 신라의 술사가 와서 보고 "이곳에 살면 반드시 대당(大唐)의 천자가 와서 사위가 될 것이다."라고 예언했다. 보육의 꿈에 오줌이 삼한에 넘쳐흘렀다는 것이나 보육의 집터를 보고 대당 천자가 사위가 될 것이라는 예언은 모두 왕건의 가계를 신성화하려는 의도이다. 이러한 의도는 보육의 둘째 딸 진의에게서 다시 한번 확인된다.

진의는 아름답고 지혜가 많았다. 15세 때 그의 언니가 산꼭대기에 올라가 오줌을 누었는데, 그 오줌이 천하를 덮는 꿈을 꾸었다. 꿈 이야기를 들은 진의는 언니에게 비단 치마를 주고 꿈을 샀다. 그녀는 다시 꿈 이야기를 들려 달라고 하고는 이야기를 품에 안는 시늉을 세 차례나 한 뒤 마침내 몸이 무엇을 얻은 것처럼 자못 든든함을 느꼈다.

그런 일이 있은 지 얼마 뒤 훗날 왕위에 올라 숙종이 되는 당나라 황자가 바다를 건너 개경에 왔다. 그는 곡령에 올라 산세를 본 후 이 땅은 반드시 노읍시가 될 것이라 예언을 하였다. 그리고는 보육의 집에 머물렀는데, 두 딸의 아리따움을 보고 옷 따진 곳을 꿰매 달라고 청하였다. 보육은 이 사람이 바로 예언에서 말한 중화의 귀인임을 알아차리고 큰딸로 하여금 명에 응하게 하였다. 그런데 큰딸은 문턱을 넘다가 코피가 나므로 대신 진의에게 임무를 맡겼다. 여러 달 동안 두 사람은 금슬 좋은 부부로 지냈고, 드디어 작별을 할 때 당 숙종은 진의가 임신한 사실을 알고 자신을 대당의 귀성이라고 밝힌 뒤 활과 화살을 주며 아들을 낳거든 주라고 당부하였다. 숙종이 떠나고 얼마 뒤 진의는 아들을 낳아 작제건이라 하였다.

진의가 비단 치마를 주고 꿈을 사서 귀한 사람과 인연을 맺은 이야기는 《삼국유사》〈기이〉 '태종춘추공조'에 나오는 김유신의 누이 문희 설화와 비슷하다.

제29대 태종대왕의 이름은 춘추이고, 성은 김씨이다. …… 왕비는 문명황후 문희이니, 곧 유신공의 막내 누이이다.

처음 문희의 언니 보희가 꿈에 서악에 올라 오줌을 누었더니 오줌이 서울에 가득 찼다. 아침에 아우에게 꿈 이야기를 했더니, 문희가 듣고 "내가 이 꿈을 사겠어요."라고 말하였다. 그러자 언니는 "무엇으로 사겠는가?"라고 물었다. 문희가 "비단 치마를 팔면 되겠어요?"라고 하니, 언니가 "좋다." 하여, 동생이 옷섶을 벌려 받아들이는데, 언니가 "어젯밤의 꿈을 너에게 준다."라고 말하니, 동생은 비단 치마로 값을 치렀다.

그런지 10일 만에 유신은 춘추공과 더불어 정월 오기일에 자기 집

앞에서 공을 차다가 짐짓 춘추의 옷자락을 밟아 옷끈을 떼어 버리고 말하기를, "우리 집에 들어가서 꿰맵시다."라고 하니, 춘추공은 그 말을 따랐다. 유신공이 아해에게 꿰매 드리라고 하니, 아해가 말하기를, "어찌 사소한 일로써 귀공자에게 가벼이 가까이 할 수 있겠습니까?"라며 사양하였다. 이에 아지(문희의 어릴 적 이름)에게 시켰더니 춘추공이 유신의 뜻을 알고 드디어 관계하여 이로부터 자주 왕래하였다. 유신이 그의 누이가 아이를 밴 것을 알고 "네가 부모님에게 고하지 않고 아이를 뺐으니 어찌된 일이냐?"라고 하고, 이에 온 나라 안에 말을 퍼뜨리고 그 누이를 태워 죽인다고 하였다.

어느 날 선덕왕이 남산에 올라가는 것을 기다려 뜰 가운데 장작을 쌓아 놓고 불을 지르자 연기가 일어났다. 왕이 바라보고 무슨 연기냐고 물었다. 신하들이 아뢰기를, "아마 유신이 그의 누이를 태워 죽이는 것 같습니다."라고 하였다. 왕이 그 까닭을 물으니, "그의 누이가 남편도 없이 몰래 임신했기 때문입니다."라고 답했다. 왕은 다시 "이것이 누구의 짓이냐?" 하고 물었다. 때마침 춘추공이 왕을 모시고 앞에 있다가 안색이 크게 변하였다. 왕이 말하기를, "이것이 너의 짓이구나. 어서 가서 구원하라."라고 하였다. 공이 명을 받고 말을 달려가 왕명을 전하여 죽이지 못하게 하고 그 후 공공연히 혼례를 행하였다.

_《삼국유사》〈기이〉'태종춘추공조'

유희 화화와 진위 심하는 배수 미슷하니. 비난 지마도 꿈을 사는 것이나, 옷을 꿰매려는 것, 고귀한 사람과의 인연 맺기 등이 비슷하다. 다만 문희의 언니는 어찌 사소한 일로 귀공자와 가까이할 수 있겠냐며 거절을 한 데 비해 진의의 언니는 옷을 꿰매러 들어가다 문지방에 넘어져 코피가 나서 동생에게 기회를 양보했을 뿐이다.

오줌을 누었는데 그 오줌이 세상을 온통 적셨다는 선류몽은 고려 국조 신화에서 두 번이나 등장한다. 앞서 보육이 꿈을 꾼 뒤 형의 딸과 결혼하였고, 그의 딸 진의는 언니의 꿈을 산 뒤 당 숙종과 인연을 맺었다. 이러한 선류몽은 혼인하는 꿈이자 귀한 인물이 탄생함을 예시하는 잉태 꿈으로써 우리 설화에 자주 등장한다. 또한 고려 국조 신화에 반복적으로 등장함으로써 앞으로 귀한 인물이 태어날 것임을 암시하고 있다. 또한 진의가 꿈을 사는 매몽 이야기는 최고의 신분으로 상승할 수 있는 행운을 얻었음을 뜻한다. 신라의 문희는 언니의 꿈을 사서 태종의 부인이 되었으며, 고려의 진의는 매몽을 한 후 당 황제를 가까이 하여 작제건을 낳았고, 그녀 자신은 왕건의 증조모로 뒷날 정화왕후에 추존되었다.

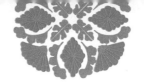

# 거타지 설화를 차용하여 만든 작제건 설화

　왕건의 3대조인 작제건은 아버지 없이 홀어머니에게서 태어났다. 그는 5~6세가 되었을 무렵 아버지의 존재가 궁금하였다. 어머니에게 물었으나 어머니는 당나라의 귀인인데 이름은 모른다고 대답해 주었다. 작제건은 나이들수록 서(書)와 사(射)에 뛰어났으며, 16세 무렵에는 아버지가 남기고 간 활과 화살을 쏘면 백발백중이었다. 이를 본 사람들은 그를 일러 신궁이라 하였다. 그는 아버지를 만날 뜻을 품고 배를 타고 당나라로 향한다. 이러한 작제건의 이야기는 《삼국유사》의 거타지 설화와 아주 비슷하다. 거타지는 신라 제51대 진성여왕 때 사람으로 활을 잘 쏘는 신궁이었다.

　[진성여대왕의] 시대에 아찬 양패는 왕의 막내아들로서 당나라에 사신으로 가게 되었는데, 백제의 해적이 신노 [서해에 있는 섬으로 추정되나 확실

<sup></sup>히는 알 수 없음)에서 막고 있다는 말을 듣고, 활잡이 50명을 뽑아 데리고

갔다. 배가 곡도<sup>(백령도)</sup>에 이르니, 풍랑이 크게 일어나 열흘 남짓 묵게

되었다. 공이 근심하여 사람을 시켜 점을 치니 말하기를, "섬에 신

령한 연못이 있으니 그곳에 제사 지내야 되겠습니다."라고 하였다.

이에 못 위에 제전을 갖추었더니, 못물이 한 길 남짓이나 솟아올랐

다. 그날 밤 꿈에 노인이 공에게 말하기를, "활 잘 쏘는 사람 하나를

이 섬 안에 머물게 해 준다면 순풍을 얻으실 수 있습니다."라고 하

였다. 공이 꿈에서 깨어나 좌우에게 "누구를 머물게 하면 좋을까?"

라고 물으니, 여러 사람이 말하기를, "나무 조각 50쪽에 우리 이름을

써서 물에 띄워 가라앉는 것으로 제비를 뽑읍시다."라고 하여 공이

이를 따랐다. 군사 중에 거타지란 자가 있어 그의 이름이 물에 가라

앉았으므로 그를 머물게 하니, 순풍이 갑자기 일어나 배는 지체 없

이 앞으로 나아갔다.

거타지가 수심에 싸여 섬에 서 있으려니, 갑자기 한 노인이 못에서

나와 말하기를, "나는 서해약<sup>(서해바다의 신)</sup>입니다. 매번 해 돋을 때면

한 승려가 하늘에서 내려와 다라니를 외우면서 이 못을 세 바퀴 돌

면, 우리 부부와 자손들이 모두 물 위에 떠오릅니다. 승려는 내 자손

의 간과 창자를 취해 다 먹어 버리고, [지금은] 우리 부부와 딸 하나

가 남았을 뿐입니다. 내일 아침에도 반드시 올 것이니, 청컨대 그대

는 이를 쏘아 주시오."라고 하였다. 거타지가 말하기를, "활 쏘는 일

은 나의 장기이니 말씀대로 하겠습니다."라고 하였다. 노인은 치사

하고 물속으로 돌아가고, 거타지는 숨어서 기다렸다. 이튿날 동쪽

에서 해가 뜨자 과연 중이 와서 전과 같이 주문을 외워 늙은 용의 간을 취하려고 하였다. 이때 거타지가 활을 쏘아 맞추니 승려는 즉시 늙은 여우로 변해 땅에 떨어져 죽었다.

이때 노인이 나타나 치하하며 말하기를, "공의 덕택으로 우리 목숨을 보전하였으니, 내 딸을 아내로 삼아 주십시오."라고 하였다. 거타지가 말하기를, "[따님을] 주시고 저버리지 않으시니 진실로 원하던 바입니다."라고 하였다. 노인은 그 딸을 한 가지 꽃으로 바꿔 [그의] 품속에 넣어 주고, 또 두 용에게 명하여 거타지를 받들고 사신이 탄 배를 따라가 그 배를 호위하게 하여 당나라 땅으로 들어갔다. 당나라 사람들은 두 용이 신라의 배를 지고 오는 것을 보고 이 사실을 황제에게 아뢰니, 황제가 말하기를 "신라 사신은 반드시 비상한 사람일 것이다."라고 하고, 잔치를 베풀어 [그를] 여러 신하들의 위에 앉히고, 금과 비단을 후하게 주었다. 본국에 돌아와서 거타지가 꽃가지를 꺼내니, 꽃이 여자로 변하므로 함께 살았다.

_《삼국유사》〈기이〉 '진성여대왕 거타지조'

작제건 설화는 거타지 설화의 많은 부분을 차용했지만 어느 부분은 내용을 바꾸었으며 덧붙인 부분도 있다. 우선 가장 차이가 나는 부분은 배를 타는 목적이다. 거타지와 작제건은 배를 탄 목적이 달랐다. 거타지는 단지 활을 잘 쏘기 때문에 양패에 의해 발탁되었다. 그래서 그가 배를 타고 떠나는 목적이 뚜렷이 제시되지 않는다. 이에 반해 〈고려세계〉의 작제건은 당나라 천자로 있는 아버지를 찾아간다는 뚜렷한 목적이 있

있으며, 이러한 목적을 달성하고자 상선을 이용하였다.

작제건이 아버지가 남기고 간 활과 화살을 들고 아버지를 찾아 나서는 대목은 고구려 건국 신화에 나오는 유리를 연상시킨다. 유리는 아버지 주몽이 나라를 세우려고 남쪽으로 떠난 뒤 부여에서 태어났다. 주몽은 떠나기 전 부인 예씨에게 아들을 낳으면 주라며 부러진 칼 한 자루를 주었다. 그리고 아들이 장성하거든 나머지 조각을 찾아서 자신을 찾아오라는 당부도 잊지 않았다. 유리는 우여곡절 끝에 부러진 칼 조각을 찾은 뒤 아버지를 찾아와서 고구려의 태자가 된다. 이러한 구조는 당나라 숙종이 활과 화살을 남기고 가자 작제건이 아버지를 찾고자 활과 화살을 가지고 배를 탄 것과 비슷하다. 작제건이 활을 쏘면 백발백중이었다는 것은 주몽이나 유리가 모두 활을 잘 쏘는 인물이었던 것과 같은 맥락이다.

작제건이 탄 배가 바다 가운데에서 움직이지 않자 배 안의 사람들이 한결같이 작제건을 가리키며 고려인을 내려놓으라고 한다. 이때 고려라는 말은 배를 탄 사람이 대부분 신라인이기에 삼국 전체를 지칭하는 말일 수 없으며, 또 시기적으로 고려 왕조가 건국되기 전이므로 문자 그대로의 고려인을 지칭할 수도 없다. 또 그 당시의 고려라는 말의 쓰임을 볼 때 고구려를 지칭하는 말일 수밖에 없다.✛장덕순, 〈민족설화의 분류와 연구〉, 《동아문화》
5, 동아문화연구소, 1966, 107쪽

그러나 유리는 아버지를 만나 왕위를 세습하였으나 작제건은 다른 길을 택했다. 용왕은 "낭군의 힘으로 내 우환을 제거하였으니 큰 은덕을 갚고 싶은데, 낭군은 바야흐로 서쪽으로 당에 들어가 부친인 천자를 뵐 것인가요? 아니면 부유하게 될 칠보가 있으니 가지고 동쪽으로 돌아가 모친을 봉양할 것인가요?"라고 물었다. 이에 그는 "내가 바라는 것은 바로 동토의 왕이 되는 것이오."라고 대답하였다. 용왕은 "동토의 왕 됨은 그대의 자손 삼건을 기다려서 필연 이루어질 것이오."라고 하였다. 아직 왕건 집안이 나라를 세울 기운이 무르익지 않았으며 건자 돌림으로 2대를 더 내려가야 나라를 세울 수 있다는 예언이다.

이에 작제건은 용왕의 큰딸과 결혼한 후 용왕에게서 칠보와 신비로운 돼지를 받은 후 고향으로 돌아온다. 만일 작제건이 당나라에 들어가 아버지를 만났다면 고려 건국과 먼 이야기가 되었을 것이다. 그리하여 이러한 결론 대신 용왕의 딸과 결혼하여 고향으로 돌아오는 용손 신화로 대체하여 미래의 고려 왕조를 건국할 가문이 용의 자손임을 내세웠다. 작제건이 당나라로 가지 못했던 것은 고려의 왕실이 당나라 천자와 아무런 관련이 없었기 때문일지도 모른다. 다만 고려 왕실은 그들의 신성성을 강조하고자 당시 강대국이었던 당나라의 천자를 그들의 혈통을 윤색하는 데 이용했을 뿐이다.

# 왕건은 용의 자손

작제건과 용녀는 옻칠한 배를 타고 바다를 건너 순식간에 고향에 닿았다. 고향 사람들은 작제건이 서해 용녀를 아내로 맞이했다는 소식을 듣고는 영안성을 쌓아 궁실을 짓고 그들을 맞이하였다. 이들은 여기서 1년 정도 살았으나 돼지가 우리 안으로 들어가지 않았다. 이에 돼지더러 살고 싶은 곳으로 가라 하니 송악의 남쪽 기슭에 가서 누우므로 마침내 그곳에 집을 짓고 살았다. 이들이 집을 지은 곳은 바로 그들의 조상 강충의 집터였다. 강충이 집을 지을 당시 신라 감간 팔원이 삼한을 통합할 사람이 태어나리라 예언했던 바로 그 터였다. 돼지가 장차 도읍할 터를 잡는 신비한 동물임은 일찍이 유리왕 때의 이야기에서도 등장한다. 유리왕 21년 3월, 제사에 쓸 돼지가 달아나서 뒤를 쫓으니 국내 위나암에 이르렀는데 산수가 매우 험하고 오곡이 잘 자랄 땅이므로 유리왕은 도읍을 이곳으로 옮겼다.

두 사람은 돼지가 잡아준 터에서 30년을 살며 아들 넷을 낳았는데, 맏아들 용건이 바로 태조 왕건의 아버지이다. 작제건과 같이 인간이 아닌 존재와 결혼하는 이야기는 역사적으로 위대한 인물에게 많이 전해 내려온다. 신라의 제25대 사륜왕의 혼귀와 도화녀의 결합으로 태어난 비형랑이 귀신들과 잘 어울렸다는 예라든지, 광주의 여인이 지렁이와 결혼하여 견훤을 낳았다는 설화 등이 대표적이다. 또 연못의 지룡과 여인 사이에서 태어났다는 백제 무왕의 탄생 설화도 있다.

왕건이 용녀를 할머니로 둔 용의 자손임은 그가 새 나라를 세울 자격을 갖추었음을 의미한다. 용은 신성한 동물로, 예로부터 권력의 상징으로 자리 잡았으며 국가의 운명에 관한 여러 설화를 만들어 냈다. 고려 왕조가 용의 자손임을 내세운 이유는 왕권의 정당성을 합리화하기 위해서였다. 고려 왕실은 백성에게 고려의 혈통은 신성한 동물인 용의 자손임으로 새 나라의 주인이 되는 것이 당연함을 인식시키고자 하였다.

작제건이 용녀와 결혼하여 용손을 낳았다는 용손 신화는 고려 건국 신화 중 가장 중요한 부분이다. 그리하여 호경이 산신으로 좌정한 평나산을 개명하여 구룡(九龍)이라 부르고, 또 용녀가 돼지를 따라가서 집을 짓고 산 곳이 바로 강충의 옛 집터였다는 점 등이 강조된다. 고려 왕실에서는 그들이 용의 후손임을 강조하고자 '용자, 용손, 용희지자(龍姬之子)'라는 말을 즐겨 사용하였다. 《연려실기술》에는 사람들이 우왕을 신돈의 아들이라고 몰아세우자, 우왕은 자신이 용의 자손으로서 고려 왕실의 핏줄임을 증명하기 위해 옷을 풀고 왼쪽 겨드랑이 아래에 있는 금빛 용비늘 세 개를 보여 주었다는 이야기도 전한다. 이는 왕이 최후의 극단적 상황에

**만월대** 999년(태조 2) 정월에 태조가 송악산 남쪽 기슭에 도읍을 정하고 궁궐을 창건한 이래, 1361년(공민왕 10) 홍건적의 침입으로 소실될 때까지 고려 왕의 주된 거처였다.

**태조 왕건 청동상** 왕건의 젊은 시절을 담은 실제 인물 크기의 청동상으로, 통천관을 쓰고 있는 모습이다.

몰렸을 때 건국 신화 속 용손 설화를 현실에서 완전히 재현하고자 했음을 드러내는 예이다.[*]이강옥, 위의 논문, 116쪽

왕건의 아버지 용건은 사람됨이 크고 도량이 넓어 삼한을 통일하려는 뜻을 품고 있었다. 그는 일찍이 꿈에 미인을 보고 결혼을 약속한 적이 있었는데, 어느 날 길을 가다 그 여인과 똑같이 생긴 여인을 만나 결혼하였다. 사람들은 꿈속에서 만난 여인이라 하여 몽부인이라 불렀다. 왕건을 낳기 전 용건은 새집을 지으려 하였는데 어느 날 도선이 찾아와 "기장 심을 땅에 어찌 삼을 심었을까?"라는 말을 남기고 가버렸다. 용건이 쫓아가서 함께 곡령에 올라가 산수의 맥을 살핀 뒤 도선은 천지의 대수가 부응하는 집 짓기를 알려 주었다. 그러고는 그곳에 살면 명년에는 반드시 성자를 낳을 것이니 왕건이라 이름 지으라는 당부와 함께 편지를 남겼는데, 겉봉에 '삼가 글월을 받들어 백배하고 미래에 삼한을 통합할 임금이신 대원군자의 발아래에 올리나이다'라고 썼다.

도선은 신라 말기의 승려로, 풍수지리의 대가였다. 당나라로 유학을 떠나 밀교의 승려 일행(一行)에게서 풍수학을 배웠다고 알려져 있다. 그러나 일행 스님은 당나라 초기에 살았던 승려이고 도선은 당나라 말기 사람이기 때문에 생몰연대가 맞지 않는다. 그런데도 도선에게는 풍수지리와 관련하여 다양한 민간전승이 전해지며, 그가 지었다고 하는 《도선비기》가 민간에 널리 유포되기도 하였다. 도선은 태조가 태어나 삼한을 통일할 일을 미리 예언했다 하여 그가 살았던 당대 신라보다 고려에서 극진히 존경을 받았다.

태어날 때 신령스러운 빛이 감도는 가운데 자색 기운이 방 안에 빛나며 종일토록 그 기운이 뜰에 가득히 맴도는 것이 교룡이 움직이는 것 같았다 한다. 민지의《편년강목》에 의하면 도선 국사는 왕건이 17세 되던 해에 다시 찾아왔다 한다. 도선 국사는 왕건에게 "그대는 백륙(百六)의 운에 의하여 천부(天府)의 명허(名墟)에 탄생하였으니 삼계(三季)의 창생이 그대의 널리 구제함을 기다립니다."라고 말하고는 지리와 천시의 법과 망질(望秩) 산천과 감통하고 보우하는 이치를 말해 주었다 한다. 도선은 이렇듯 신라 말기의 격심한 혼란 속에서 왕건이 고려의 창업주로 출세할 때를 점쳐 기회가 있을 때마다 예고하여 일깨워 주었다. 그의 예언대로 왕건은 918년 6월, 국호를 고려라 하고 송악에 도읍을 정하여 나라를 세웠다.

고려 국조 신화를 보면 6대조들은 신인(호경), 거부(강충), 수도사(보육), 당귀인(진의의 남편), 영웅(작제건), 용손(용건) 등으로 모두 다양하고 신비로운 인물이다. 이색적이며 신비로운 선조들은 오로지 태조 왕건이 출생하여 새 나라를 세우는 일에 집중하고 있다. 6대 선조들은 자신의 존재를 더욱 귀하게 만들고자 특별한 존재와 결혼을 한다. 6대조인 호경은 산신령과 부부가 되어 신정을 펴고, 5대조 강충은 부잣집 딸과 결혼하여 거부가 되며, 4대조 보육은 자신의 질녀인 덕주와 근친혼을 하고, 3대 조모 진의는 당나라의 천자, 2대조 작제건은 용녀, 1대조 용건은 몽부인과 결혼하는 등 특별한 부부 관계를 이루어 가계를 신성화해 나갔다. 6대조들은 모두 지상의 현실 세계를 보금자리로 삼지만, 산과 바다를 또 다른 세계로 설정하면서 호랑이나 용과 같은 존재와 교섭한다. 거기에 몽부인이라는 꿈의 세계까지 넘나드는 상상력을 보이고 있으며, 인간 세계에서 이상적으로 여겨지는 인물인 당나라 천자나 부잣집 딸까지 신화의 세계로 끌어들인다. 그럼에도 고려 국조 신화가 초기 신화와 다른 점은 하늘의 세계를 별도로 인정하지 않고 하늘의 존재를 끌어들이지 않았다는 사실이다. 그만큼 현실적이고 합리적인 세계관을 확립한 것으로 보인다.

그리하여 결국 도선 국사가 잡아 준 집터에서 왕건이 태어남으로써 용왕의 예언대로 작제건 이후 용건, 왕건 등 3건에 이르러 마침내 삼한을 통일할 왕의 출현을 보았다. 그러나 고려 국조 신화에는 고려를 세운 왕건의 이야기는 없고 왕건의 6대조에 걸친 길고 다양한 일화들이 있을 뿐이다. 이들 6대 조상들은 산신령과 용왕, 탁월한 풍수와 예언가들의 도움을 받아 가계를 신성화하며 고려의 창업주 왕건이 탄생할 여건을 만들어 갔다. 결국 고려 국조 신화는 이러한 신성화 과정을 통해서 왕건의 등장이 오래전부터 예정된 필연적인 사실임을 강력하게 주장하고 있다.

# 용이 되지 못하고
# 지렁이로 남은 견훤

왕건이 용의 자손인 반면, 견훤은 지렁이의 자손이었다고 전한다. 왕
건이 고려를 건국하고 삼국 통일에 성공하는 데 비해 후백제를 세웠던
견훤은 결국 왕건에게 패하여 실패한 왕으로 남았다. 이러한 정치적 상
황이 설화에 반영되어 견훤이 용이 되지 못한 지렁이의 후손으로 표현된
것이다. 견훤에 대한 설화는 《삼국유사》〈기이〉'후백제 견훤조'에 실려
전한다.

《삼국사》〈본전〉에는 다음과 같이 적혀 있다.

견훤은 상주 가은현 사람으로 감통 8년 정해에 났다. 본래의 성은
이씨였는데, 뒤에 견으로 성을 바꾸었다. 아버지 아자개는 농사를
지어 생활했는데, 광계<sup>(光啓)</sup> 연간에 사불성<sup>(지금의 상주)</sup>에 웅거하여 스스
로를 장군이라 하였다. 아들이 넷 있어 모두 세상에 이름이 알려졌

는데, 그중 견훤은 특히 뛰어났으며 지략이 많았다.

《이비가기(李碑家記)》에는 이렇게 적혀 있다.

진흥대왕의 비 사도의 시호는 백숭부인이다. 그의 셋째 아들 구륜
공의 아들인 파진간 선품의 아들 각간 작진이 왕교파리를 아내로
맞아 각간 원선을 낳으니, 이가 바로 아자개이다. 아자개의 첫째 부
인은 상원부인이요, 둘째 부인은 남원부인으로 아들 다섯과 딸 하
나를 낳았다. 그 맏아들이 상보 훤(萱)이요, 둘째 아들이 장군 능애요,
셋째 아들이 장군 용개요, 넷째 아들이 보개요, 다섯째 아들이 장군
소개이며, 맏딸은 대주도금이다.

또《고기》에는 이렇게 적혀 있다.

옛날에 한 부자가 광주 북촌에 살고 있었다. 그에게는 딸이 하나 있
었는데, 그 딸은 용모와 몸가짐이 매우 단정하였다. 하루는 그 딸이
아버지께 말하기를, "밤마다 자줏빛 옷을 입은 남자가 침실에 와서
관계하고 갑니다."라고 하니, 아버지는 "너는 긴 실을 바늘에 꿰어
그 남자의 옷에 꽂아 두어라."라고 하여 딸이 그 말대로 하였다. 날
이 밝자 실을 찾아 북쪽 담장 밑에 이르니 바늘이 큰 지렁이[대구인
(大蚯蚓)]의 허리에 꽂혀 있었다. 이로부터 태기가 있어 한 사내아이를
낳았는데, 아이는 15세가 되자 스스로 견훤이라고 불렀다.

경복(景福) 원년 임자(892)에 이르러 왕이라 일컫고, 완산군에 도읍을
정했다. 나라를 다스린 지 43년 청태(淸泰) 원년 갑오(934)에 견훤의 세
아들이 반역하므로 견훤은 고려 태조에게 가서 항복하였다. 아들
나 상이 수세미여 민복(天福) 원년 병신(936)에 고려 군사와 일선군에서

싸워 패하니, 이로써 후백제는 멸망했다.

처음에 견훤이 나서 포대기에 싸여 있을 때, 그의 아버지는 들에서 밭을 갈고 있었다. 어머니가 아버지에게 밥을 갖다 주려고 아이를 수풀 아래 놓아두었더니 호랑이가 와서 젖을 먹였는데, 마을 사람들은 이 말을 듣고 이상하게 여겼다. [아이가] 장성하자 몸집이 크고 외모가 기이했으며, 기품이 활달하여 범상치 않았다.

군인이 되어 서울로 들어갔다가 서남의 해변으로 가서 변경을 지키는데 창을 베개 삼아 적군을 지키니, 그의 기상은 항상 사졸에 앞섰다. 그 공로로 그는 비장이 되었다. 당나라 소종 경복 원년(892)은 신라 진성왕 재위 6년인데, 이때 왕의 곁에 총애를 받는 신하가 있어 국권을 농간하니, 기강은 어지럽고 해이하였다. 거기에 기근이 겹치니 백성은 떠돌아다니고, 도적들은 벌떼처럼 일어났다. 이에 견훤은 남몰래 반역할 마음을 품고 무리를 불러 모아 서울의 서남쪽 주현들을 공격하니, 가는 곳마다 [백성이] 호응하여 한 달 동안에 무리가 5천 명이나 되었다. 견훤은 마침내 무진주를 습격하고, 스스로 왕이 되었다.

_《삼국유사》〈기이〉 '후백제 견훤조'

지렁이는 구인(蚯蚓), 황인, 혹은 지룡이라고도 한다. 황인은 황룡으로, 지렁이에게도 용이라는 명칭이 있다. 그런데도 견훤의 아버지를 구인이라 부른 이유는 무엇일까? 아마도 처음에는 견훤도 용의 자손으로 표현되었는데, 나중에 지렁이로 바뀌었을 것이다. 이는 견훤이 실패한 혁명

아였기 때문이다. 이는 나라를 세우는 데 성공한 왕건이나 이성계의 집안을 용의 자손으로 표현한 것만 보아도 알 수 있다.

견훤이 황룡의 자손이라는 사실을 내세운 것은 신이한 출생담을 갖고 있는 신성한 인물임을 부각시키고자 한 것이다. 농경 문화권에서 용은 풍요를 가져다주는 신적인 존재였다. 특히 논농사가 시작되면서 물은 벼의 수확에 결정적인 영향을 끼쳤고, 물을 관장하는 용은 매우 중요한 존재였다. 농사의 풍요는 경제적인 안정뿐만 아니라 태평성대를 의미한다. 그렇기 때문에 당시 물을 다스리는 용은 정통 왕권을 갖고 있는지를 결정하는 근거가 되기도 했다. 그래서 새로이 나라를 건국하는 왕들은 자신의 혈통이 용에서 출발하고 있음을 강조한다. 하지만 견훤의 경우, 용의 자손임을 내세우기는 했지만, 그의 혁명이 실패했기 때문에 후대 기록에서 구인이라고 했던 것이다.[＊김종대, 위의 책, 318쪽]

견훤은 후백제를 세운 인물로, 일찍이 큰 뜻을 품고 경주로 가서 군인이 되었다. 그는 책임감이 강하고 매우 용맹해서 적들이 쳐들어오면 항상 다른 군인들보다 앞서서 싸웠다. 얼마 뒤 견훤은 이런 공로를 인정받아 장군이 되었다. 그러나 신라 말 귀족들의 횡포로 고통받는 백성을 본 견훤은 신라에 더 이상 희망이 없다고 느끼고, 스스로 왕이 되어 백성들을 구원하고 싶었다. 그는 많은 무리들을 이끌고 경주의 서남 지방을 공격했다. 견훤은 가는 곳마다 환영을 받았다. 굶주리고 헐벗은 사람들에게 항상 음식과 옷을 나누어 주었기 때문에 백성은 견훤을 잘 따랐다. 그리하여 불과 한 달 만에 견훤을 따르는 무리가 5천 명이 넘었다. 무진주까지 차지한 견훤은 □□□□ 왕이 되었다. 그러나 신라는 신라 사람들 지역을 맡아 다스리는 관리로 행세하면서 함부로 왕이라는 말을 꺼내지 않았다. 얼마 후 견훤은 완산주까지 차지하자, 완산주에 도읍을 정하고 나라를 세운 뒤 백제를 새롭게 잇는다는 뜻에서 '후백제'라고 하였다. 이때가 서기 900년, 견훤의 나이 겨우 34세였다.

전라도 전 지역과 충청도 일부 지역을 차지한 후백제는 후삼국 중 가장 강력한 국가로 성장했다. 이러한 자신감을 바탕으로 중국과 외교 관계를 맺기도 하였다. 외교적 능력이 뛰어난 견훤은 싸움보다는 외교를 통해 위기를 극복하면서 영역을 넓혀 나갔다. 그러나 왕건이 등장하면서 그의 꿈은 점차 벽에 부딪혔다. 해상 활동에 뛰어났던 왕건은 견훤의 사신이 중국에 가지 못하게 바다에서 막아 버렸다. 견훤은 전략을 바꾸어 왕건을 여러 차례 공격하였으나 번번이 실패하고 말았다. 그러자 경주에 침입하여 경애왕을 죽이고 여러 신하와 궁녀들을 무참히 살해했다. 견훤의 무자비한 태도에 깜짝 놀란 신라 백성들은 점차 고려 왕건에게 마음을 돌렸다. 반면 왕건은 신라의 마지막 왕인 경순왕을 비롯하여 적이었던 견훤까지도 모두 받아들였다. 그는 이들에게 그 어떤 관료보다도 높은 '상부'라는 지위를 주었고 땅도 넉넉히 주어 살게 하였다. 이러한 왕건의 포용 정책은 결국 후삼국을 정리하고 통일 왕국 고려를 만드는 밑거름이 되었다.

# 무역 활동으로 부를 모은 왕건 집안

고려 국조 신화에서는 왕건의 가계가 산신, 당나라 천자, 용 등 신이하고 고귀한 존재와 연결되어 신비롭게 포장되어 있다. 그러나 역사적으로 보면 왕건은 원래 개경 지방을 근거지로 하여 부를 모은 호족 집안 출신이었다. 왕건 집안이 개경에 자리 잡은 것은 6대 조상인 호경 때부터였다. 그는 북쪽에서 내려와 개경 지방에 터를 잡고 강충을 낳았다. 강충은 영안촌의 부잣집 딸과 혼인하여 재물을 모았으며 벼슬길에도 올랐던 것 같다. 강충의 손녀인 진의가 당 숙종과 특별한 인연을 맺는 설화로 볼 때, 왕건 집안은 무역 활동으로 돈을 벌어 개경 지방의 재벌이 된 것으로 보인다.

왕건의 선조 중에서 가장 성공을 거둔 사람은 바로 할아버지인 작제건이었다. 작제건은 직접 무역선을 타고 해외로 나아가 국제무역을 하였다. 당시 개경은 예나 무역을 하기에 더없이 좋은 땅이 있었기 때문에 수

역으로 많은 돈을 벌 수 있었다. 그는 이렇게 이룩한 재산을 배경으로 사람들을 끌어모아 개경의 제일가는 호족이 되었으며, 주변 호족들과 아들딸을 결혼시키면서 더욱 세력을 넓혔다.

이후 왕건 가문은 송악 일대를 장악했을 뿐 아니라 예성강 일대에서 강화도까지 이르는 지역에 튼튼한 세력 기반을 구축했다. 궁예가 철원 지방에 자리 잡자 용건 부자는 궁예의 부하가 되었다. 당시는 사회가 혼란하여 목숨과 해상 활동을 보호받으려면 궁예 밑에 들어가는 것이 유리했다. 반면 궁예는 개경 지방 제일의 호족인 왕건 집안을 손아귀에 넣어 주변 세력의 기선을 제압하여 세력을 불려 나갔다. 궁예는 왕건의 아버지 융을 금성 태수로 삼고, 갓 스물이던 왕건에게는 발어참성 성주의 직위를 주었다.

왕건 집안이 궁예의 아래에 들어간 지 얼마 뒤 궁예는 도읍을 송악군으로 옮겼다. 왕건의 바다 경험을 이용하려면 바다에서 가까운 송악이 더욱 유리했기 때문이다. 이때 왕건은 어린 나이임에도 궁예의 신임을 받아 장군이 되었다. 왕건은 풍부한 해상 경험을 바탕으로 한강 유역과 서해안, 멀리 지금의 경상남도까지 공략하여 기세를 떨쳤다.

왕건과 견훤은 나주에서 후삼국의 패권을 놓고 자웅을 겨루었다. 《고려사》에는 '나주의 포구에 이르자 견훤이 친히 군사를 인솔하고 전함을 배열하니 목포에서 덕진포에 이르기까지 전후가 서로 잇대어서 수륙양면에 종횡하여 자못 성했다'라고 쓰고 있다. 그러나 이 전투에서 왕건은 화공을 써서 후백제 수군을 격파하였고, 견훤은 간신히 목숨만 구해 도망치고 말았다. 여러 번의 승리로 왕건은 남서해 해상권을 장악한 뒤 중국에 사신을 파견하여 외교 활동을 하는 견훤 세력을 바다에서 막아 버렸다. 이렇게 궁예는 왕건의 활약에 힘입어 견훤과의 대결에서 우위를 점했다.

그러나 왕건의 힘이 커지자 궁예는 수도를 다시 철원으로 옮겨 왕건의 본거지에서 빠져 나왔다. 호족과 장수들의 힘이 커지면서 불안을 느낀 궁예는 자신을 미륵의 화신이자 새로운 세상을 창시할 구세주라고 선전하였다. 그는 관심법으로 상대의 마음을 꿰뚫는다며 마음에 안 드는 호족과 장수들에게 반역을 꾀했다는 죄를 뒤집어씌워 처형했다. 왕건도 여기에 말려들어 하마터면 죽을 뻔한 일이 있었으니, 언제 궁예의 손에 죽임당할까 조마조마한 처지가 되었다. 이에 왕건은 홍유, 배현경, 신숭겸, 복지겸, 박술희 등과 모의하여 918년에 궁예를 내쫓고 스스로 고려의 주인이 되었다. 궁예가 포악하여 널리 민심을 잃은 것과 대조적으로 왕건은 부하들의 인심을 얻었기 때문에 함께 궁예를 내쫓고 고려의 주인이 될 수 있었다.

## 참고문헌

단행본

강경구, 《고구려의 건국과 시조 숭배》, 학연문화사, 2001

강인구 외, 《역주 삼국유사》, 이회문화사, 2002

고구려연구재단 편, 《고조선 · 단군 · 부여》, 고구려연구재단, 2005

곽진석, 《시베리아 만주 · 퉁그스족 신화론》, 지식과 교양, 2011

국사편찬위원회, 《중국정사조선전》, 1987

김두진, 《한국 고대의 건국 신화와 제의》, 일조각, 1999

김문태, 《되새겨보는 우리 건국 신화》, 보고사, 2006

김정배, 《한국고대사와 고고학》, 신서원, 2000

김종대, 《33가지 동물로 본 우리문화의 상징세계》, 다른세상, 2003

김태곤 외, 《한국의 신화》, 시인사, 2009

김태식, 《가야연맹사》, 일조각, 1997

노중국, 《백제정치사 연구》, 일조각, 1988

노태돈, 《고구려사 연구》, 사계절, 2000

박순발, 《한성백제의 탄생》, 서경문화사, 2002

미시나 아키히데(三品彰英), 《삼국유사고증》 상, 1975

서울역사박물관, 《풍납토성-잃어버린 왕도를 찾아서》, 2002

송호정, 《한국 고대사 속의 고조선사》, 푸른역사, 2003

양주동, 《조선고가연구》, 박문서관, 1942

윤이흠 외, 《단군》, 서울대학교출판부, 2001

이복규, 《부여 · 고구려 건국 신화 연구》, 집문당, 1998

이정재, 《동북아의 곰 문화와 곰 신화》, 민속원, 1997

이종욱, 《한국사의 1막 1장 건국 신화》, 휴머니스트, 2004

이형구, 《백제의 도성》, 주류성, 2004

임재해, 《민족 신화와 건국 영웅들》, 민속원, 2007

정구복 외, 《역주 삼국사기》, 한국정신문화연구원, 2003

정성희, 《인물로 읽는 고려사》, 청아출판사, 2000

정재서, 《이야기 동양 신화》, 김영사, 2010

정경희, 《한국고대사회문화연구》, 일지사, 1990

조선유적유물도감편찬위원회, 《북한의 문화재와 문화유적》, 서울대학교출판부, 2000

조현설, 《우리 신화의 수수께끼》, 한겨레출판, 2006

천소영, 《고대 국어의 어휘 연구》, 고대민족문화연구소, 1990

최광식, 《고대 한국의 국가와 제사》, 한길사, 1995

        《한국 고대의 토착신앙과 불교》, 고려대학교출판부, 2007

프레이저 지음 · 김상일 역, 《황금의 가지》, 을유문화사, 1975

한국고대사회연구소 편, 《역주 한국고대금석문》, 가락국사적개발연구원, 1992


연구논문

강인구, 〈신라왕릉의 재검토2-탈해왕릉〉, 《윤무병박사회갑기념논총》, 1984

공석구, 〈광개토대왕릉비의 동부여에 대한 고찰〉, 《한국사연구》70, 한국사연구회, 1990

권오영, 〈한국 고대의 새 관념기 제의〉, 《역사의 현실》00, 한국역사연구회, 1999

김기흥, 〈고구려 건국 신화의 검토〉, 《한국사연구》113, 한국사연구회, 2001

김일권, 〈고구려 건국 신화의 신화계보 변동〉, 《다시보는 고구려사》, 고구려연구재단, 2005

김선민, 〈고구려 건국 신화에 대한 광개토대왕릉비와 중국정사의 비교 연구〉, 《동방학지》 134, 연세대학교 국학연구원, 2006

김재붕, 〈난생 신화의 분포도〉, 《한국문화인류학》4, 한국문화인류학회, 1971

김지영, 〈주몽 신화를 통해본 건국 신화 속의 건국과정의 두 양상〉, 《한국문화연구》10, 이화여대 한국문화연구원, 2006

김철준, 〈백제 사회와 그 문화〉, 《한국고대사회연구》, 서울대학교출판부, 1973

〈동명왕편에 보이는 신모의 성격〉, 《한국고대사회연구》, 서울대학교출판부, 2001

〈고구려·신라의 관계조직의 성립과정〉, 《한국고대사회연구》, 서울대학교출판부, 2001

김화경, 〈온조 신화 연구〉, 《인문연구》4, 영남대학교 인문과학연구소, 1983

〈고구려 건국 신화의 연구〉, 《진단학보》86, 진단학회, 1998

남재우, 〈가야의 건국 신화와 제의〉, 《한국고대사연구》39, 한국고대사학회, 2005

노명호, 〈백제의 동명 신화와 동명묘〉, 《역사학연구》10, 전남대학교 사학회, 1981

〈백제 건국 신화의 원형과 성립배경〉, 《백제연구》20, 충남대학교 백제연구소, 1989

노성환, 〈왕권 신화에 있어서 여행의 의미〉, 《비교민속학》18, 비교민속학회, 2000

노중국, 〈동부여에 관한 몇 가지 문제에 관하여〉, 《한국학논집》10, 계명대학교 한국학연구소, 1983

박현숙, 〈삼국 시대 시조신 관념의 형성과 그 특징〉, 《사학연구》58·59 합집, 한국사학회, 1999

〈백제 건국 신화의 형성과정과 그 의미〉, 《한국고대사연구》39, 한국고대사학회, 2005

시라토리 구라키치(白鳥庫吉)·이복규 옮김, 〈부여국 시조 동명왕 전설에 관하여〉, 《국제어문》17, 국제어문학회, 1996

변태섭, 〈묘제의 변천을 통하여 본 신라 사회의 발전과정〉, 《역사교육》8, 역사교육연구회, 1964

서대석, 〈백제 신화 연구〉, 《백제논총》1, 백제문화개발연구원, 1985

〈동북아시아 신화 속에서 본 한국 신화의 정체성〉, 《한국 신화의 정체성을 밝힌다》, 지식산업사, 2008

〈신라 신화〉, 《한국 신화의 연구》, 집문당, 2010

〈가락국 건국 신화〉, 《한국의 신화》, 집문당, 2010

서영대, 《한국 고대 신관념의 사회적 의미》, 서울대학교 대학원 박사학위논문, 1991

〈단군 신화의 의미와 기능〉, 《산운사학》8, 고려학술문화재단, 1998;노태돈 편, 《단군과 고조선》사계절, 2000

〈신화속의 단군〉, 《한국사시민강좌》27, 일조각, 2000

송호정, 〈부여의 성립〉, 《한국사》4, 국사편찬위원회, 1997

예태일 · 전팔병 편저, 서경호 · 김지영 역, 〈대황북경〉, 《산해경》, 안티쿠스, 2008

윤내현, 〈부여의 분열과 변천〉, 《상명사학》3 · 4 합집, 상명사학회, 1995

윤상열, 〈부여의 천하관 소고〉, 《사학연구》90, 한국사학회, 2008

윤  순, 〈고대 중국과 삼국유사의 감생신화 연구〉, 《청대학술논집》1, 청주대학교학술연구소, 2003

〈고대 중국과 삼국유사의 난생 신화 연구〉, 《청대학술논집》2, 청주대학교학술연구소, 2004

이강옥, 〈고려국조 신화 〈고려세계〉에 대한 신고찰〉, 《한국학보》13, 일지사, 1987

이기문, 〈백제어 연구와 관련된 몇 문제〉, 《백제연구》, 지식산업사, 1982

이기백, 〈고조선의 국가형성〉, 《한국사시민강좌》2, 일조각, 1988

이도학, 〈방위명 부여국의 성립에 관한 검토〉, 《백산학보》38, 백산학회, 1991

이문형, 〈경주 나정(사적 제245호) 발굴조사 개요〉, 《제1회 중앙문화재연구원 학술대회 경주 나정》, 중앙문화재연구원, 2005

이용범, 〈한국 곰 신화의 유형과 특징〉, 《동북아 곰 신화와 중화주의 신화론 비판》, 동북아역사재단, 2009

〈한국 활쏘기 신화의 신화적 의미와 특징〉, 《동북아 활쏘기 신화와 중화주의 신화

론 비판》, 동북아역사재단, 2010

이종주, 〈만주 신화에 보이는 한국 고대 신화의 자취〉, 《한국 신화의 정체성을 밝힌다》, 지식산업사, 2008

이지영, 〈고구려 유리 신화 연구〉, 《한국학연구》4, 숙명여대 한국학연구소, 1994

　　　〈동아시아 건국 시조 신화의 비교연구〉, 《동아시아고대학》12, 동아시아고대학회, 2005

　　　〈주몽 신화를 통해 본 건국 신화 속의 건국 과정의 두 양상〉, 《한국문화연구》10, 이화여대 한국문화연구원, 2006

장덕순, 〈민족 설화의 분류와 연구〉, 《동아문화》5, 동아문화연구소, 1966

장지훈, 〈건국 신화에 대한 일고찰〉, 《부산사학》19, 부산사학회, 1990

전영숙, 〈한국과 중국의 창세 및 건국 신화 속에 깃든 물 숭배 관념〉, 《한중인문학연구》24, 한중인문학회, 2008

정경희, 〈동명형 설화와 고대 사회〉, 《역사학보》98, 역사학회, 1983

　　　〈단군 사회와 청동기 문화〉, 《한국고대사회문화연구》, 일지사, 1990

조법종, 〈고구려 사회의 단군인식과 종교문화적 성격〉, 《한국고대사연구》21, 한국고대사학회, 2001

　　　〈신화가 들려주는 부여 건국 이야기〉, 《고조선 · 단군 · 부여》, 고구려연구재단, 2005

조태영, 〈한국 난생 신화와 한국문학의 원형〉, 《한신인문학연구》2, 한신대학교 학술원 인문학연구소, 2001

조현설, 〈동아시아 건국 신화의 보편성과 한국 건국 신화의 특수성〉, 《한국 신화의 정체성을 밝힌다》, 지식산업사, 2008

주승택, 〈고구려 건국 신화의 재검토〉, 《민속연구》4, 안동대학교 민속학연구소, 1994

천관우, 〈삼한의 국가형성(하)〉, 《한국학보》3, 일지사, 1976

최광식, 〈삼국사기 소재 노구의 성격〉, 《사총》25, 고려사학회, 1981

　　　〈신라의 건국 신화와 시조 신화〉, 《한국 고대의 토착 신앙과 불교》, 고려대학교출

　　판부, 2007

한영화, 〈고구려 지모신 신앙과 모처제〉, 《사학연구》58 · 59 합집, 한국사학회, 1999

황패강, 〈한국 신화와 천신〉, 《단국어문논집》2, 단국대학교 단국어문연구회, 1998

　　〈왕건 설화와 고려 건국〉, 《한국 신화의 연구》, 새문사, 2006

국립중앙도서관 출판시도서목록(CIP)

한국 신화 / 지은이: 김경복. -- 파주 : 청아출판사, 2014
    p. ;    cm. -- (이야기 신화 시리즈 ; 02)

참고문헌 수록
ISBN 978-89-368-1059-7 03910 : ₩16000

한국 신화[韓國神話]

219.11-KDC5
291.13-DDC21                          CIP2014016309

이야기 신화 시리즈 02

# 한국 신화

초판 1쇄 인쇄 · 2014. 5. 22.
초판 1쇄 발행 · 2014. 5. 30.

지은이 · 김경복
발행인 · 이상용 이성훈
발행처 · 청아출판사
출판등록 · 1979. 11. 13. 제9-84호
주소 · 경기도 파주시 문발동 출판문화정보산업단지 507-7
대표전화 · 031-955-6031  팩시밀리 · 031-955-6036
E-mail · chungabook@naver.com

ISBN 978-89-368-1059-7 03910

* 잘못된 책은 구입한 서점에서 바꾸어 드립니다.
* 본 도서에 대한 문의 사항은 이메일을 통해 주십시오.